Wirtschaftsinformatik in Theorie und Praxis

Edy Portmann
Hrsg.

Wirtschaftsinformatik in Theorie und Praxis

Festschrift zu Ehren von Prof. Dr. Andreas Meier

Springer Vieweg

Herausgeber
Edy Portmann
Institut für Wirtschaftsinformatik
Universität Bern
Bern, Schweiz

ISBN 978-3-658-17612-9 ISBN 978-3-658-17613-6 (eBook)
DOI 10.1007/978-3-658-17613-6

Die Deutsche Nationalbibliothek verzeichnet diese Publikation in der Deutschen Nationalbibliografie; detaillierte bibliografische Daten sind im Internet über http://dnb.d-nb.de abrufbar.

Springer Vieweg

Gedruckt auf säurefreiem und chlorfrei gebleichtem Papier

Springer Vieweg ist Teil von Springer Nature
Die eingetragene Gesellschaft ist Springer Fachmedien Wiesbaden GmbH
Die Anschrift der Gesellschaft ist: Abraham-Lincoln-Str. 46, 65189 Wiesbaden, Germany

Preface by the Ph.D. Thesis Advisor

The authors of this book are former doctoral students of Andreas Meier, Full Professor of Information Systems at the University of Fribourg in Switzerland. Since I was his own doctoral thesis advisor ("Doktorvater" as we call it) many years ago, I am in a way the Doctoral Grandfather of those authors and therefore gladly accepted their invitation to contribute the preface to this book.

Of course I would also like to take this opportunity to wish Andreas Meier, a valued colleague of mine, all the best. He is now himself at the doorstep to his academic retirement. For the years to come my best wishes concern his private life, but also other activities, I am sure he will find them. I also would like to use this preface to share some reflecting thoughts with the readers about the professional career of Andreas Meier and about the current developments in the field of Computer Science.

Andreas Meier earned his Master's degree in Mathematics from the Swiss Federal Institute of Technology (ETH) in Zurich, after broadening his curriculum with some semesters at the Music Academy in Vienna. Then he switched over to Computer Science, also at ETH Zurich, for his doctoral and postdoctoral studies (Habilitation). He continued his career outside academia, first at the IBM Research Lab in San Jose, California, then in managerial positions in the area of Data Processing in the financial sector back in Switzerland, until he was once more drawn towards academic activities. He declined chair offers from universities abroad for family reasons, accepted however the call from the University of Fribourg, where he has been active up to the present day.

Now let us come back to his doctoral students, the authors of this book. They present a personal development and show, to what extent the knowledge they gathered during their university years was useful during their professional life and – even more important – how this basic knowledge had to be complemented and extended throughout their development. Of course there exist many ways to present those personal views and experiences as will be seen in this book. However it may be helpful to reflect first on the quite different types of developments, which accompany us during our professional life – especially in this even more computer-impregnated world:

- Development of Informatics/Information Technology/IT as a discipline: Some decades ago Scientific Informatics concentrated either on algorithms and programming or on numerical analysis. Only since around 1970 databases became an academic topic, 20 years later also data networks and computer graphics, but those were often shared with the long existing Electrical Engineering community.
- Development of Departments of Information Technology: Academic Informatics content was first taught in a variety of courses in different university departments, depending on personal interest and/or affiliation of each professor. Growing interest for IT related topics from students, industry and government organizations then lead to hiring genuine informatics professors and the foundation of IT institutes with several professorships, sometimes – as in Fribourg – overlapping even departmental borders.
- Development of Applied Informatics disciplines: Since the early 1960s a growing number of academic disciplines have been using numerical methods and computers for their own research, first Natural Sciences, Engineering and Economy, later on most of the others did as well. As a result, nowadays we find specialized Informatics groups in many university departments like Medicine, Arts and others.
- Trends in people who use Informatics: In developed countries today the vast majority of working people uses computers on the job for quite different purposes, in white collar jobs as well as in blue collar jobs.
- Trends in Informatics Professionals: A small part of the total workforce, in Switzerland less than 4 %, earn their salary mainly in IT jobs (of all levels, from analysts over database engineers to hardware technicians); however the majority of them actually started off in another professional direction and in context only received a limited IT education, gathered "on the job". Still today only half of those who start in an IT position have gathered a fully comprising and relevant education in this field, either through studies on university level or through an apprenticeship or through comprehensive supplementary education.
- Trends in Informatics Scientists: Suitable university curricula are open since decades; however enrollment lags behind still today. Future career potential for graduates is and remains very high in an ever-changing world gaining in speed and digitalization.

Those statements represent the view of an experienced and dedicated Informatics professional and scientist. The reader is invited to compare them to the views of the authors of this book.

Carl August Zehnder
emeritierter Professor of Computer Science at ETH Zurich
16.01.2017

Vorwort der Schülerinnen und Schüler

Gerne habe ich die Aufgabe übernommen, als Herausgeber und in Vertretung der Schülerinnen und Schüler Andreas Meiers, ein Vorwort zu dieser Festschrift zu schreiben. An dieser Stelle möchte ich mich allerdings zuallererst – neben einem riesigen Dank an Sabine Kathke von Springer Vieweg – vor allem bei meinen „Doktorgeschwistern" herzlich für ihre wundervollen Beiträge bedanken: Merci, dass es euch gibt! Den Überblick unseres „Doktorgrossvaters" Carl August Zehnders über den Werdegang und die wissenschaftliche Entwicklung von Andreas Meier möchte ich nun also um die Perspektive seiner Schülerinnen und Schüler erweitern, die Andreas in nunmehr fast 20 Jahren als Inhaber des Lehrstuhls für Wirtschaftsinformatik der Universität Freiburg i.Ü. auf dem Weg zum Doktorat begleitet und gefördert hat.

In Anlehnung an die Festschrift von Jürg Kohlas (2008) zum 50-jährigen Jubiläum des Fachs Informatik an der Universität Freiburg, möchte ich Ihnen zu diesem Zweck, Carl August Zehnders Ball aufnehmend, eine „kleine Geschichte der Informatik" erzählen. Die Geschichte der Informatik in Freiburg begann, noch bevor der Begriff der Informatik überhaupt existierte. Bereits 1958 gründeten Ernst Billetter und Franz Meier an der Universität Freiburg nämlich ein Institut für Automation und Unternehmensforschung, eine Pioniertat, die zu dieser Zeit seinesgleichen in ganz Europa suchte. Selbst die grossen technischen Hochschulen der Schweiz, die ETHs in Zürich und Lausanne, liessen noch einige Zeit verstreichen, bis sie ihrer eigenen Informatikabteilungen gründeten.

In den kommenden Jahren hielt die Informatik jedoch immer stärker Einzug in die Wirtschaft und wurde auch an den Hochschulen immer mehr zum Politikum. Um den Anschluss im Bereich der Informationstechnologien nicht zu verlieren, beschloss der Bund in den 1980er-Jahren Sondermassnahmen zur Förderung der Informatik, von denen auch die Wissenschaft profitierte. Aus diesem Grund forderte auch die Schweizerische Hochschulkonferenz bei ihrer Planung, der Informatik besonders Aufmerksamkeit zu schenken. Bestärkt durch diese Forderung machte sich eine Kommission der Universität Freiburg an die Schaffung eines „Informatik"-Hauptfaches. In diesem Zuge wurde dann (unter anderem gestützt auf einem Gutachten Carl August Zehnders) auch ein Informatikdienst gegründet. Die Informatik wurde dabei in der Schnittmenge der Wirtschaft- und Sozialwissenschaftlichen Fakultät und der Mathematisch-Naturwissenschaftlichen Fakultät angesiedelt.

In diesem dynamischen, interdisziplinären Umfeld begann Andreas Meier Ende der 1990er-Jahre als fünfter Wirtschaftsinformatikprofessor an der Universität Freiburg zu wirken und prägte mit seinen Forschungen zu Datenbanken sowie deren Einsatz für e-Dienstleistungen die Schweizer Wirtschaftsinformatik. Obwohl er offen für alles war und ist, sind seine Forschungen stark geprägt von einer grossen Liebe zur ingenieurwissenschaftlichen Wirtschaftsinformatik. Dies lässt sich auch der im Anhang dieser Festschrift beigefügten Liste der Doktorarbeiten ablesen, die er im Laufe seines zwanzigjährigen Schaffens betreut hat. Andreas schreibt – ganz ETH-Abgänger – die technische Informatik in der Wirtschaftsinformatik gross, was er durch seine aktions- und gestaltungsorientierten Forschungsansätze, -methoden und -projekte unterstreicht.

Zu seinem 66. Geburtstag – Zahlenmensch wie er ist, steht Andreas Meier auf solche „Schnapszahlen", weshalb wir ihm diese Ehrung eben genau zu diesem eher eigenartigen Zeitpunkt zukommen lassen – bedanken wir uns nun mit dieser Festschrift herzlich bei unserem hochgeschätzten Doktorvater Andreas Meier, welcher durch Aktion und Gestaltung die Wirtschaftsinformatik an der Universität Freiburg, der Schweiz und Europa entscheidend mitgeprägt hat. Wir sind alle stolz, deine Schülerinnen und Schüler zu sein und an dieser speziellen Prägung mitgearbeitet zu haben. Durch die Arbeit an deinem Lehrstuhl hast du uns mehr geboten als die Möglichkeit, eine Dissertation zu schreiben. Du hast uns dazu angeregt und ermutigt, unsere ureigene intellektuelle Reise anzutreten – und dafür sind wir dir unendlich dankbar!

Dem guten Nährboden der Freiburger Wirtschaftsinformatik, die Andreas so stark (mit)geprägt hat, sind wir mittlerweile entwachsen und treiben unsere individuellen Karrieren voran. Die meisten von uns arbeiten direkt oder indirekt, aus unterschiedlichen Motiven und in unterschiedlichen Feldern (akademisch, praktisch und politisch) an der Weiterentwicklung der Wirtschaftsinformatik in Theorie und Praxis. Dabei beschäftigen wir uns mit Themen wie etwa analytischen und synthetischen Methoden in und mit Konsortialforschung im Banking, in Data und Governance Science sowie im Innovationsmanagement, die in vielfältiger Weise an das anknüpfen, was wir aus unserer Zeit mit Andreas Meier mitgenommen und was wir daraus gemacht haben. Diese Festschrift soll also auch eine moderne Ausrichtung der Wirtschaftsinformatik unterstreichen und geht dafür weit über den Kontext der reinen Academia hinaus. Wir wünschen auf jeden Fall viel Spass bei der Lektüre der vielfältigen Themen in den folgenden Kapiteln!

i. V. der Schülerinnen und Schüler,
Edy Portmann, Universität Bern

Inhaltsverzeichnis

1 Was ist „Wirtschaftsinformatik in Action"? Eine Wegleitung zu den folgenden Kapiteln ... 1
Edy Portmann und Daniel Risch
1.1 Einleitung ... 2
1.2 Informatik in Action am Beispiel der ETH-Dissertation 7043 ... 3
1.3 Von gestaltungsorientierter Wirtschaftsinformatik ... 5
1.4 Wegleitung zu den Folgekapiteln ... 6
Literatur ... 7

Teil I Karrierewege ... 9

2 Gestaltungs- und praxisorientierte Promotionsarbeiten im Spannungsfeld zwischen Anwendung und Forschung ... 11
Dona Mommsen und Edy Portmann
2.1 Einleitung ... 12
2.2 Rigor vs. Relevance: Grundsatzdiskussion über den Erkenntnisgewinn in der Wirtschaftsinformatik ... 13
2.3 Themenwahl und Positionierung der Arbeit auf den Dimensionen Anwendungsgebiet, Themengebiet der Wirtschaftsinformatik und gewählte Methode ... 17
2.4 Vernetzung mit Partnern in Praxis und Akademie ... 29
2.5 Zusammenfassung, Ausblick und Dank ... 33
Literatur ... 34

3 Applied Fuzzy Management Methods for IT Service-Level-Management ... 35
Roland Schuetze
3.1 Introduction ... 36
3.2 Research of Applied Fuzzy Logic in IT Service Management ... 37
3.3 Applied Fuzzy Management Methods ... 39
3.4 Experiences and What I Learned ... 45
References ... 46

4 Innovation durch Integration – gestern – heute – morgen ... 49
Stefan Hüsemann
4.1 Gestern ... 50
4.2 Heute ... 51
4.3 Morgen ... 53
Literatur ... 54

5 Die Entwicklung einer cloudbasierten IoT-Lösung im Fernen Osten ... 55
Marco Savini
5.1 Einführung ... 55
5.2 Vision ... 56
5.3 Architektur der Gesamtlösung ... 59
5.4 Ausblick ... 69
Literatur ... 69

Teil II Zugänge ... 71

6 Synthetische Modellierung von Informationssystemen ... 73
Michael Kaufmann und Edy Portmann
6.1 Einführung ... 74
6.2 Synthese von Informationssystemen ... 75
6.3 Analyse von Informationssystemen ... 76
6.4 Ontologische Gestaltung ... 77
6.5 Der mäeutische Zyklus ... 78
6.6 Synthetisches und emergentes Wissen ... 79
6.7 Soziale Konstruktion ... 80
6.8 Ein transdisziplinäres Beispiel ... 80
6.9 Fazit ... 81
Literatur ... 82

7 Digital Analytics in Action – Interdisziplinäre Zusammenarbeit in der Praxis der Wirtschaftsinformatik ... 85
Darius Zumstein
7.1 Zusammenarbeit im digitalen Zeitalter ... 86
7.2 Interdisziplinarität im Digital Analytics ... 90
7.3 Von der Hierarchie zur Holokratie ... 97
7.4 Erfolgsfaktoren interdisziplinärer Zusammenarbeit ... 99
Literatur ... 104

8 Anwendungen von Design Science Research in der Praxis ... 107
Daniel Frauchiger
8.1 Einführung ... 107
8.2 Design Science Research ... 108
8.3 Design Science Research in der Forschung ... 110

8.4 Design-Forschung ... 111
8.5 Anwendung von Design Science Research am Beispiel Architektur ... 112
8.6 Konklusion ... 116
Literatur ... 116

9 A Proposal for the Next Generation of Courier Delivery and Storage in the Shared Economy ... 119
Joël Vogt and Edy Portmann
9.1 Introduction ... 120
9.2 Digital Transformation ... 120
9.3 Smart Mail Box ... 123
9.4 Conceptual Architecture ... 124
9.5 Discussion and Conclusion ... 126
References ... 127

Teil III Projekte ... 129

10 Online-/Offline Shopping ... 131
Henrik Stormer
10.1 Einführung ... 131
10.2 Rückblick: Der klassische Online-Shop-Prozess ... 132
10.3 Elektronische Geräte für Kundeninformationen ... 133
10.4 Beacons im Offline-Handel ... 134
10.5 Elektronische Kundenkarten und M-Payment ... 136
10.6 Ergänzungen des Online-Shoppings ... 137
10.7 Empfehlungssysteme im Offline-Handel ... 137
10.8 Zusammenfassung und Ausblick ... 139
Literatur ... 140

11 Differentiated User Privacy Support in the Digital Society ... 141
Aigul Kaskina
11.1 Introduction ... 142
11.2 Literature Review ... 143
11.3 Concept: Differentiated User Privacy Support Framework ... 144
11.4 Prototype: Voting Advice Application ... 146
11.5 Conclusions ... 151
References ... 151

12 Applying Dynamic Profiles on Voting Advice Applications ... 153
Luis Terán and José Mancera
12.1 Introduction ... 154
12.2 State of the Art on VAA's ... 155
12.3 Profiling Candidates ... 155
12.4 Datasets ... 159

12.5 VAA Design 163
12.6 Analysis and Evaluation 163
12.7 Candidate Vector Integration 167
12.8 Current Implementation 171
12.9 Conclusions 173
References 174

13 Information Technology and Knowledge Transfer in Vietnam's IT Companies 177
Pham Thi Bich Ngoc
13.1 Introduction 178
13.2 Literature Review and Conceptual Model 179
13.3 Data Collection and Description of Sample 184
13.4 Main Results 184
13.5 Discussions and Conclusions 189
References 190

Epilog by the PhD Co-advisor 193

Liste der Gratulanten 195

Liste der Dissertationen 201

Ein letztes Wort 221

Stichwortverzeichnis 223

Liste der Autoren

In diesem Abschnitt werden die Autoren der folgenden Kapitel alphabetisch geordnet. Es sind alles Schülerinnen und Schüler von Andreas Meier.

Daniel Frauchiger: Dr. Daniel Frauchiger ist Inhaber und Geschäftsführer zweier GmbHs. dafraud GmbH entwickelt und produziert Geräte für die Unterhaltungselektronik mit dem Anspruch höchster Klanggüte. etorrent GmbH bietet Dienstleistungen im Bereich Energieversorgung und Hausautomation im Wohnbereich an. Zuvor war Daniel Frauchiger in der Unternehmensberatung mit den Schwerpunkten Informationssysteme für das Gesundheitswesen und die Verwaltung, Geschäftsprozessmanagement, Ressourcenplanung mittels Simulation und Projektmanagement tätig. Er hat 2010 auf dem Gebiet der Geschäftsprozessmodellierung promoviert. Entstanden ist das Thema ursprünglich in einem mehrmonatigen Praktikum bei PricewaterhouseCoopers, bei dem es darum ging, innerhalb der Informatikrevision Risiken in Geschäftsprozessen aufzudecken. Daraus hervorgegangen ist ein generisches Geschäftsprozessmodell, welches auf den formalen Petri-Netzen aufsetzt und frei parametrisierbar ist.

Stefan Hüsemann: Dr. Stefan Hüsemann ist Partner bei der IT-Beratungsunternehmung Innovation Process Technology (ipt). Er ist neben seiner Tätigkeit in der Geschäftsleitung als Projektleiter, Requirements Engineer und IT-Architekt in Kundenprojekten aktiv. Seine Interessensgebiete sind unter anderem Projektmanagement, Geschäftsprozessmanagement, Integration verteilter Informationssysteme, serviceorientierte Architekturen, Individuallösungen in der Cloud. Stefan Hüsemann ist seit 2002 bei ipt tätig. Zwischen 2003 und 2014 war er parallel zu ipt Lehrbeauftragter für Informationssysteme an der Universität Freiburg, Schweiz. Von 1999–2002 hat er an der Universität Freiburg(Schweiz) im Bereich Informationssysteme promoviert und war als Assistent beschäftigt. In seiner Doktorarbeit hat er sich mit dem Thema „Web-basierte Informations-Austauschplattform im Bereich humanitärer Projekte" beschäftigt. In diesem Rahmen hat er unter anderem mit dem Development Gateway der Weltbank einen Vorschlag für einen Austauschstandard für Projektreports und Evaluationen erarbeitet und einen Prototyp für eine Plattform zur Integration heterogener Informationssysteme humanitärer Organisationen entwickelt.

Aigul Kaskina: Aigul Kaskina is a Ph.D. candidate at the Information System Research Group, University of Fribourg. She is a teaching assistant for the Database course (Bachelor level) and Recommender Systems course (Master level). Her research interests include online user disclosure behavior, privacy, and trust in web information systems, recommender systems. In 2010, she finished an M.Sc. in Computer Science at Oxford Brookes University, UK. After completing a master degree, she worked in IT industry in Kazakhstan. Particularly, she worked as a senior specialist in the implementation project of the hospital information system (HIS) in cooperation with Hyundai Corp., as a project management office specialist in the project of SAP integration for an optimization of the business processes in the national metallurgical factories cooperating with Deloitte, and as a venue technology manager in the IT infrastructure installation for the Asian Winter Games cooperating with SsangYong Corp. In 2009, she obtained a B.Sc. in Computer Science from Aktobe State University, Aktobe, Kazakhstan.

Michael Kaufmann: Since 2016, Dr. Michael Kaufmann is a professor of the Lucerne University of Applied Sciences and Arts at the Lucerne School of Information Technology. He teaches database systems and researches intelligent data management. In 2005 Michael Kaufmann began his career as a trainee for informatics at PostFinance, where he continued as data warehouse poweruser in the corporate development unit. In 2009 he changed to Mobiliar insurance company in the position of data architect where he was responsible for data modeling in the field of data migration and enterprise data warehousing. In 2011 he changed to Five Informatik as Business Analyst, and learned the practice of an IT service provider. He consulted in analytics and ERP-systems with a broad range of technologies for customers on the market. In 2014, he changed to academia as a lecturer in information technology at the Lucerne School of Engineering. Michael Kaufmann has studied Computer Science, Law and Psychology at the University of Fribourg. In 2008 he started extra-occupational doctoral studies. 2012, with a thesis on inductive fuzzy classification in marketing analytics, he received his Ph.D. in Computer Science.

José Mancera: José A. Mancera earned an M.A. in Information Systems and an M.Sc. in Computer Science at the University of Fribourg. He currently works as a research assistant at the Information System Research Group for the Project „Participa Inteligente". His research interests include recommender systems, fuzzy mathematics and machine learning. In 2016, he worked as a trainee at Schindler Aufzüge AG at the New Technologies department, where he conducted research in the fields of machine learning, sensor networks and big data. During this time, he patented an algorithm for the detection of elevator operations. In 2013, he worked as a research assistant at the Swiss Space center at EPFL and collaborate in the development of the CubeETH satellite software. During his time at EPFL, he also earned a minor in space technologies. Before 2012, he worked in different companies like Nortel Networks, Huawei Technologies and Televisa SA de CV in Mexico City. In 2006, he obtained a B.Sc. in Electronics and Communications from the Monterrey Institute of Technology (ITESM), Mexico City.

Dona Mommsen: Dr. Dona Mommsen war als Business Analyst an der Schnittstelle zwischen Anwendern und der IT-Abteilung von Banken tätig. Sie arbeitete an Projekten zur IT-Unterstützung in den Bereichen Devisenhandel, Private Banking und Anlageberatung für institutionelle Anleger. Sie hat 2008 an der Universität Freiburg (Schweiz) promoviert. In ihrer Dissertation „AdWiser – IT-enabled Design, Delivery and Pricing of Investment Advice as a Knowledge Product" hat sie sich mit der Kombination von CRM und Wissensmanagement, sowie mit der Bewertung und dem Pricing von Beratungsdienstleistungen in der Anlageberatung befasst. Ausserdem interessiert sie sich für Ontologien, die Unterstützung unterschiedlicher Formen des Wissenstransfers, das Requirements Engineering und die Benutzerfreundlichkeit (Usability) von Informationssystemen. Sie lebt heute in der Region Genf.

Ngoc Pham Thi Bich: Dr. Pham Thi Bich Ngoc is lecturer in human resources management and organizational behavior at the Department of Human Resources Management, Faculty of Human Resources Management and Economics, National Economics University, Vietnam. Pham Thi Bich Ngoc's research interests include corporate culture, leadership, organizational behavior, knowledge management, and different aspects of human resources management such as human resource development, competency evaluation, performance management. Pham Thi Bich Ngoc has widely published on prestigious journals such as Journal of Economics and Development, Journal of Commercial Science. Her articles are published in English in international conferences and international and local journals. Pham Thi Bich Ngoc has performed management consulting works for Vietnamese organizations such as General Tax Department, Ministry of Health, Vietnam Post and Telecommunication Group, Bank for Agriculture and Rural Development of Vietnam, Vinaphone, Vnpt-Net, Northern Power Corporation, EVNICT, NPCIT… She also has done series of consulting and training for public servants of some provinces such as Nghe An, Quang Tri, Lao Cai under the framework of Program 135 funded by Finland government.

Edy Portmann: Dr. Edy Portmann ist Förderprofessor der Schweizerischen Post sowie Assistenzprofessor für Informationswissenschaft am Institut für Wirtschaftsinformatik der Universität Bern, Schweiz. In seiner Forschung beschäftigt er sich mit Fragen rund um Informationssysteme, -verarbeitung und -beschaffung. Nach Studien in Wirtschaftsinformatik an der Hochschule Luzern und Betriebs- und Volkswirtschaftslehre an der Universität Basel promovierte Edy Portmann an der Universität Freiburg in Informatik. Während seines Studiums arbeitete er mehrere Jahre in verschiedenen Organisationen wie Link, Swisscom, PwC und E&Y. Neben seiner Anstellung als wissenschaftlicher Mitarbeiter der Hochschule Luzern sammelte Edy Portmann als Doktorand zudem erste akademische Erfahrungen als wissenschaftlicher Besucher der Nationaluniversität Singapur sowie, vor seiner jetzigen Anstellung, als Postdoktorand an der Universität Kalifornien in Berkeley.

Daniel Risch: Dr. Daniel Risch ist seit April 2017 Minister für Infrastruktur, Wirtschaft und Sport im Fürstentum Liechtenstein. In den Jahren 2015 und 2016 war er als Mitglied der Geschäftsleitung der Liechtensteinischen Post AG verantwortlich für die Bereiche Marketing & Vertrieb, IT, eBusiness und die Tochtergesellschaften in Deutschland und Österreich. 2007 stieg Daniel Risch bei der Unic AG in Zürich ein und entwickelte dort E-Business-Lösungen für Coop, Manor, Mammut, PKZ und die Weisse-Arena-Gruppe. Zuletzt leitete er als Mitglied der Geschäftsleitung ein Beraterteam mit rund 30 Mitarbeitenden in Zürich, Bern, München und Wien. Daniel Risch studierte Betriebswirtschaft an den Universitäten Zürich und München und promovierte 2008 über die Nutzung von Kundenprofilen im E-Commerce an der Universität Fribourg. Von 2004 bis 2007 arbeitete er als wissenschaftlicher Mitarbeiter am Institut für Wirtschaftsinformatik (IWI) der Fachhochschule Nordwestschweiz FHNW bei Prof. Dr. Petra Schubert und war Mitglied des Competence Centers E-Business Basel und der IS Research Group von Prof. Dr. Andreas Meier an der Universität Fribourg. 2006 erhielt er ein SNF Stipendium und verbrachte sieben Monate als Visiting Scholar am Department of Information Systems (DIS) der University of Melbourne.

Marco Savini: Dr. Marco Savini ist als technischer Projektleiter in der IT-Beratungsunternehmung mimacom ag tätig und leitet die interne IoT (Internet of Things)-Arbeitsgruppe. Zuvor war er drei Jahre als CTO für das Startup Attrackting AG für die Konzeption und Entwicklung eines IoT-Katzenhalsbandes, basierend auf einer Cloud-Plattform, in China zuständig. Seine Interessensgebiete drehen sich vor allem um die Integration von Open Source Software und Plattformen für Smart City-Anwendungsfälle. Er hat 2004 an der Universität Fribourg einen Master in Wirtschaftsinformatik abgeschlossen und nach einem Auslandsaufenthalt in Asien seine Promotion im Bereich von mobilen Diensten im Gesundheitswesen im Jahre 2010 abgegeben. Ferner war er auch unter anderem von 2011 bis 2015 an der Universität Zürich als Kursleiter für das disziplinenübergreifende Doktorandenseminar „Projektmanagement in der Forschung" involviert.

Roland Schütze: Dr. Roland Schütze works as Business Integration Consultant and IT Architect with IBM since 1990 and held various positions in Germany, France and Switzerland. He started as application developer for IBM fulfilment systems in Germany, continued as CRM Process Analyst at the IBM European Headquarter in Paris. Afterwards he engaged as SAP R/3 Project Leader and Consultant for six years in European projects for IBM Global Services. In 2001 he joined the IBM Software Lab in Böblingen, Germany and worked several years as Integration Architect for IBM software (SOA, x-brand solutions with focus on interoperability to SAP Netweaver). From 2007 he took over the role as client SW IT Architect, in Lausanne Switzerland. From 2009 he became again part of IBM Germany within GTS Finance for Transition & Transformation within the engagement of large and complex international outsourcing contracts. From 2011 he started doctoral studies at Fribourg with focus on fuzzy impact analysis in IT service management and finished in 2016 his PhD thesis. Roland Schütze has studied Economical Engineering at the TH Karlsruhe in Germany. He is certified professional Project Manager (PMP) since

June 2001 and hold a Master in Project Management at George Washington University. He is Open Group Master certified IT Architect and IBM Solution Designer for Service Oriented Architectures.

Henrik Stormer: PD Dr. Henrik Stormer ist Dozent für mobile Softwareentwicklung an der Zürcher Hochschule für angewandte Wissenschaften. Nach einem Studium der Informatik an der Universität Saarbrücken mit Abschluss als Diplom-Informatiker promovierte er 2004 an der Universität Zürich mit einer Arbeit über Agentensysteme. Anschliessend war er fünf Jahre Oberassistent an der Universität Fribourg, wo er eine Habilitationsschrift im Bereich Personalisierung von Online-Shops verfasste. Zwischen 2008 und 2015 arbeitete er in der Privatwirtschaft als Projektleiter in diversen Softwareprojekten. Seine Interessensgebiete sind die Mobile Softwareentwicklung, Prozessmanagement und das E-Commerce.

Luis Terán: Dr. Luis Terán (1979) is currently working as assistant doctor and lecturer at the Information Systems Research Group, University of Fribourg, Switzerland, and he is a full professor at Universidad de Las Fuerzas Armadas (ESPE), Ecuador. He earned a Ph.D. in Computer Science from the University of Fribourg (Information Systems Research Group). In 2009, he finished an M.Sc. in communication systems from the Swiss Federal Institute of Technology (EPFL), Lausanne, Switzerland. In 2004, he received a B.Sc. in electronics and telecommunications from Escuela Politécnica Nacional, Quito, Ecuador.

Joël Vogt: Dr. Dr. Joël Vogt is research engineer at the London-based Internet of Things startup EVRYTHNG. Joël Vogt worked on project including image recognition, semantic modelling, smart-home automation, detection and diagnosing of problems in large-scale networks and local secure communication encryption for mobile Web-based applications. Joël also initiated and co-organised the first industry-sponsored hackathon at CERN, on the next generation of industrial health and safety solutions in the Internet of Things. Before joining EVRYTHNG in 2015, Joël Vogt worked at CERN's Radiation Protection Group as a software engineer and researcher. Joël Vogt's interests include photography, hiking and arts. He loves roaming the streets of London with his camera.

Darius Zumstein: Dr. Darius Zumstein ist Dozent, Forscher und Kursleiter im Bereich E-Commerce an der Hochschule Luzern und Digital Analytics Consultant bei Raiffeisen Schweiz. Er studierte BWL und promovierte zum Thema Web Analytics an der Universität Freiburg (Schweiz). Als externer Web Analytics Consultant der BMW AG bei FELD M sowie als Web Analytics Manager bei der Scout24 Group und Kabel Deutschland sammelte er wertvolle Berufserfahrung in Deutschland. Als Leiter Digital Analytics & Data Management baute er von 2013 bis 2016 das Web Analytics, App Analytics und (Social) Web Monitoring bei Sanitas Krankenversicherung auf. Seit 2014 leitet er die Weiterbildung CAS in Online-Shop- and Sales-Management. Anfangs 2016 gründete er mit Kollegen den Digital Analytics Circle und setzt sich als Digital Analytics-Evangelist für die Verbreitung der Disziplin ein.

1 Was ist „Wirtschaftsinformatik in Action"? Eine Wegleitung zu den folgenden Kapiteln

Edy Portmann und Daniel Risch

Zusammenfassung

Seit jeher beschäftigt sich der Mensch mit der Gestaltung von Artefakten. Vor diesem Hintergrund hat sich mittlerweile in vielen wissenschaftlichen Disziplinen die Erkenntnis etabliert, dass Gestaltungsprozesse für sich selbst genommen ein ernstzunehmender Forschungsgegenstand sein sollten. Das gilt insbesondere für Wissenschaften, die Anwendungsorientierung beziehungsweise die Gestaltung von Artefakten eng mit Grundlagenforschung verknüpfen. Unter den Labels „gestaltungsorientierte Wirtschaftsinformatik" im deutschsprachigen Raum und „Design Science Research" in der angelsächsischen Forschungscommunity wird dies auch in der (Wirtschafts-)Informatik (zum Teil sehr kontrovers) diskutiert und umgesetzt. Im Unterschied zur traditionellen, stark an behavioristischen Forschungsparadigmen orientierten „Information System Research" fokussieren Design Science Research und gestaltungsorientierte Wirtschaftsinformatik auf das Informationssystem als zu gestaltendes Artefakt und das Wissen, das aus Gestaltungsprozessen gezogen werden kann: Ausgangspunkt ist das Artefakt. Durch einen Kreislauf von Design, Analyse der Nutzung und Präzisierung/ Optimierung des Artefakts wird „Design-Wissen" erzeugt, wobei es sich um das Artefakt selbst (Konstrukte, Modelle, Frameworks, Architekturen, Gestaltungsgrundsätzen, Methoden und/oder Instanziierungen), aber auch um Design-Theorien, also Erkenntnisse über Designprozesse, handeln kann.

E. Portmann (✉)
Universität Bern, Bern, Schweiz
E-Mail: edy.portmann@iwi.unibe.ch

D. Risch
Regierung des Fürstentums Liechtenstein, Vaduz, Liechtenstein
E-Mail: daniel.risch@gmx.li

E. Portmann (Hrsg.), *Wirtschaftsinformatik in Theorie und Praxis*,
DOI 10.1007/978-3-658-17613-6_1

Schlüsselwörter
Artefakt • Design Science Research • Design-Wissen • Erkenntnistheorie • Gestaltungsorientierte Wirtschaftsinformatik

1.1 Einleitung

Marvin Minsky und Seymour Papert (1969) schreiben in ihrem Werk „Perceptrons", dass sich gute Theorien selten ausserhalb des Kontexts von gut verstandenen Problemen der Realität entwickeln können; ohne diesen Kontext erhalte man nämlich entweder eine inhaltsleere Verallgemeinerung einer Theorie (mit mehr Definitionen als Theoremen) oder aber eine mathematisch-elegante Theorie ohne Einsatzmöglichkeiten in der Realität (Minsky und Papert 1969). Knapp fünfzig Jahre zuvor hatte Albert Einstein (1921) in seinem Festvortrag „Geometrie und Erfahrung" vor der Preussischen Akademie der Wissenschaften zu Berlin, in dem er sich zum Verhältnis von Mathematik und Realität äusserte, bereits in ein ähnliches Horn gestossen. Mit Blick auf seine Ausgangsfrage, wie es denn möglich sei, dass die Mathematik, die doch ein von aller Erfahrungen unabhängiges Produkt des menschlichen Denkens sei, so vortrefflich auf die Gegenstände passe, und ob die menschliche Vernunft ohne Erfahrung durch blosses Denken Eigenschaften der wirklichen Dinge ergründen könne, erklärte Einstein: *„Insofern sich die Sätze der Mathematik auf die Wirklichkeit beziehen, sind sie nicht sicher, und insofern sie sicher sind, beziehen sie sich nicht auf die Wirklichkeit"* (Einstein 1921).

Beide Aussagen thematisieren ein wissenschaftstheoretisches – im Übrigen nicht nur der Mathematik inhärentes – Paradoxon, das Lotfi Zadeh (1973) pointiert als „Principle of Incompatibility" formulierte: *„As the complexity of a system increases, our ability to make precise and yet significant statements about its behavior diminishes until a threshold is reached, beyond which precision and significance (or relevance) become almost mutually exclusive characteristics"* (Zadeh 1973). Insbesondere mit Blick auf soziale Systeme leitete Zadeh daraus die absolute Notwendigkeit ab, für die Beschreibung und Erklärung der „Realität" das Moment der Unschärfe zu adressieren – und zwar nicht nur als eine Art Randphänomen, sondern als erkenntnistheoretisches Charakteristikum der Beobachtung von Komplexität. Als wissenschaftliche Grundlage für die Umsetzung dieses Forschungsparadigmas dienen die von Zadeh entwickelte „Fuzzy Logic" und „Fuzzy Set Theory" (Zadeh 1965). Dies mag auf den ersten Blick sehr abstrakt erscheinen, Zadeh orientiert sich hierbei jedoch ausdrücklich an dem Aspekt der Forschungspragmatik, wie also konkret die Erforschung und Lösung komplexer Probleme gestaltet werden kann. Denn *„the closer one looks at a real-world problem, the fuzzier becomes its solution"* (Zadeh 1973).

In der (Wirtschafts-)Informatik können gestaltungsorientierte Ansätze forschungspragmatische Optionen eröffnen, mit den Problemen umzugehen, vor die sie das Principle of Incompatibility stellt. Gestaltungsorientierte Forschung bedeutet in diesem Wissenschaftskontext die Verbindung von synthetischen und analytischen Methoden und Techniken zur

Beforschung von Informationssystemen (Vaishnavi und Küchler 2015, 2004/2015). Ausgangspunkt der Annäherung an die Komplexität der Wirklichkeit ist in der gestaltungsorientierten Forschung das Artefakt (zum Beispiel Dinge oder Prozesse). Die Gestaltung eines Artefakts stellt hierbei die Entwicklung einer potenziellen Lösung für ein konkretes Problem dar. Durch eine Analyse der Nutzung des Artefakts werden dann zum einen Erkenntnisse über das Artefakt selbst, aber auch über die Frage/das Problem (also den Forschungsgegenstand), auf den das Artefakt antwortet, gewonnen. Auf dieser Basis kann beides präzisiert und optimiert sowie der Komplexität besser Rechnung getragen werden. Am Ende dieses Prozesses steht (hoffentlich) ein (Informations-)System, das die Komplexität der Wirklichkeit in genau dem Umfang berücksichtigt, der notwendig ist, um seinem Zweck optimal zu erfüllen.

Diesen Grundsätzen hat sich Andreas Meier in seiner Forscherkarriere stets verpflichtet gefühlt, wie bereits seine ETH-Dissertation 7043 „Semantisches Datenmodell für flächenbezogene Daten" zeigt (Meier 1982). Daher wird im folgenden Abschnitt (Kap. 2) anhand dieser Arbeit kurz aufgezeigt, wie Andreas Meier den Aufruf zu einer gestaltungsorientierten (Wirtschafts-)Informatik interpretierte. Anschliessend (Kap. 3) werden die Probleme, die Andreas Meier in dieser Dissertation behandelt hat, in Relation gesetzt zu den Forschungsthemen, -paradigmen und -methoden, welche die Wirtschaftsinformatik heute umtreiben. Es wird dabei aufgezeigt, dass die von Andreas Meier gewählte Herangehensweise bis heute Bestand hat und wichtiger denn je ist. Dies zeigen auch die von ihm betreuten Dissertationsprojekte (siehe Anhang 2 dieser Festschrift) sowie die Wege, die Andreas Meiers Schülerinnen und Schüler bei der Weiterentwicklung der (Wirtschafts-)Informatik gegangen sind und die hier in den Folgekapiteln exemplarisch aufgezeigt werden. Aus diesem Grund beschäftigt sich das Kap. 4 als Leitfaden mit dem Aufbau des Buches.

1.2 Informatik in Action am Beispiel der ETH-Dissertation 7043

In seiner Dissertation untersuchte Andreas Meier Modellierungs- und Beschreibungsinstrumente für geographisch-geometrische Datenbanken (Meier 1982). Dabei ergründet er die Bedeutung von statischen und dynamischen Daten geometrischer Objekte (wie Flächen, Strecken und Punkte), um daraus ein semantisches Datenmodell für flächenbezogene Daten herzuleiten. Als Proof-of-Concept implementiert er schliesslich sein Modell mit PASCAL/R. Dieses actionbasierte Vorgehen kennzeichnet heute die gestaltungsorientierte Wirtschaftsinformatik (vgl. Österle et al. 2010a): Durch die Erstellung von Artefakten (wie Rahmenwerke, Prototypen oder gar ganze Start-ups) verspricht man sich ein tieferes Verständnis von der unterliegenden Fragestellung beziehungsweise Problematik.

Die von Andreas Meier seit Anfang der 1980er Jahre verfolgte Art der Forschung ist in den technischen Wissenschaften seit jeher gang und gäbe. Indem er sie im Government-Umfeld (Vermessungs- und Katasteramt) implementierte, hat er dieser Forschung jedoch eine neue Richtung gegeben. Wegweisende Fragestellungen gängiger technischer Forschung sind Entwicklung, Konstruktion und Produktion, wobei sie sich jedoch nur mit dem beschäftigt, was auch wirklich realisier- und umsetzbar (also technisch möglich) ist: Wissen in technischen Wissenschaften soll dabei – im Gegensatz zu anderen Wissenschaften, in denen Wissen zumeist wahr und widerspruchsfrei sein soll – vor allem effektiv sein. Andreas Meier erstellte mit seiner Vorgehensweise, welche in der gegenwärtigen (Wirtschafts-)Informatik als Gestaltungsorientierung gekennzeichnet wird, für das Vermessungs- und Katasteramt ein neues Artefakt. Dabei hatte er zahlreiche (technische) Herausforderungen zu meistern, welche hier kurz angerissen werden.

Die Problematik rund um das Verständnis der Bedeutung von etwas (also der Semantik) hat bis heute festen Bestand und definiert ein wichtiges Forschungsfeld der gestaltungsorientierten Wirtschaftsinformatik. Das Semantic Web (Berners-Lee et al. 2001) soll beispielsweise das Web dahingehend erweitern, dass Daten zwischen Computern einfacher austauschbar und so für diese einfacher verwertbar werden. Auf diese Weise kann für einen Computer etwa der Begriff „Bank" um die Information ergänzt werden, ob hier eine Sitzgelegenheit oder ein Geldinstitut gemeint ist. Während Menschen solche Informationen aus dem gegebenen Kontext schliessen können und derartige Verknüpfungen (oft völlig unbewusst) aufbauen, muss Computersystemen dieser Kontext erst beigebracht werden. Aber auch Menschen erschliesst sich Semantik nicht immer leicht: Künstlerisch demonstriert René Magrittes Bild „La trahison des images" die Diskrepanz von Sprache und Bedeutung, ebenso wie die berühmte Aussage des Begründers der „Allgemeinen Semantik" Alfred Korzybski, wonach die Karte nicht das Territorium ist (Korzybski 1933).

Mit Blick auf die semantischen Herausforderungen für Problemstellungen der Informatik hat Andreas Meier auch Künstliche Intelligenz als möglichen Lösungsansatz ins Feld geführt (Meier 1982), ebenfalls ein an die gestaltungsorientierte Wirtschaftsinformatik angrenzendes Forschungsfeld. Es kennzeichnet den Versuch, (menschenähnliche) Intelligenz zu bilden beziehungsweise nachzubilden, also Computer(-systeme) zu bauen, welche eigenständig Probleme bearbeiten können. Ein zentrales Gebiet der Künstlichen Intelligenz sind Wissensrepräsentationen, für die im heutigen Semantic Web etwa RDF-Triples verwendet werden (Portmann 2013). Dies ist von grosser Bedeutung, um die Herausforderungen von Big Data zu meistern. Darunter werden grosse Datenbestände, etwa von Webressourcen, verstanden, die aufgrund ihres Volumens, der Vielfalt ihrer Struktur, ihrer Volatilität sowie ihrer Verfügbarkeit nicht alleine mit relationalen Datenbanken bearbeitet werden können, also nicht allein mittels SQL auswertbar sind (Fasel und Meier 2016). Dazu bedarf es nach Fasel und Meier (2016) auch neuartiger Methoden und Tools. Für die Speicherung von RDF werden etwa, einem gestaltungsorientierten Vorgehen folgend, Triplestores gebaut (also NoSQL-Datenbanken), welche die unterliegenden Graph-Strukturen verarbeiten können (Portmann 2013).

Gestaltungsorientierte Grundsätze, wie sie Andreas Meier ursprünglich auf die Beforschung geographischer Informationssysteme angewendet hat, können für alle Bereiche der Wirtschaftsinformatikforschung nutzbar gemacht werden. Eindrücklich zeigt sich dies auch in der thematischen Vielfalt der Dissertationen, die Andreas Meier betreut hat (vgl. dazu Anhang 2). Gestaltungsorientierung ist jedenfalls aus der heutigen Forschung und Entwicklung der (Wirtschafts-)Informatik nicht mehr wegzudenken.

1.3 Von gestaltungsorientierter Wirtschaftsinformatik

Seit jeher beschäftigt sich der Mensch mit der Gestaltung von Artefakten, vom Rad und Kochtopf, über Buchdruck und Atombombe bis hin zu selbstfahrenden Autos, Augmented Reality und Siri. Deshalb erstaunt es auch nicht, dass viele wissenschaftliche Disziplinen, die (zumindest in der Selbstdarstellung) dadurch gekennzeichnet sind, Anwendungsorientierung beziehungsweise die Gestaltung von Artefakten und Grundlagenforschung zu vereinen (zum Beispiel Architektur, Wirtschaft, Bildung, Recht und Medizin), die Erforschung von Gestaltungsprozessen als einen Forschungsgegenstand von elementarer Bedeutung für ihr Fach betrachten. Auch andere Disziplinen, bei denen sich der Zusammenhang nicht auf den ersten Blick erschliesst, greifen den sogenannten „Design Turn" auf (Schäffner 2010). Bereits Ende der 1960er-Jahre hat Herbert A. Simon, Gewinner des Turing-Awards (1975) und Träger des Wirtschaftsnobelpreis (1978), den Gedanken formuliert, dass Gestaltungsprozesse für sich selbst genommen ein ernstzunehmender Forschungsgegenstand sein sollten, und vor diesem Hintergrund die Naturwissenschaften von einer gestaltungsorientierten „Science of the Artificial" (Simon 1969) abgrenzt: Die Naturwissenschaften, so Simon, schaffen und sammeln Wissen, indem sie analysieren und erklären, wie sich Menschen, Tiere, Objekte oder Phänomene in Natur und Gesellschaft verhalten und funktionieren; gestaltungsorientierte Wissenschaften schaffen und sammeln demgegenüber Wissen über den Prozess der Gestaltung von Artefakten, die entwickelt werden, um ein spezifisches Ziel zu erreichen.

Die Vorstellung von Design als Science beeinflusst auch die Computer Sciences im weitesten Sinne, insofern auch hier Anwendungsorientierung, Engineering und Grundlagenforschung ineinandergreifen. In der angelsächsischen Forschungslandschaft erfährt vor diesem Hintergrund der Begriff „Design Science Research" grosses Interesse: Während die traditionelle „Information System Research" stark an behavioristischen Forschungsparadigmen orientiert ist und darauf abzielt, zu empirisch begründeten Aussagen über die Eigenschaften von Informationssystemen und das Verhalten ihrer Benutzern zu gelangen, fokussiert Design Science Research auf das Informationssystem als zu gestaltendes Artefakt und das Wissen, dass aus den Gestaltungsprozessen gezogen werden kann (Vaishnavi und Küchler 2015, 2004/2015).

In einem deutschsprachigen Memorandum aus dem Jahr 2010, welches auf die Schwierigkeiten von „Rigor vs. Relevance" zielt, heisst es, dass *„die Erkenntnisziele einer gestaltungsorientierten Wirtschaftsinformatik Handlungsanleitungen (normative, praktisch verwendbare Ziel-Mittel-Aussagen) zur Konstruktion und zum Betrieb von Informationssystemen sowie Innovationen in den Informationssystemen (Instanzen) selbst"* sind

(Österle et al. 2010a, b). Beide (also Design Science Research sowie gestaltungsorientierte Wirtschaftsinformatik aus dem deutschsprachigen Raum) betonen dabei, dass durch die Entwicklung eines Artefakts „Design-Wissen“ geschaffen werden kann. Hierbei kann es sich um die Artefakte selbst, also Konstrukte, Modelle, Frameworks, Architekturen, Gestaltungsgrundsätzen, Methoden und/oder Instanziierungen, aber auch um Design-Theorien, also Erkenntnisse über Designprozesse, handeln (March und Smith 1995; Sein et al. 2011; Vaishnavi und Küchler 2004/2015).

Gestaltungsorientierte (Wirtschafts-)Informatik baut hierbei bewusst auch auf philosophischen Kerngedanken der Ontologie, Epistemologie und Axiologie auf: Mit der Konstruktion eines Artefakts, so die Vorstellung, (er-)schaffen gestaltungsorientierte Forschende quasi eine neue Realität, in deren Beobachter sie sich in einem zweiten Schritt verwandeln. Als solche zeichnen sie das Verhalten des Systems auf und verknüpfen dies mit den Erwartungen und Theorien, die in der induktiven Phase festgelegt worden waren. Die Analyse und Interpretation der Beobachtungen verändert die (philosophische) Perspektive und Wahrnehmung der Forschenden – die Grundlage für die Weiterentwicklung des ursprünglichen Forschungsstandpunkts und einen neuen interventionistischen Zyklus (Vaishnavi und Küchler 2015, 2004/2015).

1.4 Wegleitung zu den Folgekapiteln

Mit einer kurzen Vorstellung der insgesamt zwölf Beiträge in dieser Festschrift, die wir in drei Sektionen untergliedert haben, möchten wir diese kurze Einleitung nun beenden. Der erste Teil der Festschrift (I) ist (Wirtschaftsinformatik-)Karrierewegen in Akademie und Praxis gewidmet. Mit Blick auf junge Nachwuchswissenschaftlerinnen und -wissenschaftler, die sich noch ganz am Anfang einer Forschungskarriere befinden oder eine solche planen, präsentieren Dona Mommsen-Ghosh und Edy Portmann in Kap. 2 eine Anleitung, wie ein Dissertationsprojekt in der Wirtschaftsinformatik entwickelt und erfolgreich durchgeführt werden kann; in Kap. 3 macht Roland Schütze, der zurzeit jüngste Schüler von Andreas Meier, hierzu die Probe aufs Exempel und stellt sein noch taufrisches Dissertationsprojekt sowie das gewählte Vorgehen zur Erstellung seiner Doktorarbeit vor. Aufbauend auf seinen Erfahrungen in Akademie und Praxis entwickelt Andreas Meiers ältester Schüler Stefan Hüsemann in Kap. 4 sodann Gedanken zur gestrigen, heutigen und künftigen (Wirtschafts-)Informatik. In Kap. 5 berichtet Marco Savini von den Erfahrungen, die er bei der Gründung seines innovativen Start-ups gesammelt hat – eine der anspruchsvollsten Formen, die Artefakte einer gestaltungsorientierten Wirtschaftsinformatik annehmen können, da sie den Test des freien Marktes bestehen müssen.

Die zweite Sektion (II) beschäftigt sich mit wissenschaftlichen Zugängen zu einer gestaltungsorientierten Wirtschaftsinformatik. In Kap. 6 gehen Michael Kaufmann und Edy Portmann in einem Essay einer ganzheitlichen Wirtschaftsinformatikforschung auf den Grund. Dabei unterscheiden sie zwischen analytischer und synthetischer Forschung und machen sich dafür stark, die beiden Herangehensweisen miteinander zu verbinden, um auf diese Weise mehr Wissen zu schaffen, als jeder Ansatz für sich oder auch die Summe ihrer Einzelerkenntnisse bieten können. In Kap. 7 beschäftigt sich Darius Zumstein mit dem Thema Interdisziplinarität, die (gestaltungsorientierter) Wirtschaftsinformatik per Definition inhärent sein sollte, und plädiert dafür, zusätzlich zu den Technik- und den Wirtschaftswissenschaften, auch Geistes-, Gesellschafts- und Naturwissenschaften zu integrieren. In Kap. 8 vergleicht Daniel Frauchiger das Vorgehen der Wirtschaftsinformatikforschung mit dem Vorgehen gestaltungsorientierter Forschung anderer Disziplinen und illustriert seine Überlegungen anhand eines Praxisbeispiels aus Architektur und Bauingenieurswesen. In Kap. 9 erörtern Joël Vogt und Edy Portmann abschliessend ein zukunftsorientiertes, soziotechnisches (Wirtschafts-)Informatikforschungsprojekt, das die klassische interdisziplinäre Forschung um den Aspekt der Transdisziplinarität erweitert.

Im dritten Themenblock (III), welcher unter dem Titel „Projekte" steht, stellen Schülerinnen und Schüler von Andreas Meier ihre Forschungsprojekte und damit ihre Interpretation dessen vor, was (gestaltungsorientierte) Wirtschaftsinformatik ausmacht: In Kap. 10 zeigt Henrik Stormer, Andreas Meiers vormaliger Habilitand, mit Gedanken zur Verschmelzung von On- mit Offline-Shopping ein Praxisbeispiel aus dem Feld E-Business und E-Commerce als Anwendungsbereich der Wirtschaftsinformatik. In Kap. 11 stellt Aigul Kaskina ihre im Abschluss befindliche Doktorarbeit zur Privacy-Forschung vor, ein Praxisbeispiel interdisziplinärer Wirtschaftsinformatikforschung, das auch den Themenkomplex E-Government berührt. Die Bereiche E-Government und E-Democracy vertiefen in Kap. 12 Luis Terán und José Mancera, die von ihrer soziotechnischen Beforschung von Wahlhilfeplattformen berichten. In Kap. 13 präsentiert Pham Thi Bich Ngoc mit einem Beispiel zu IT-unterstütztem Wissenstransfer in Vietnam abschliessend eine empirisch ausgerichtete Untersuchung aus der Wirtschaftsinformatik.

Danksagung An dieser Stelle gilt der Dank den Autoren der nachfolgenden Kapitel – ohne diese wäre die Festschrift nicht zustande gekommen. Besten Dank, liebe Doktorbrüder und -Schwestern, für eure dieser Festschrift gewidmeten Zeit.

Literatur

Berners-Lee T, Hendler J, Lassila O (2001) The semantic web. A new form of web content that is meaningful to computers will unleash a revolution of new possibilities. Sci Am 284(5):34–43

Einstein A (1921) Geometrie und Erfahrung. Erweiterte Fassung des Festvortrages gehalten an der Preußischen Akademie der Wissenschaften zu Berlin am 27.01.1921. Julius Springer, Berlin

Fasel D, Meier A (2016) Big Data. Grundlagen, Systeme und Nutzungspotenziale. Springer Vieweg, Wiesbaden

Korzybski A (1933) Science and sanity. An introduction to non-aristotelian systems and general semantics. Institute of General Semantics, New York

March S, Smith G (1995) Design and natural science research on information technology. Decis Support Syst 15:251–266

Meier A (1982) Semantisches Datenmodell für flächenbezogene Daten. Diss Techn Wiss ETH Zürich 7043. doi:10.3929/ethz-a-000243431 (14.03.2017)
Minsky M, Papert S (1969) Perceptrons. An introduction to computational geometry. MIT Press, Cambridge, MA
Österle H, Becker J, Frank U, Hess T, Karagiannis D, Krcmar H, Loos P, Mertens P, Oberweis A, Sinz EJ (2010a) Memorandum zur gestaltungsorientierten Wirtschaftsinformatik. https://www.bwi.uni-stuttgart.de/abt7/downloads/Memorandum.pdf. Zugegriffen am 14.03.2017
Österle H, Winter R, Brenner W (2010b) Gestaltungsorientierte Wirtschaftsinformatik: ein Plädoyer für Rigor und Relevanz. https://www.alexandria.unisg.ch/213292/1/ATTD05CN.pdf. Zugegriffen am 14.03.2017
Portmann E (2013) The FORA framework. A fuzzy grassroots ontology for online reputation management. Springer, Berlin/Heidelberg
Schäffner W (2010) The Design Turn. Eine wissenschaftliche Revolution im Geiste der Gestaltung. In: Mareis C, Gesche J, Kimpel K (Hrsg) Entwerfen – Wissen – Produzieren. Designforschung im Anwendungskontext. transcript, Bielefeld, S 33–46
Sein M, Henfridsson O, Purao S, Rossi M, Lindgren R (2011) Action design research. MIS Q 35(1):35–56
Simon HA (1969) The sciences of the artificial. The MIT Press, Cambridge, MA
Vaishnavi V, Küchler B, (2004/2015) Design science research in information systems, 20.01.2004; last updated: 15.11.2015. http://www.desrist.org/design-research-in-information-systems. Zugegriffen am 14.03.2017
Vaishnavi V, Küchler B (2015) Design science research methods and patterns, 2. Aufl. CRC Press, Boca Raton
Zadeh LA (1965) Fuzzy sets. Inf Control 8:338–353
Zadeh LA (1973) Outline of a new approach to the analysis of complex systems and decision processes. IEEE Trans SMC SMC-3(1):28–44

Teil I

Karrierewege

2 Gestaltungs- und praxisorientierte Promotionsarbeiten im Spannungsfeld zwischen Anwendung und Forschung

Dona Mommsen und Edy Portmann

Zusammenfassung

Bei einer gestaltungs- und praxisorientierten Promotionsarbeit in Wirtschaftsinformatik werden Artefakte (Konzepte, Modelle, Methoden, Systeme) geschaffen, die dem Unternehmen einen Nutzen stiften. Arbeiten nach dem gestaltungsorientierten Forschungsansatz zeichnen sich durch eine hohe Relevanz für die Praxis aus und bieten dem Doktoranden einen interessanten Übergang ins Berufsleben. Dieser Beitrag richtet sich in erster Linie an angehende Doktoranden und zeigt auf, worauf sie schon bei der Vorbereitung ihrer Arbeit achten können. Es werden verschiedene Einflussfaktoren für praxisorientierte Promotionsarbeiten analysiert und Szenarien zur Positionierung des Themas skizziert. Dank einer Formalisierung des Zusammenspiels von wissenschaftlichen Aspekten und der Rolle des Praxispartners in einem zweistufigen Dissertationsproposal gewinnen Doktorvater und Doktorand einen besseren Überblick über die situationsabhängigen Möglichkeiten und Risiken, die durch die Zusammenarbeit mit einem Unternehmen entstehen. Die Kombination von Wissenschaft und Praxis wird im Laufe des Promotionsprojektes durch eine Vernetzung auf beiden Gebieten intensiviert.

D. Mommsen (✉)
Genf, Frankreich
E-Mail: ghomo@me.com

E. Portmann
Universität Bern, Bern, Schweiz
E-Mail: edy.portmann@iwi.unibe.ch

E. Portmann (Hrsg.), *Wirtschaftsinformatik in Theorie und Praxis*,
DOI 10.1007/978-3-658-17613-6_2

Schlüsselwörter
Gestaltungsorientierte Promotionsarbeit • Rigor vs. Relevance • Positionierung der Promotionsarbeit • Zweistufiges Dissertationsproposal • Vernetzung in Praxis und Wissenschaft

2.1 Einleitung

Als Andreas Meier den Lehrstuhl für Wirtschaftsinformatik von Ambros Lüthi übernahm, gehörte die Hauptautorin dieses Beitrags zur ersten Generation von Doktoranden. Die Situation war in vielen Aspekten aussergewöhnlich. Andreas Meier kam als Quereinsteiger aus der Praxis. Er musste sich selber im universitären Umfeld zurechtfinden und entscheiden, wie er seinen Lehrstuhl in Lehre und Forschung positioniert. Erschwerend kam hinzu, dass die wirtschaftswissenschaftliche Fakultät der Universität Freiburg (Schweiz) kurz zuvor ein neues Reglement für Doktoranden eingeführt hatte, von dem niemand genau wusste, wie dieses umgesetzt werden sollte. Beispielsweise wurden darin Vorlesungen für Doktoranden vorgeschrieben, obwohl diese Angebote für Wirtschaftsinformatiker noch gar nicht existierten. Rückblickend war es gelegentlich abenteuerlich, wie von allen Beteiligten improvisiert wurde. Andererseits schuf Andreas Meier in dieser Anfangsphase Freiräume und Experimentierfelder. Es herrschte eine grosse Heterogenität an Themen, und die Doktoranden arbeiteten in unterschiedlichsten Konstellationen als interne oder externe Doktoranden. Der hier vorliegende Beitrag zur Festschrift ist eine Verdichtung und Reflexion dieser Erfahrungen. Es werden verschiedene Einflussfaktoren für praxisorientierte Promotionsarbeiten analysiert. Dies soll in erster Linie angehenden Doktoranden verdeutlichen, worauf sie schon in der Vorbereitung ihrer Arbeit achten können, um den Spagat zwischen Forschung und Praxis erfolgreich zu meistern.

Am Lehrstuhl von Andreas Meier war der gestaltungsorientierte Forschungsansatz von Beginn an eine Selbstverständlichkeit, und Arbeiten mit einem starken Praxisbezug wurden gefördert. Diese zwei Eigenschaften haben die Forschungstätigkeit am Lehrstuhl, und somit auch die Promotionsarbeiten geprägt. Eine praxisorientierte Promotionsarbeit kann für alle Parteien attraktiv sein: Das Unternehmen erhält eine innovative Lösung für ihr Problem; der Lehrstuhl bekommt durch die Partnerschaft mit dem Unternehmen den Input über relevante Problemstellungen und das Feedback über die Praxistauglichkeit der Lösungen; und für den Doktoranden bietet eine praxisorientierte Promotion einen interessanten Übergang in die Berufswelt, da er durch die Promotionsarbeit sein Wissen über ein Thema wissenschaftlich vertiefen und gleichzeitig Berufserfahrung sammeln kann. Hinter diesen Vorteilen versteckt sich implizit die grosse Herausforderung eines solchen Promotionsvorhabens. Der Doktorand muss mit seiner Arbeit gleichzeitig zwei Ansprüchen gerecht werden: Die Ergebnisse einer Promotionsarbeit müssen einerseits dem Anspruchsniveau einer wissenschaftlichen Arbeit genügen und andererseits die Anforderungen des Unternehmens erfüllen und für dieses einen Nutzen stiften.

Um als wissenschaftliche Arbeit anerkannt zu werden, muss das Ergebnis erstens einen Erkenntnisgewinn darstellen, und zweitens muss das Ergebnis nachvollziehbar sein, indem es nach anerkannten wissenschaftlichen Methoden erarbeitet wurde. Auf dem Gebiet der Wirtschaftsinformatik wird seit einigen Jahren eine Grundsatzdiskussion über den Erkenntnisgewinn auf dem Gebiet geführt: Welche Fragestellungen sollen mit welchem Forschungsansatz untersucht werden, um dem Kriterium der Wissenschaftlichkeit gerecht zu werden (Rigorosität)? Wie wichtig ist es für die Anerkennung der Wirtschaftsinformatik, dass ihre Ergebnisse einen praktischen Nutzen stiften (Relevanz)? Abschn. 2.2 skizziert diese Grundsatzdiskussion um Rigorosität und Relevanz unter dem Blickwinkel, wie sie den angehenden Doktoranden bei der Wahl eines Promotionsthemas und des Forschungsansatzes beeinflusst. Dabei wird den Herausforderungen im Zusammenhang mit dem gestaltungsorientierten Forschungsansatz besondere Beachtung geschenkt. Nach diesem theoretischen Hintergrund geht es in Abschn. 2.3 um konkrete Hilfestellungen bei der Themenwahl und Abschn. 2.4 vertieft die Fragestellungen zur Themenfindung und Positionierung unter dem Gesichtspunkt der Vernetzung mit dem (oder den) Praxispartner(n) und in der Gemeinschaft der Wissenschaftler.

2.2 Rigor vs. Relevance: Grundsatzdiskussion über den Erkenntnisgewinn in der Wirtschaftsinformatik

Eine Promotionsarbeit muss zum Fortschritt in der Wirtschaftsinformatik beitragen. Wie auf diesem Gebiet neue Erkenntnisse gewonnen werden können, darüber ist innerhalb der Disziplin seit mehreren Jahren eine Grundsatzdiskussion unter dem Schlagwort *Rigor vs. Relevance* (Rigorosität oder Relevanz) im Gange. Dabei geht es um zwei unterschiedliche Forschungsansätze: Der verhaltensorientierte Ansatz bildet Theorien, indem Ursachen-Wirkungszusammenhänge untersucht werden. Der gestaltungsorientierte Ansatz schafft Artefakte, die einen Nutzen stiften, das heisst er untersucht Ziel-Mittel-Zusammenhänge. Im deutschsprachigen Raum wird die Problematik der unterschiedlichen Forschungsansätze daher auch unter dem Aspekt der Grundlagenforschung im Gegensatz zur angewandten Forschung diskutiert (Winter et al. 2009).

Die Wahl des Forschungsansatzes einer Promotionsarbeit hat weitreichende Konsequenzen: Er bestimmt nicht nur den Charakter einer Promotionsarbeit und die Wahl der Methoden; je nach Forschungsansatz werden während der Promotionszeit unterschiedliche Kompetenzen entwickelt, was sich auf die Qualifizierung für das Berufsleben in der Praxis beziehungsweise auf eine weitere akademische Laufbahn auswirkt. Unter diesem Blickwinkel werden in den folgenden Abschnitten der verhaltensorientierte und der gestaltungsorientierte Ansatz, sowie die daraus resultierende Wahl der Forschungsmethoden vorgestellt.

2.2.1 Verhaltensorientierter Ansatz

Im angelsächsischen Raum dominiert(e) der verhaltensorientierte Ansatz, in dem Theorien über Zusammenhänge formuliert und durch empirische, und meist quantitative Methoden überprüft werden (Österle et al. 2010). So werden beispielsweise die Präferenzen oder das Verhalten von Internetnutzern untersucht. Im Doktoratsstudium werden in den ersten Semestern in Vorlesungen und Seminaren empirische Forschungsmethoden und Statistik als handwerkliches Rüstzeug vermittelt. Promotionsarbeiten nach dem verhaltensorientierten Ansatz haben eine standardisierte Struktur und verwenden häufig die gleichen Methoden. Dadurch sind diese Arbeiten aus wissenschaftlicher Sicht einfacher einzuordnen und zu bewerten. Es ist einfacher nachzuvollziehen, ob die Arbeit *rigoros* durchgeführt wurde, was die Publikation an Konferenzen und in renommierten Zeitschriften vereinfacht. Hingegen sind verhaltensorientierte Arbeiten aufgrund des Forschungsansatzes, der sich die Formulierung und Verifizierung von Theorien zum Ziel setzt, für die Praxis von beschränktem Nutzen, das heisst von tiefer Relevanz.

Diese mangelnde Relevanz des verhaltensorientierten Ansatzes machte sich auch in den von den Doktoranden erworbenen Kompetenzen für den Arbeitsmarkt bemerkbar. Im angelsächsischen Raum wurde kritisiert, dass der Arbeitsmarkt die Leistung einer Promotionsarbeit nach dem verhaltensorientierten Ansatz nicht honoriert. Die Doktoranden können nach dem Abschluss einem Arbeitgeber schwer vermitteln, worin der Mehrwert ihres Abschlusses liegt, da die Kompetenzen, die sie sich während der Promotion erarbeitet haben, auf eine wissenschaftliche Karriere ausgerichtet sind. Dies führte dazu, dass auch im angelsächsischen Raum für eine Förderung des Praxisbezugs bei der Ausbildung der Doktoranden geworben wurde (Klein und Rowe 2008).

Selbst wenn eine Arbeit nach dem verhaltensorientierten Ansatz eine Problemstellung anhand einer Studie in der Praxis untersucht, wird der Doktorand nicht konkret auf die Tätigkeit in der Praxis vorbereitet. Durch die Zielsetzung der Theoriebildung wird bei Promotionsarbeiten nach dem verhaltensorientierten Ansatz ein Untersuchungsobjekt ausgewählt und analysiert, aber nicht bewusst verändert. In diesem letzten Punkt unterscheidet sich der gestaltungsorientierte Ansatz, was weitreichende Konsequenzen hat.

2.2.2 Gestaltungsorientierter Ansatz

Im deutschsprachigen sowie im skandinavischen Raum hat die gestaltungsorientierte Wirtschaftsinformatik eine lange Tradition. Dabei geht es darum, konkrete Lösungen für ein Problem zu erarbeiten, die für die Organisation beziehungsweise den Anwender einen Nutzen stiften. Die Ergebnisse dieses Ansatzes sind Artefakte (das heisst Konzepte, Modelle, Methoden und Systeme – Instanziierungen), welche erstellt und evaluiert werden. Dieser Ansatz hat den Vorteil, dass die Ergebnisse für die Praxis relevant sind. Hingegen wurde dem gestaltungsorientierten Ansatz vorgeworfen, nicht immer den Ansprüchen der Wissenschaftlichkeit zu genügen. Durch die Internationalisierung der Forschung und die vermehrte Messung der Leistung der Lehrstühle anhand ihrer Publikationen in renommierten Fachzeitschriften sahen sich die Vertreter der gestaltungsorientierten Wirtschaftsinformatik im deutschsprachigen Raum benachteiligt. Die Wissenschaftler hatten es schwer, ihre Artikel in renommierten englischsprachigen Zeitschriften wie dem *MIS Quarterly* zu publizieren. Diese Ungleichbehandlung bewog eine Gruppe von namhaften Professoren im Jahre 2010 dazu, ein „Memorandum zur gestaltungsorientierten Wirtschaftsinformatik" zu veröffentlichen (Österle et al. 2010).

Das Klischee, im angelsächsischen Raum sei der gestaltungsorientierte Ansatz so gut wie inexistent, stimmt jedoch nicht wirklich. Dort ist der Ansatz unter dem Begriff *Design Science* bekannt. In den USA sind es einige wenige Eliteuniversitäten, an denen sehr wohl nach dem gestaltungsorientierten Ansatz geforscht wird. Das MIT Media Lab beispielsweise war eines der ersten Institute, an dem eine enge Verknüpfung mit der Praxis institutionalisiert wurde; diese Form der Zusammenarbeit wird als Konsortialforschung bezeichnet. Die Erfolgsgeschichte von Google hat ihren Anfang an der Stanford Universität genommen. Über die Jahre hat sich im Silicon Valley eine Kultur der Förderung und Finanzierung von Start-ups entwickelt, bei der Ideen und Ansätze aus der Forschung zur Marktreife gebracht werden. Interessanterweise ist diese Art der Forschung an den Eliteuniversitäten häufig in den naturwissenschaftlichen Fakultäten in den Bereichen Informatik und Elektrotechnik angesiedelt, und nicht bei den Wirtschaftsinformatikern der wirtschaftswissenschaftlichen Fakultät. Hier zeigt sich, wie die Kultur und Denkweise einer Fakultät die Forschung ihrer Unterdisziplinen prägt. Durch die Zugehörigkeit zu den Ingenieurswissenschaften ist es für Elektroingenieure und (angewandte) Informatiker selbstverständlich, „etwas zu bauen" (das heisst Artefakte zu schaffen). Die wirtschaftswissenschaftlichen Fakultäten orientieren sich hingegen hauptsächlich am verhaltensorientierten Ansatz, und diese Denkweise hat sich auf die als *Information Systems* bezeichnete Disziplin der Wirtschaftsinformatik übertragen.

Im angelsächsischen Raum wurde die Gemeinschaft der Wirtschaftsinformatiker durch den Artikel von (Hevner et al. 2004) wach gerüttelt, worin die Autoren für eine Anerkennung des gestaltungsorientierten Ansatzes plädierten. Ihr Modell zum Erkenntnisgewinn in *Design Science* legt besonderen Wert auf die systematische Evaluation der Artefakte, um nachzuweisen, dass die Forschungsergebnisse dem Anspruch der Wissenschaftlichkeit gerecht werden. Diese Evaluation muss in Zusammenarbeit mit dem Praxispartner erfolgen, da nur so der Nachweis erbracht werden kann, dass die Artefakte tatsächlich den erhofften Nutzen stiften. Im Laufe der Zeit hat sich gezeigt, dass in den Unternehmen nur eine beschränkte Bereitschaft vorhanden ist, nach Einführung eines Systems eine systematische Evaluation durchzuführen, weil diese als „zu akademisch" empfunden wird (Österle und Otto 2010). Daher wurde das Vorgehen im Ansatz des *Action Design Research* verbessert, indem die Ergebnisse fortlaufend evaluiert werden (Sein et al. 2011).

Unter den Wissenschaftlern, die nach dem gestaltungsorientierten Ansatz forschen, geht die Diskussion um geeignete (Evaluations-)Methoden und die wissenschaftliche

Fundierung ihrer Forschungsresultate ständig weiter. Im folgenden Abschnitt wird daher umrissen, welche Auswirkungen die Wahl des Forschungsansatzes auf die Auswahl der Methoden und die Akzeptanz der wissenschaftlichen Arbeit hat.

2.2.3 Quantitative und qualitative Methoden

Grundsätzlich wird zwischen quantitativen und qualitativen Methoden unterschieden.

Zu den *quantitativen Methoden* gehörten zum Beispiel Umfragen, die mit statistischen Methoden ausgewertet werden, oder die Analyse von Nutzerdaten. Quantitative Methoden sind beim verhaltensorientierten Forschungsansatz verbreitet, da dieses Instrumentarium den typischen Fragestellungen des Ansatzes entspricht. Es werden Hypothesen formuliert, die durch strukturierte Erhebungen verifiziert oder falsifiziert werden. Es kommt auch vor, dass ein nach dem gestaltungsorientierten Ansatz erstelltes Artefakt mit quantitativen Methoden evaluiert wird, wie zum Beispiel bei der Auswertung der Nutzungsdaten des Testbetriebes eines Prototyps.

Qualitative Methoden wie Beobachtungen, Experteninterviews und Befragungen in Fokusgruppen sind anerkannte Methoden in den Sozialwissenschaften. Dazu kommen Methoden wie *Use Cases*, *Personas* und Szenarien, welche auch in der kommerziellen Softwareentwicklung eingesetzt werden. In der Forschung nach dem gestaltungsorientierten Ansatz sind qualitative Methoden besonders geeignet, um die Anforderungen an die Artefakte zu erheben, und anschliessend, um die erstellten Artefakte zu evaluieren. Bei qualitativen Methoden können Experten und Benutzer ihren Input und ihre Bewertungen detailliert und mit Kontextinformationen zum Ausdruck bringen. Ein Experte kann Verbesserungsvorschläge einbringen, welche Beziehungen oder Szenarien von dem Modell berücksichtigt werden sollen. Ein Benutzer kann erklären, wo die Benutzung eines Systems noch nicht intuitiv ist. Ein solches Feedback ist für die Entwicklung der Artefakte und die Erhöhung des Nutzens sehr wertvoll. Für den Wissenschaftler besteht die Herausforderung darin, diese Fülle der differenzierten Informationen zu strukturieren. Diese müssen nicht nur in die Erstellung und Verbesserung der Artefakte einfliessen, sondern auch so aufbereitet und präsentiert werden, dass die Ergebnisse einer qualitativen Methode als wissenschaftliches Resultat anerkannt werden. Bei der Verfassung eines Forschungsartikels haben es die Autoren von Studien mit qualitativen Methoden insofern schwerer, da sie ihr Vorgehen detailliert beschreiben müssen und es für qualitative Methoden kein vorgegebenes Schema für diese Beschreibung gibt. Die fehlende Standardisierung liegt in der Natur der Zielsetzung von qualitativen Studien, die nach möglichst differenzierten Resultaten sucht. Dies erweckt im Vergleich zu quantitativen Methoden den falschen Eindruck, weniger rigoros zu sein. Anders formuliert: Die Zielsetzungen von qualitativen Methoden passen zum gestaltungsorientierten Ansatz, doch der erhöhte Erklärungsbedarf von qualitativen Methoden trägt dazu bei, dass gestaltungsorientierte Studien in der Wirtschaftsinformatik um die Anerkennung ihrer Wissenschaftlichkeit ringen.

Welche Konsequenzen hat die Grundsatzdiskussion um *Rigor vs. Relevance* für einen angehenden Doktoranden, der eine praxisorientierte Arbeit verfassen möchte? Im Hinblick auf das Promotionsprojekt muss dem Unternehmen frühzeitig kommuniziert werden, dass im Laufe der Arbeit immer wieder Evaluationen nötig sind. Dazu muss der Praxispartner Ressourcen bereitstellen, zum Beispiel für Experteninterviews oder die Arbeit in Fokusgruppen, welche Feedback zur erstellten Lösung geben. Wer sich als Doktorand die Möglichkeit einer akademischen Laufbahn offenhalten möchte, muss sich des Einflusses einer gestaltungsorientierten Promotionsarbeit auf die Karriereplanung bewusst sein. Im deutschsprachigen Raum gibt es eine grosse Anzahl von Professoren, die bereit sind, eine Arbeit nach dem gestaltungsorientierten Ansatz als Doktorvater zu betreuen oder Postdocs mit dieser Forschungsmethode zu beschäftigen. Der Doktorand kann seine Ergebnisse problemlos an Konferenzen präsentieren. Hingegen wird er es schwerer haben, seine Artikel bei englischsprachigen Zeitschriften zu platzieren, in welchen noch immer der verhaltensorientierte Ansatz dominiert. Trotz der verbesserten Anerkennung des gestaltungsorientierten Forschungsansatzes haben solche Studien einen vermehrten Erklärungs- und Rechtfertigungsbedarf. Für eine wissenschaftliche Karriere ist eine gestaltungsorientierte Promotionsarbeit im deutschsprachigen Raum also kein Nachteil. Wer nach der Promotion für eine Postdocstelle in den angelsächsischen Raum wechseln möchte, wird hingegen nur an wenigen Eliteuniversitäten Lehrstühle finden, an denen nach dem gestaltungsorientierten Ansatz geforscht wird. Vor dem Hintergrund dieser Überlegungen zur Auswahl des Forschungsansatzes geht es im folgenden Kapitel darum, die Kriterien zur Themenwahl zu konkretisieren.

2.3 Themenwahl und Positionierung der Arbeit auf den Dimensionen Anwendungsgebiet, Themengebiet der Wirtschaftsinformatik und gewählte Methode

Welchem Anspruch muss eine Promotionsarbeit gerecht werden? Das Reglement der wirtschafts- und sozialwissenschaftlichen Fakultät der Universität Freiburg (Schweiz) beispielsweise ist dazu äusserst knapp (Universität Freiburg 2005):

> **Art. 8. Zweck:** Die Dissertation ist eine von der Kandidatin oder vom Kandidaten selbstständig und in methodischer Weise abgefasste wissenschaftliche Arbeit, die zum Fortschritt der Wirtschafts- und/oder Sozialwissenschaften beitragen soll.
>
> **Art. 9. Thema:** Das Thema der Dissertation wird von der Kandidatin oder vom Kandidaten frei gewählt. Es bedarf der Genehmigung durch die Leiterin oder den Leiter des Promotionsvorhabens.

Dieses Reglement lässt dem Doktoranden und seinem Doktorvater einen möglichst grossen Spielraum. In Grossbritannien hat die Organisation QAA, die sich mit der Qualität in der Hochschulausbildung befasst, einen Katalog an Standards ausformuliert (QAA 2014). Für Promotionsarbeiten wird da bezüglich des Kriteriums der Wissenschaftlichkeit festgehalten, dass die Resultate einer Forschungsarbeit durch Wissenschaftler bewertet werden (*Peer Review*) und für eine wissenschaftliche Publikation geeignet sein müssen. In dem Katalog werden auch Anforderungen an die Kompetenzen von Doktoranden aufgelistet: Er muss sich in das Wissen über ein komplexes Thema systematisch einarbeiten, ein Promotionsprojekt mit all seinen Phasen selbstständig durchführen können, und über das für die Arbeit benötigte Methodenwissen verfügen. Ein Doktorand soll unter anderem in der Lage sein, sein Projekt bei unvorhergesehenen Problemen anzupassen, und komplexe Zusammenhänge und Ergebnisse sowohl Experten als auch Laien vermitteln zu können.

Die Reglements und Qualitätsstandards sind zwar ein Anhaltspunkt, was von einem Doktoranden erwartet wird, doch es sind keine konkreten Kriterien, die bei der Themenwahl zu berücksichtigen sind. In den folgenden Abschnitten werden daher Kriterien und Szenarien als Hilfestellung für den angehenden Doktoranden in Wirtschaftsinformatik vorgestellt. Im folgenden Abschn. 2.3.1 wird in einem Exkurs über *Effectuation* dargelegt, wie sich angehende Doktoranden in ihrem Vorgehen an der Entscheidungslogik von Unternehmern orientieren können. In Abschn. 2.3.2 über die Bausteine zur Positionierung der Promotionsarbeit werden die Aspekte aufgelistet, die im Verlauf des Promotionsprojektes geklärt werden müssen. In Abschn. 2.3.3 wird präzisiert, welchen Einfluss die Spezialisierung des Lehrstuhls auf den Gestaltungsspielraum des Doktoranden hat. Mit Ausnahme des Falles von ausgeschriebenen Promotionsprojekten können selten alle Aspekte bereits im Anfangsstadium festgelegt werden. Deshalb werden in Abschn. 2.3.4 unterschiedliche Szenarien zur Positionierung der Promotionsarbeit vorgestellt. Dabei wird berücksichtigt, dass angehende Doktoranden typische Einstiegspunkte haben – seien es bestehende Kontakte zu einem potenziellen Doktorvater oder zu einem Unternehmen –, und sich von dieser Startposition aus die fehlenden Ressourcen heranziehen. In Abschn. 2.3.5 wird vorgeschlagen, den Planungsprozess des Promotionsvorhabens durch ein flexibles, zweistufiges Proposal zu begleiten.

2.3.1 Exkurs: Effectuation – Unternehmerische Entscheidungslogik für Doktoranden

Gerade zu Beginn eines Promotionsprojektes können viele Unsicherheiten bestehen: Das Thema ist noch nicht klar, es gibt vielleicht noch gar keinen Praxispartner, oder das Praxisprojekt muss erst noch definiert werden. Diese Situation der Unsicherheit und der beschränkten Ressourcen hat Gemeinsamkeiten mit der Entscheidungssituation von (Jung-)Unternehmern, welche versuchen, mit ihren bestehenden Mitteln und dem sukzessiven Aufbau eines Netzwerkes von Partnern weiterzukommen, ohne unnötige Risiken einzugehen. Die dabei verwendete Entscheidungslogik von Unternehmern wurde erstmals von Saras D. Sarasvathy analysiert und unter dem Begriff *Effectuation* charakterisiert (Sarasvathy 2011). Das Modell beginnt mit einer Analyse der eigenen Ressourcen (wie Wissen, Fähigkeiten und Kontakte) und passt die Ziele diesen Möglichkeiten an.

Dabei wägt der Entscheidungsträger ab, welches Risiko er eingehen kann. Durch die Schaffung eines Netzwerkes, in dem Partner zu einer möglichst engen Zusammenarbeit animiert werden, erweitern sich auch die Ressourcen und Möglichkeiten.

Ein wichtiges Element in dem Modell der *Effectuation* ist der kreative Umgang mit unerwarteten Ereignissen. Erfolgreiche Unternehmer sind sich bewusst, dass sich nicht alle Risiken vermeiden lassen und suchen einen kreativen Ausweg. So kann es sein, dass vermeintliche Rückschläge letztendlich einen positiven Effekt haben. Seine Memoiren über seine Zeit als Doktorand hat beispielsweise Philip J. Guo der Überraschung gewidmet: „To the unexpected" (Guo 2005). Darin beschreibt er ausführlich, wie er erst nach einem gescheiterten Anlauf und diversen Praktika als Übergangslösung sein Promotionsprojekt erfolgreich abschliessen konnte. Sein Weg war alles andere als geradlinig, doch durch die Rückschläge und Umwege konnte er wichtige Erfahrungen sammeln und Kontakte knüpfen, die später zu seinem Erfolg beigetragen haben.

2.3.2 Bausteine für die Positionierung einer praxis- und gestaltungsorientierten Promotionsarbeit

In diesem Abschnitt werden alle Aspekte aufgelistet, die zur Positionierung einer praxis- und gestaltungsorientierten Promotionsarbeit geklärt werden müssen. Diese Aspekte sind in drei Gruppen zusammengefasst: die Positionierung des Themas auf dem Gebiet der Wirtschaftsinformatik, eine Positionierung des Promotionsprojektes aus wissenschaftlicher Sicht und die Definition des Praxisprojektes. Bei jedem praxis- und gestaltungsorientierten Promotionsprojekt werden diese Punkte irgendwann zumindest thematisiert, doch es gibt grosse Unterschiede, zu welchem Zeitpunkt und mit welchem Detaillierungsgrad deren Konkretisierung stattfindet.

Um eine praxisorientierte Promotionsarbeit mit einem gestaltungsorientierten Forschungsansatz in der Wirtschaftsinformatik zu positionieren, müssen drei Dimensionen berücksichtigt werden:

- das Anwendungsgebiet, welches von dem Partnerunternehmen abhängt,
- das Themengebiet der Wirtschaftsinformatik, welches den wissenschaftlichen Kontext bildet, und
- die konkreten Methoden, die zur Erarbeitung der Lösung eingesetzt werden.

Hierbei handelt es sich in einem ersten Schritt um eine grobe Positionierung, die den persönlichen Präferenzen entspricht:

> „Ich möchte im Bereich e-Health/e-Banking/e-Government etc. promovieren", oder ... „ich interessiere mich für Data Mining/Collaborative Systems/Ubiquituous Computing/Geschäftsprozessmodellierung", oder ... „ich möchte mich auf jeden Fall mit Fuzzy Logic beschäftigen".

Wie die Beispiele zeigen, kann der Ausgangspunkt auf irgendeiner der drei Dimensionen liegen. Die Positionierung der fehlenden zwei Dimensionen folgt zwangsläufig im Laufe der Ausarbeitung des Promotionsprojektes.

Für die Positionierung einer Promotionsarbeit müssen aus wissenschaftlicher Sicht folgende Elemente definiert werden:

- eine Projektidee für das Promotionsvorhaben im Sinne einer interessanten Problem- oder Fragestellung,
- die wissenschaftliche Positionierung in einem Gebiet der Wirtschaftsinformatik und damit verbunden erste Überlegungen hinsichtlich der Publikationsmöglichkeiten,
- die Auswahl der Methoden und die Skizzierung der zu erstellenden Artefakte (Konzepte, Modelle, Methoden, Instanziierungen),
- die Auswahl des Anwendungsgebietes und
- eventuell bereits die Skizzierung eines Praxisprojektes.

Mit dem Praxispartner müssen das Projekt definiert und, je nach Art des Projektes, die Rahmenbedingungen vereinbart werden. Dabei geht es in erster Linie darum, welchen Input der Doktorand für das Projekt und seine wissenschaftliche Arbeit braucht:

- Wann und in welcher Form braucht der Doktorand Zugang zu Personen, Wissen und Ressourcen des Unternehmens?
- Welche Informationen und welches Wissen braucht er, um den Kontext und die Anforderungen des Anwendungsgebietes zu verstehen? Genügt es, Experteninterviews durchzuführen und Fokusgruppen zu befragen, oder ist die Zusammenarbeit im Projekt so eng, dass der Doktorand seinen Arbeitsplatz im Unternehmen hat?
- Braucht der Doktorand für seine Promotionsarbeit unternehmensinterne Daten und Dokumente? Ist gewährleistet, dass die daraus gewonnenen Erkenntnisse veröffentlicht werden können? Dazu müssen rechtliche Fragen der Geheimhaltung (*Non-Disclosure Agreement, NDA*) geklärt werden.
- Welche zusätzlichen Leistungen des Unternehmens sind nötig, um die Artefakte aus wissenschaftlicher Sicht evaluieren zu können?

Es bestehen starke Abhängigkeiten zwischen den wissenschaftlichen Aspekten und dem Praxisprojekt, doch nur selten können diese Fragen gleichzeitig beantwortet werden. Jeder Doktorand muss sich die Bausteine für die Positionierung situationsabhängig erarbeiten, wobei die in diesem Abschnitt aufgelisteten Aspekte bei der Analyse der Mittel und Ressourcen fortlaufend konkretisiert werden. In Abschn. 2.3.5 wird daher ein zweistufiges Proposal für praxisorientierte Promotionsarbeiten vorgeschlagen, um diesen Abhängigkeiten zwischen der wissenschaftlichen Arbeit und den Rahmenbedingungen beim Praxispartner gerecht zu werden.

Wie bereits erwähnt, formuliert der Doktorand in einem ersten Schritt seine Präferenzen für ein Forschungsgebiet. Im folgenden Abschnitt wird genauer betrachtet, welchen Einfluss die Positionierung des Lehrstuhls auf diese Themenwahl hat.

2.3.3 Spezialisierung des Lehrstuhls

Da man kurz nach dem Wechsel des Lehrstuhlinhabers zu Andreas Meier nicht auf bestehende Forschungsschwerpunkte Rücksicht nehmen musste, waren die Doktoranden in der Themenwahl praktisch vollkommen frei. Einigen, die Autoren eingeschlossen, ermöglichte dieser Freiraum, sich mit einem Thema zu befassen, für das ein grosses persönliches Interesse bestand. Dabei handelte es sich um eine Ausnahmesituation. Normalerweise hängt es in erster Linie von der Positionierung des Lehrstuhls beziehungsweise Institutes ab, wie viel Gestaltungsspielraum ein Doktorand bei der Themenwahl für seine Arbeit hat. Lehrstühle positionieren ihren Forschungsschwerpunkt ebenfalls nach den Dimensionen Anwendungsgebiet, Themenbereich der Wirtschaftsinformatik und Methoden, wobei es bei der Spezialisierung unterschiedliche Strategien gibt.

Spezialisierung auf ein Anwendungsgebiet, zum Beispiel Logistik, Gesundheitswesen, Banken. Durch die Spezialisierung auf eines oder wenige Anwendungsgebiete baut das Institut Fachwissen für den Anwendungsbereich auf, was es wiederum erleichtert, langfristige Partnerschaften mit Unternehmen einzugehen. Ein extremes Beispiel dieser Spezialisierung existiert an der Universität Regensburg. Für die Zusammenarbeit zwischen einem auf Bankinformatik spezialisierten Lehrstuhl für Wirtschaftsinformatik und dessen Praxispartnern wurde ein eigenständiges Unternehmen gegründet. Die ibi Research GmbH bietet forschungsnahe Beratungsdienstleistungen auf dem Gebiet der Bankinformatik an, und führt für ihre Kunden (Banken) Projekte wie ein Beratungsunternehmen durch. Durch die enge Verknüpfung mit der Universität Regensburg wird den Mitarbeitern der ibi Research GmbH die Möglichkeit zur Promotion geboten.[1]

Spezialisierung auf Themenbereiche der Wirtschaftsinformatik, zum Beispiel Prozessmanagement, Knowledge Management, Supply Chain Management, e-Business, Data Warehousing, Data Mining, Service Engineering etc. Die Liste ist so lang wie die Inhaltsverzeichnisse von Lehrbüchern auf diesem Gebiet. Diese Themenbereiche stellen den Forschungsschwerpunkt aus Sicht der Wirtschaftsinformatik dar und entwickeln sich dementsprechend mit dem Fortschritt, wobei es auch Trends und Modeströmungen innerhalb der Disziplin gibt.

Abhängig von den Themenbereichen, auf die sich die Forschungsgruppe des Lehrstuhls spezialisiert hat, können Praxisprojekte aus sehr unterschiedlichen Anwendungsgebieten

[1] Siehe dazu „Honorarprofessur für Wirtschaftsinformatik Prof. Penzel". http://www.uni-regensburg.de/wirtschaftswissenschaften/wi-penzel/index.html sowie „Organisation der ibi Research GmbH". http://www.ibi.de/ueberuns/organisation.html. Zugegriffen am 10.01.2017.

in Frage kommen. Durch diese Breite können innerhalb der Forschungsgruppe Vergleiche angestellt und Querverbindungen untersucht werden, was in der Praxis ansonsten nur in einem diversifizierten Beratungsunternehmen möglich ist.

Spezialisierung auf Methoden, zum Beispiel Simulation, Modellierungsmethoden und -werkzeuge, Fuzzy Management-Methoden. Je weiter die Methode in ihrer Entstehung von der Wirtschaftsinformatik entfernt ist, umso offener (und unklarer) ist es, in welchen Anwendungsbereichen sich die Methode aus Sicht der Wirtschaftsinformatik einsetzen lässt. Was diese Faustregel für die Positionierung der Promotionsarbeit konkret bedeutet, sollen folgende Beispiele verdeutlichen:

- Die Methoden und Modelle des Kundenmanagements (Customer Relationship Management, CRM), sind das Resultat einer gemeinsamen Entwicklung der Bereiche Marketing und Wirtschaftsinformatik, wobei die neuen Möglichkeiten der Informations- und Kommunikationstechnologien der Treiber dieses Fortschritts waren. Zur Ausweitung des Anwendungsgebietes ist es beispielsweise naheliegend, Gemeinsamkeiten und Unterschiede zwischen Kundenmanagement in einem kommerziellen CRM-System und dem Beziehungsmanagement zu Patienten auf dem Gebiet e-Health zu untersuchen. Der Doktorand hat bei einer Übertragung auf ein neues Anwendungsgebiet schon eine Basis an wissenschaftlicher Literatur und Anwendungen aus der Wirtschaftsinformatik, auf die er aufbauen kann.
- Bei Methoden und Modellen aus anderen Fachgebieten gestaltet sich die Ausgangslage für den Doktoranden sehr viel schwieriger, besonders wenn diese Methoden noch kaum als Teil der Wirtschaftsinformatik bekannt und anerkannt sind. Fuzzy Logic und Petri-Netze sind mathematische Konzepte und Modelle, die in der Mathematik schon lange existieren, aber deren Anwendungsmöglichkeiten aus Sicht der Wirtschaftsinformatik noch wenig erforscht wurden. Dies schafft für den Doktoranden sehr interessante Aufgabenstellungen, die aber mit höheren Risiken verbunden sind: Die Erfolgsaussichten dieser Methoden in einem bisher unbekannten Anwendungsgebiet sind in einem frühen Stadium des Promotionsprojektes schwer abschätzbar. Abstrakte, mathematische Modelle und Methoden können auf Praxispartner abschreckend wirken. Für den Doktoranden besteht die Herausforderung darin, dem Praxispartner die Idee seines Promotionsprojektes und den Nutzen für das Unternehmen anschaulich und praxisnah zu beschreiben, selbst wenn noch vage ist, wie dies genau geschehen soll. Wenn auch die Hürden beim Praxispartner höher sind, werden Arbeiten mit Methoden aus der Mathematik oder theoretischen Informatik bei der Publikation in wissenschaftlichen Zeitschriften tendenziell einfacher akzeptiert als Arbeiten, die auf qualitative Methoden aus den Sozialwissenschaften aufbauen.

Welche Schlussfolgerungen lassen sich aufgrund dieser Positionierungen für den angehenden Doktoranden ziehen? Bei einem Doktoranden, der besondere Präferenzen für ein Anwendungsgebiet hat, gestaltet sich die Suche nach einem Praxispartner potenziell einfacher, als bei einem Doktoranden, der in erster Linie mit einer bestimmten Methode arbeiten möchte. Ein angehender Doktorand, der bereits Kontakt zu einem Doktorvater hat, kann anhand der Positionierung des Lehrstuhls sein weiteres Vorgehen zur Akquisition eines Praxispartners anpassen und eventuell auf das bestehende Netzwerk des Lehrstuhls zurückgreifen. Im folgenden Abschnitt werden verschiedene Szenarien vorgestellt, wie der Doktorand zu einer passenden Kombination aus Lehrstuhl und Praxispartner kommen kann.

2.3.4 Szenarien zur Positionierung der Promotionsarbeit

Für eine praxisorientierte Promotionsarbeit braucht der angehende Doktorand zwei Partner: einen Doktorvater an einem Lehrstuhl und ein Unternehmen, bei dem er sein Projekt durchführen kann. Der einfachste Weg, gleichzeitig beide Partner zu finden, sind ausgeschriebene Promotionsprojekte. Wenn keine passende vordefinierte Doktorandenstelle vorhanden ist, gibt es zwei typische Einstiegspunkte zum praxisorientierten Promotionsprojekt: Entweder über (bestehende) Kontakte zu einem Unternehmen, was meist zu einer Anstellung beim Unternehmen und einer Promotion als externer Doktorand führt, oder über die Auswahl eines Doktorvaters mit Anstellung als wissenschaftlicher Assistent (interner Doktorand), wobei der Praxispartner erst später festgelegt wird.

Ausgeschriebene Promotionsprojekte

Es werden regelmäßig Stellenausschreibungen für wissenschaftliche Mitarbeiter publiziert, bei denen vom Lehrstuhl und dem oder den Praxispartnern bereits ein klares Projekt vorgegeben ist. Zum Beispiel ist am European Research Center for Information Systems (ERCIS) der Westfälischen Wilhelms-Universität Münster eine Stelle im Themenfeld der Absatz- und Vertriebsplanung zu vergeben. Wie in Box 1 illustriert, sind in der Ausschreibung (2016) die Aufgaben und Anforderungen an den Doktoranden bereits definiert.

Box 1: Beispiel eines ausgeschriebenen Promotionsprojektes (Auszug)

Am Lehrstuhl für Wirtschaftsinformatik und Logistik im European Research Center for Information Systems (ERCIS) der Westfälischen Wilhelms-Universität Münster ist zum nächstmöglichen Zeitpunkt die Stelle

einer wissenschaftlichen Mitarbeiterin/eines wissenschaftlichen Mitarbeiters (Entgeltgruppe TV-L 13) zu besetzen.

Wer sind wir?

Forschung und Lehre am Lehrstuhl für Wirtschaftsinformatik und Logistik orientiert sich an der Fragestellung, wie durch den Einsatz von Informationssystemen Aufgaben und Prozesse der Logistik und des Supply Chain Managements effektiv und effizient unterstützt werden können. Im besonderen Fokus steht hierbei die Untersuchung und Bewertung unterschiedlicher technologischer Trends sowie die Gestaltung und Evaluation innovativer Informationssysteme im Anwendungskontext des Supply Chain Managements. Der Lehrstuhl ist Partner im ERCIS, in dem im Verbund mit internationalen Forschungspartnern gemeinsame Forschungsprojekte sowie Lehrveranstaltungen durchgeführt werden.

Ein Forschungsgebiet des Lehrstuhls liegt im Themenfeld der Absatz- und Vertriebsplanung (Sales & Operation Planning), in dem in Zusammenarbeit mit Unternehmen und internationalen Forschungspartnern neue Planungsmodelle entwickelt und mithilfe von Informationssystemen umgesetzt und evaluiert werden.

Wen suchen wir?
Wir suchen überdurchschnittlich engagierte Bewerberinnen und Bewerber, die das folgende Profil erfüllen:

- Universitätsabschluss (Diplom/Master of Science) mit einem Notendurchschnitt von mindestens „gut“ und das Ziel der Promotion,
- Schwerpunkt in Wirtschaftsinformatik, Betriebswirtschaftslehre, Supply Chain Management, Informatik oder angrenzenden Gebieten,
- sehr gute Englischkenntnisse, ggf. gefestigt durch Auslandsaufenthalt,
- Interesse und Kenntnisse in den Bereichen Logistik und integriertes Supply Chain Management,
- Interesse an der Konzeption von Planungsprozessen und -systemen im Umfeld der Absatz- und Vertriebsplanung (Sales and Operations Planning),
- wünschenswert wären Erfahrungen in der Prozessmodellierung und -analyse.

[...]
Was sind die Aufgaben?

- Empirische Untersuchungen im Themenfeld des Sales & Operation Planning,
- Modellierung von unternehmensübergreifenden Geschäftsprozessen,
- Konzeption von Planungs- und Steuerungsverfahren im Sales & Operation Planning,
- Gestaltung und Einsatz von Informationssystemen in der Absatz- und Vertriebsplanung,
- Mitarbeit in nationalen und internationalen Forschungs- und Praxisprojekten zu den Themen.

Zusätzlich umfasst die Position die Betreuung von Lehrveranstaltungen, wie Operations Management oder Supply Chain Management, sowie von Seminaren und Projektseminaren (4 Semesterwochenstunden) und die Mitarbeit an weiteren lehrstuhlbezogenen Aufgaben.

Was bieten wir?

- ein angenehmes Arbeitsklima in einem jungen und erfolgsorientierten Team,
- frühe Übernahme von Verantwortung in interdisziplinären Projekten,
- vielfältige persönliche Entwicklungsmöglichkeiten, nicht zuletzt auch durch die enge Zusammenarbeit mit anderen nationalen und internationalen Forschungsinstituten sowie führenden Industrieunternehmen,
- und schließlich: einen attraktiven Standort (ausgezeichnet mit dem LivCom-Award als lebenswerteste Stadt der Welt) mit hohem Freizeitwert.

Quelle: „Stellenausschreibung für wissenschaftlichen Mitarbeiter an der Universität Münster." https://www.wi.uni-muenster.de/de/file/2072/download?token=igdtDakH. Zugegriffen am 10.01.2017

Die Konsortialforschung der Universität St. Gallen (Österle und Otto 2010) ist weiteres Beispiel dafür, wie vom Lehrstuhl die Rahmenbedingungen für die Zusammenarbeit gesetzt werden. Diese vordefinierten Promotionsprojekte bieten dem Doktoranden eine gewisse Sicherheit und Zeitersparnis, da das Anwendungsgebiet, das Thema und die Methoden vorgegeben sind. Die Kehrseite dieser Promotionsprojekte ist der eingeschränkte Gestaltungsspielraum. Die zwei Hauptkriterien, ob ein solches Projekt in Frage kommt, sind erstens die Mobilität (ist ein mehrjähriger Ortswechsel möglich und gewünscht?) und zweitens, ob sich der Doktorand für das vorgegebene Thema begeistern kann.

Externe Doktoranden

Gegebenes Unternehmen, bei dem das Thema offen ist: Ein Doktorand hat schon während des Studiums durch ein Praktikum oder eine Teilzeitstelle Kontakt zu einem Unternehmen. Dieses Szenario hat den Vorteil, dass der Doktorand beim Arbeitgeber seine Fähigkeiten bereits unter Beweis gestellt hat. Der Doktorand wird meist vom Unternehmen weiter angestellt und sucht sich einen Doktorvater, bei dem er als externer Doktorand promovieren kann. Mit dem Unternehmen und dem Doktorvater ist zu klären, welche Themen im Umfeld dieser Stelle von wissenschaftlichem Interesse sind und zu den Forschungsinteressen des Lehrstuhls passen.

Bei externen Doktoranden kann es sein, dass ein Doktorvater ein Thema akzeptiert, auch wenn es nicht zum Forschungsschwerpunkt des Lehrstuhls gehört. Dahinter steht die gut gemeinte Überlegung, dem Doktoranden eine Promotion mit dem vorhandenen Praxispartner zu ermöglichen. Das kostet den Lehrstuhl keine Stellenpunkte und knüpft Kontakte zu einem neuen Praxispartner. Diese Haltung ist durchaus legitim, doch der Doktorand muss sich bewusst sein, dass er umso weniger Betreuung erwarten kann, je weiter das Thema vom Forschungsschwerpunkt des Lehrstuhls entfernt ist. Zu dieser Problematik später mehr unter dem Punkt „Vernetzung".

Hochqualifizierte Studienabgänger sind auf dem Arbeitsmarkt begehrt. Daher sind grosse Firmen und Konzerne dazu übergegangen, Absolventen mit Masterabschluss verschiedene Wege zum Berufseinstieg anzubieten. Zum Beispiel bietet die schweizerische Post als Alternativen zum Direkteinstieg ein Traineeprogramm und ein PhD-Programm. Bei letzterem werden explizit zwei Vorteile hervorgehoben: Erstens der Praxisbezug der Dissertation und zweitens der Aufbau eines beruflichen Netzwerkes.[2] Ein weiteres Interesse der Firmen besteht darin, die angewandte Forschung auf ihrem Tätigkeitsgebiet zu fördern, indem sie Lehrstühle sponsern. Diese Form der Zusammenarbeit zwischen Wirtschaft und Universitäten schafft zusätzliche Möglichkeiten für praxisbezogene Promotionsarbeiten. Andererseits ist das Universitätssponsoring durch Firmen nicht unumstritten, da eine intransparente Einflussnahme auf die Forschungsinhalte befürchtet wird.[3]

Interne Doktoranden

Gegebener Lehrstuhl (und Thema): Während des Studiums hat sich der angehende Doktorand für einen Doktorvater, ein Thema oder eine Methode besonders begeistert. Wer als interner Doktorand promoviert, hat von Anfang an die wirtschaftliche Sicherheit durch die (Teilzeit-)Anstellung als wissenschaftlicher Assistent. Dies bedeutet, dass interne Doktoranden ihre Zeit auf zwei Jobs aufteilen müssen: Einerseits die Arbeit als Assistent in der Lehre und Betreuung der Studenten, andererseits die eigentliche Forschungsarbeit an der Dissertation. Damit sind interne Doktoranden bereits mit einem Dilemma konfrontiert, das sämtliche Wissenschaftler während ihrer Laufbahn begleitet. Für das Weiterkommen stehen Forschungsarbeit und Publikationen im Vordergrund, während die Leistungen in der Lehre leider kaum Gewicht haben.

Sobald das Thema der Promotionsarbeit grob umrissen ist, kann ein interner Doktorand direkt mit der Einarbeitung in die Literatur loslegen. Das Risiko besteht darin, sich zu spät auf die Suche nach einem Praxispartner zu machen. Je mehr sich der Doktorand in die Thematik vertieft, umso enger wird der Spielraum für die Art von Praxisprojekt, die zu diesem Thema passt. Es ist schwierig, mit einer sehr spezialisierten Idee an Unternehmen heranzutreten und zu fragen, ob sie ein Projekt auf diesem Gebiet angehen möchten. Besser ist es, auch als interner Doktorand möglichst früh einen Praxispartner zu suchen; erstens, um bei der Themenwahl noch flexibel zu sein, und zweitens, um von Anfang an die Anforderungen und den konkreten Kontext des Unternehmens bei der Analyse einbeziehen zu können.

---

[2] Siehe https://www.post.ch/de/ueber-uns/themen-a-z/jobs-und-karriere/studierende-und-absolventen. Zugegriffen am 27.02.2017.

[3] Siehe Daum M. (2013) „Uni-Sponsoring. Geist gehorcht Geld." Die Zeit Nr. 10/2013 vom 28. Februar 2013. http://www.zeit.de/2013/10/Uni-Sponsoring-Schweiz-Analyse/komplettansicht, sowie den Zürcher Appell „Internationaler Appell für die Wahrung der wissenschaftlichen Unabhängigkeit". http://www.zuercher-appell.ch. Zugegriffen am 27.02.2017.

2.3.5 Zweistufiges Proposal für praxisorientierte Promotionsarbeiten

Der englische Begriff Proposal wird für die wissenschaftliche Projektbeschreibung des Dissertationsvorhabens verwendet. Die Rolle des Proposals wird je nach Universität oder Lehrstuhl sehr unterschiedlich gehandhabt. An Universitäten mit einem stark strukturierten Doktorandenstudium ist das Proposal eine Vereinbarung zwischen Doktorand und Doktorvater über das Promotionsprojekt. Dabei ist das Dokument ein wichtiger Meilenstein, in dem die gesamten Vorarbeiten zum Projekt zusammengefasst werden. Die Annahme des Proposals bedeutet den Übergang von der Planungsphase zur Durchführung und wird vom Doktorvater, und eventuell zusätzlich von einem grösseren Gremium genehmigt.[4] Da bei gestaltungs- und praxisorientierten Promotionsarbeiten in der Planungsphase nicht nur die wissenschaftlichen Aspekte geklärt werden müssen, und weil durch die Zusammenarbeit mit dem Unternehmen in der Anfangsphase zusätzliche Unsicherheiten entstehen, ist die Reduktion des Proposals auf ein fixes Dokument als Meilenstein im Promotionsprojekt zu rigide. Nützlicher ist es, das Proposal als ein gemeinsames Planungsdokument von Doktorand und Doktorvater zu betrachten, das stufenweise ausgearbeitet und gegebenenfalls angepasst wird.

Ein typisches Dissertationsproposal besteht aus den folgenden Teilen:

- eine Einleitung mit Übersicht der Forschungsfrage und deren Relevanz,
- eine Literaturübersicht, die den theoretischen Hintergrund erläutert,
- eine Beschreibung des Vorgehens, welche die zu verwendenden Methoden, die Datensammlung, sowie die zu erstellenden Artefakte umfasst,
- eine Präsentation der zu erwartenden Resultate inklusive deren wissenschaftlichen Einordnung, sowie ein Zeitplan für das Dissertationsprojekt.[5]

Entweder spiegelt der Aufbau des Proposals selber den Inhalt der Arbeit wider, oder es wird durch ein provisorisches Inhaltsverzeichnis ergänzt.

Ein Vergleich der Inhalte eines typischen Proposals mit den in Abschn. 2.3.2 vorgestellten Bausteinen für die Positionierung zeigt auf, warum die Orientierung an den standardisierten Vorlagen für praxis- und gestaltungsorientierte Promotionsarbeiten in der Wirtschaftsinformatik zu kurz greift: Da sich das Proposal auf die wissenschaftliche Sichtweise konzentriert, kommt die zentrale Bedeutung der Zusammenarbeit mit dem Praxispartner manchmal nur unzureichend zur Geltung. Die Rolle des Unternehmens fliesst zwar in den jeweiligen Unterkapiteln ein, wenn es beispielsweise um den Nutzen

---

[4] Siehe Heinzel, A. „Zur Notwendigkeit einer strukturierten Doktorandenausbildung in der Wirtschaftsinformatik" in (Jung und Myrach 2008, S. 241–261).

[5] Siehe „Dissertation Proposal, Richtlinien der Universität Mannheim". http://gess.uni-mannheim.de/doctoral-programs/business-cdsb/student-information/dissertation-proposal.html. Zugegriffen am 27.02.2017.

der Artefakte, oder die Datenbeschaffung geht. Die Frage der Rahmenbedingungen für die Zusammenarbeit mit dem Praxispartner fehlt in dem oben zitierten Inhaltsverzeichnis des Dissertationsproposals gänzlich. In der Konsortialforschung wird die Zusammenarbeit zwischen dem Lehrstuhl und dem (oder den) Unternehmen in einer Rahmenvereinbarung für das Forschungsprojekt festgehalten (Österle und Otto 2010). Diese Vereinbarungen sind auf langfristige Kooperationen mit mehreren Unternehmenspartnern ausgerichtet, in deren Verlauf mehrere Dissertationsprojekte eingebettet werden. Aus der Perspektive des Lehrstuhls ist diese Form der Vereinbarung sinnvoll, da sie den Wissenstransfer zwischen Praxis und Lehrstuhl institutionalisiert. Aus Sicht des angehenden Doktoranden wäre hingegen eine Ergänzung des individuellen Proposals hilfreich, damit die Rolle des Praxispartners für sein Dissertationsprojekt konkretisiert wird. Wenn keine Rahmenvereinbarung des Lehrstuhls besteht, ist die individuelle Spezifikation der Zusammenarbeit umso notwendiger. Eine Ergänzung des Proposals wirft die Frage auf, ob dieses erst vollständig ist, wenn die Zusammenarbeit mit dem Praxispartner vollständig geklärt ist. Eine solche Restriktion würde Doktoranden mit praxisorientierten Promotionsarbeiten insofern benachteiligen, dass sie für ihr Proposal bereits die Spezifikation des Praxisprojektes bewältigen müssten. In der heutigen Form des Proposals genügt es beispielsweise, wenn der Doktorand im Methodenteil vorsieht, dass ein Prototyp in der Praxis getestet werden soll, selbst wenn noch offen ist, bei welchem Unternehmen dies stattfinden wird.

Um zu verhindern, dass die Spezifikation der Zusammenarbeit mit dem Unternehmen die Annahme des Proposals verzögert, ist ein zweistufiges Vorgehen möglich, in dem der wissenschaftliche Teil und der Praxisteil zu unterschiedlichen Zeitpunkten ausgearbeitet werden. Bei einer flexiblen Handhabung der beiden Teile kann das Proposal den unterschiedlichen Szenarien im Vorgehen zur Positionierung der Promotionsarbeit besser gerecht werden. Ein interner Doktorand erstellt (wie bisher) zuerst das Proposal aus wissenschaftlicher Sicht; er ist aber verpflichtet, die Spezifikation des Praxisprojektes nachzureichen und gegebenenfalls den wissenschaftlichen Teil zu ergänzen. Ein externer Doktorand beginnt mit der Beschreibung des Praxisprojektes und zeigt darin auf, wie er in diesem Arbeitsumfeld die Positionierung des Themas aus wissenschaftlicher Sicht angehen möchte; sobald die Themenwahl abgeschlossen ist, kann er das wissenschaftliche Proposal verfassen. Bei beiden Arten von Anstellungsverhältnissen vereinbart der angehende Doktorand möglichst früh den Startpunkt seines Projektes mit dem Doktorvater. Dabei bedingt das zweistufige Verfahren das Bewusstsein und die Offenheit, dass sich das Proposal durch die Ergänzung des zweiten Teils sowie aufgrund von unvorhergesehenen Ereignissen im Projektverlauf verändern kann.

Da es zum zweistufigen Verfahren für Dissertationsproposals noch keine Erfahrungen oder Standards gibt, müssen zwischen Doktorvater und Doktorand viele praktische Fragen zum konkreten Vorgehen geklärt werden. Dank einer Formalisierung des Zusammenspiels von wissenschaftlichen Aspekten und dem Praxisprojekt in einem zweistufigen Proposal gewinnen Doktorvater und Doktorand einen besseren Überblick über die situationsabhängigen Möglichkeiten und Risiken, die durch die Abhängigkeit von einem Praxispartner entstehen. Schon bei der Erarbeitung des Proposals beginnt für den Doktoranden die Kombination von Wissenschaft und Praxis, welche im Laufe des Promotionsprojektes durch eine Vernetzung auf beiden Gebieten intensiviert wird.

2.4 Vernetzung mit Partnern in Praxis und Akademie

Das Image des isolierten Doktoranden, der sich wie ein Nerd hinter seinem Computer verkriecht, liefert Material für ganze Comicserien. In der Realität ist die Vernetzung während des Promotionsprojektes ein wichtiger Erfolgsfaktor. Dabei ist es von Vorteil, wenn der Lehrstuhl bereits gut vernetzt ist. Ist dies nicht der Fall, muss der Doktorand selber aktiv werden und sich sein Netzwerk aufbauen.

2.4.1 Vernetzung mit dem Praxispartner und Rahmenbedingungen

Die Vernetzung mit einem Unternehmen als Praxispartner ist zentral für ein praxis- und gestaltungorientiertes Promotionsprojekt. Eine Promotion ist ein mehrjähriges Projekt und benötigt daher stabile Rahmenbedingungen. In Ergänzung zu den in Abschn. 2.3.2 vorgestellten Punkten werden in diesem Abschnitt grundsätzliche Überlegungen angestellt.

Startpunkt: Thema oder Praxispartner?
Wie bereits im Exkurs zur *Effectuation* angedeutet, hängt es vom Netzwerk des Lehrstuhls und den persönlichen Kontakten des Doktoranden ab, in welcher Reihenfolge ein Praxispartner gefunden und das Thema für die Promotionsarbeit festgelegt werden kann.

Wie für externe Doktoranden erwähnt, kann ein bestehender Kontakt zu einem Praxispartner als Ausgangslage genutzt werden. Die Themenwahl in einem gegebenen Arbeitsumfeld ist keine einfache Aufgabe. Erstens ist es in der Anfangsphase der Promotion schwer abschätzbar, welche Problemstellung aus wissenschaftlicher Sicht ausreichend interessant ist. Wird dem Aspekt der Neuigkeit beziehungsweise dem wissenschaftlichen Erkenntnisgewinn nicht in einem frühen Stadium der Themenwahl Beachtung geschenkt, kann es passieren, dass der Doktorand im Partnerunternehmen zwar jahrelang gute Arbeit leistet, doch diese nicht genug Material für eine wissenschaftliche Arbeit bietet.

Zweitens ist nicht immer von Anfang an klar, aus welchem Blickwinkel der Wirtschaftsinformatik die konkrete Problemstellung anzugehen ist. Stellt ein Doktorand erst im Laufe der Arbeit beim Praxispartner fest, dass das Problem beispielsweise besser mit den Ansätzen des Knowledge Managements angegangen werden kann statt aus der Sicht der Geschäftsprozessmodellierung, bedeutet das eine Neupositionierung der Arbeit innerhalb der Wirtschaftsinformatik. Dadurch entfernt sich der Doktorand ungewollt vom Forschungsschwerpunkt des Lehrstuhls, was wiederum die Betreuung erschwert.

Zusammenarbeit mit dem Unternehmen: Zu welchem Zeitpunkt?
Im Modell des Action Design Research definieren Sein et al. (2011) die Zusammenarbeit zwischen Forschern und Praktikern eines Unternehmens als BIE-Zyklen: Erstellen von Artefakten (**B**uilding), Einsatz in der Organisation (**I**ntervention) und **E**valuation. Dabei wird unterschieden, ob die Innovation eher technischer oder organisatorischer Natur ist. Je nach Art der Innovation und der zu erstellenden Artefakte erfolgt die Zusammenarbeit mit dem Unternehmen zu unterschiedlichen Zeitpunkten, und mit einer unterschiedlichen Intensität in der Zusammenarbeit.

Wenn der Schwerpunkt der Innovation im organisatorischen Bereich liegt, kommt zuerst der Input durch die Praktiker, und die Problemanalyse geschieht vor Ort im Unternehmen. Deshalb wird diese Art von Arbeiten typischerweise von externen Doktoranden verfasst, die eng im Unternehmen eingebunden sind.

Liegt das Innovationspotenzial vor allem in einem IT-Artefakt, so kann von den Forschern mehr Vorarbeit im Labor geleistet werden, wenn zum Beispiel erst ein Prototyp erstellt und dann im Unternehmen getestet wird. Ein solches Promotionsprojekt kann von einem internen Doktoranden durchgeführt werden, der punktuell Kontakt mit den Praktikern beim Praxispartner hat. Da der Doktorand in diesem Fall keine Anstellung im Unternehmen hat, ist es umso wichtiger, die Rahmenbedingungen der Zusammenarbeit und rechtliche Fragen betreffend Nutzung und Publikation von Daten und Wissen explizit zu klären.

Spezialfall: Als externer Doktorand bei einem Start-up-Unternehmen?
Da Start-ups sehr innovative Unternehmen sind, besteht ein grosses Potenzial, ein Thema zu finden, dass auch aus wissenschaftlicher Sicht interessant ist. Einige Universitäten wie das MIT Media Lab und Stanford haben die Zusammenarbeit mit Start-ups institutionalisiert. Die offene Mentalität und die Experimentierfreudigkeit von Start-ups entsprechen dem Ziel einer Promotionsarbeit, etwas Neues zu schaffen. Demgegenüber stehen die höheren Risiken bei einem Start-up als Praxispartner. Die langen und intensiven Arbeitszeiten lassen kaum Zeit zur Reflexion aus wissenschaftlicher Sicht.

Das Worst-Case-Szenario mit einem Start-up als Praxispartner besteht in einem plötzlichen Zusammenbruch des Unternehmens. Dies kann den Doktoranden mit einem halb fertigen Promotionsprojekt zurücklassen, was der Hauptautorin beinahe passiert wäre. Sie hatte eine Teilzeitstelle bei einem Start-up, das Informatikdienstleistungen für Privatbanken anbot. Der Praxispartner wünschte ein Thema im Bereich Risikomanagement und vermittelte einen auf diesem Gebiet spezialisierten Professor in Frankfurt als potenziellen Zweitreferenten. Die angehende Doktorandin arbeitete sich mit Vorlesungen und Literaturstudium in das Thema ein. Bei einer isolierten Betrachtung des Promotionsprojektes waren alle notwendigen Elemente vorhanden. Hingegen befand sich das Start-up in einer starken Expansionsphase und es gab „weiche" Signale in der Atmosphäre am Arbeitsplatz, die andeuteten, dass das Unternehmen damit überfordert war. Aufgrund einer persönlichen Einschätzung der Risiken beschloss die Doktorandin, trotz der mehrmonatigen Arbeit, die sie bereits investiert hatte, das Projekt abzubrechen und einen anderen Praxispartner zu suchen, wobei Andreas Meier den Entscheid mittrug. Im Nachhinein erwies sich der Entscheid als richtig, da das Start-up ein Jahr später Konkurs anmelden musste.

Balance zwischen Praxisprojekt und Forschung: Zeitaufteilung und finanzielle Aspekte

Externe Doktoranden müssen einen ständigen Balanceakt zwischen Praxisprojekt und Forschung bewältigen. Ein möglicher Ausweg besteht darin, dass sich der Doktorand zuerst voll auf das Praxisprojekt konzentriert und anschliessend für das Verfassen der Dissertation einen längeren Zeitraum frei nimmt. Noch besser ist es, wenn der Doktorand zwischen Arbeitsblöcken für das Praxisprojekt und Forschungsarbeit abwechseln kann, da schon vor dem Verfassen der eigentlichen Promotionsarbeit immer wieder wissenschaftliche Beiträge für Konferenzen und Zeitschriften erstellt werden müssen. Eine solche Aufteilung funktioniert nur unter den Bedingungen, dass sich erstens die Zeitaufteilung zwischen Forschung und Praxisprojekt wirklich vereinbaren lässt, und dass zweitens der Doktorand durch seine Arbeit beim Praxispartner genug finanzielle Rücklagen hat, um sich längere Auszeiten für seine Forschungstätigkeit leisten zu können. Am meisten persönliche Disziplin erfordern Teilzeitstellen, bei denen der Doktorand sein Wochenpensum aufteilt und zum Beispiel an drei Tagen im Unternehmen und an zwei Tagen an der Universität arbeitet. Auf den ersten Blick mag eine Teilzeitstelle als ideale Kombination erscheinen, doch der angehende Doktorand sei gewarnt: Es ist mental extrem anspruchsvoll, immer wieder den Kontext von Praxis und Universität zu wechseln. Eine Forschungsarbeit braucht längere Zeiträume, in denen man sich in das Thema vertiefen kann.

Jeder externe Doktorand muss sich der immateriellen und materiellen Anreize bewusst sein, die das Praxisprojekt in den Vordergrund rücken: Die Probleme im Tagesgeschäft des Unternehmens sind dringender als das Literaturstudium für die Promotionsarbeit. Für die Arbeit im Unternehmen erhält man direkt ein positives Feedback von Vorgesetzten und Kollegen. Wird das Teilzeitpensum überschritten, gibt es obendrauf noch den finanziellen Anreiz von bezahlten Überstunden. In diesem Umfeld braucht es sehr viel Disziplin und intrinsische Motivation, dem langfristigen Promotionsprojekt genügend Zeit und Aufmerksamkeit einzuräumen.

2.4.2 Vernetzung in der Gemeinschaft der Wissenschaftler

Ein Doktorand muss sich seinen Platz in der Gemeinschaft der Wissenschaftler erarbeiten. Dazu gehört, dass seine Forschungsresultate einem anonymen *Peer Review* unterzogen werden, wenn sie an Konferenzen oder in Fachzeitschriften publiziert werden. Genauso wichtig ist das persönliche Netzwerk, das sich ein Doktorand durch die Teilnahme an Konferenzen oder die direkte Kontaktaufnahme mit Wissenschaftlern von anderen Universitäten aufbaut, da diese Kontakte die Zugangsmöglichkeiten zu Wissen und unterschiedlichen Formen des Wissenstransfers vergrössern. Ein persönliches Gespräch mit einem Professor fördert den Ideenaustausch auf eine vollkommen andere Art und Weise als die

Lektüre seiner Publikationen. In einer praxisorientierten Promotionsarbeit muss das Wissen über das Anwendungsgebiet mit dem Wissen aus dem Gebiet der Wirtschaftsinformatik und Methodenwissen kombiniert werden. Für jeden der drei Bereiche kann es vorkommen, dass der Doktorand Unterstützung von Dritten braucht.

Um das *Wissen über das Anwendungsgebiet* zu vertiefen, braucht es neben dem Input vom Praxispartner manchmal auch Unterstützung von einem betriebswirtschaftlichen Lehrstuhl. Professoren an der gleichen Universität sind eher geneigt, den Doktoranden eines Kollegen zu unterstützen. Wenn es sich um ein sehr spezialisiertes Thema handelt, kann es jedoch sinnvoll sein, einen Wissenschaftler an einer anderen Universität zu kontaktieren. Diese sind nur dann bereit, einen Doktoranden einer fremden Universität zu unterstützen, wenn das Promotionsprojekt nah genug an den eigenen Forschungsinteressen liegt. Im Idealfall kann der Doktorand dem Betriebswirtschaftler im Gegenzug eine neue Perspektive aus der Sicht der Wirtschaftsinformatik auf die eigene Arbeit vermitteln.

Eine individuelle Vernetzung durch einen Doktoranden hat auch ihre Grenzen. Ein Lehrstuhl an der fremden Universität, der selber eng mit Praxispartnern und/oder Consulting-Firmen vernetzt ist, wird auswärtigen Doktoranden keine Unterstützung gewähren, wenn der Lehrstuhl einen Abfluss von Know-how befürchtet. Dieses Wissen soll den eigenen Praxispartnern vorbehalten bleiben oder kommerziell verwertet werden. Selbst an der eigenen Universität ist die Zusammenarbeit innerhalb der Fakultät nicht immer ideal. Es ist keine Seltenheit, dass eine Universität Lehrstühle mit einem exzellenten Ruf in Marketing oder Finanzmanagement hat, aber sich der Bereich Wirtschaftsinformatik auf ganz andere Themen konzentriert hat. Es kann auch vorkommen, dass die Professoren an der gleichen Fakultät aus persönlichen Gründen wenig Kontakt haben. Gegen solche Barrieren hat ein einzelner Doktorand kaum eine Chance.

Naiv könnte man annehmen, dass das Wissen zur Wirtschaftsinformatik und den Methoden beim eigenen Lehrstuhl in Fülle vorhanden ist. Wie bei der Typologie zur Spezialisierung der Lehrstühle und den Szenarien zur Positionierung der Promotionsarbeit erläutert, kann die Wahl des Praxispartners oder die Entwicklung des Promotionsprojektes dazu führen, dass ein Doktorand ein Thema bearbeitet oder eine Methode verwendet, zu der am eigenen Lehrstuhl nicht besonders spezialisierte Kenntnisse vorhanden sind. In dieser Situation werden die Kontakte zu Wirtschaftsinformatikern an anderen Lehrstühlen besonders wichtig. Im Idealfall kann ein externer Professor, der für die Arbeit Input liefert oder diese gar ergänzend betreut, auch als Zweitreferent für die Promotionsarbeit angeworben werden.

Doktorandenworkshops (Doctoral Consortium) und Summer Schools sind exzellente Möglichkeiten, Kontakte zu knüpfen und Feedback zur eigenen Arbeit zu erhalten. Alle grossen Konferenzen der Wirtschaftsinformatik bieten einen solchen Doktorandenworkshop an. Dabei erhält der Doktorand die Gelegenheit, sein Projekt ein oder zwei Professoren von anderen Universitäten kurz vorzustellen, und sich mit anderen Doktoranden auszutauschen. Wenn sich ein Professor besonders für die Arbeit interessiert, kann dies zu einer weiteren Zusammenarbeit führen.

2.5 Zusammenfassung, Ausblick und Dank

Angehenden Doktoranden auf dem Gebiet der Wirtschaftsinformatik steht ein vielfältiges Angebot an Themen und Anwendungsgebieten zur Auswahl. Mit einer ersten Projektidee kann man bereits grob abschätzen, ob das Thema genug Potenzial an Neuigkeit und wissenschaftlichem Erkenntnisgewinn in sich birgt. Wer sich für eine praxisorientierte Arbeit nach dem gestaltungsorientierten Forschungsansatz entscheidet, muss seine Arbeit im Anwendungs- und Themengebiet der Wirtschaftsinformatik sowie mit der Auswahl der Forschungsmethoden positionieren. Dabei kommt der Form der Zusammenarbeit mit dem Praxispartner eine zentrale Rolle zu. Mit ihm müssen die Rahmenbedingungen und der Zugang zu Ressourcen vereinbart werden. Je nach Art des Projektes und der Themenstellung entscheiden Doktorvater und Doktorand gemeinsam, ob er das Projekt besser als interner Doktorand am Lehrstuhl durchführt, oder ob eine Anstellung beim Praxispartner und eine Forschungstätigkeit als externer Doktorand den Umständen besser gerecht werden.

Ein Doktorand ist auch ein Unternehmer seines eigenen Promotionsprojektes, der sein Vorhaben nach den Grundsätzen der *Effectuation* fortlaufend weiterentwickeln kann (Sarasvathy 2011). Es gibt kein Allgemeinrezept, um den Spagat zwischen der angewandten Arbeit und der Forschungsarbeit an der Universität zu meistern. Doch je grösser das Netzwerk an Kontakten zu Praktikern und innerhalb der Gemeinschaft der Wissenschaftler ist, umso breiter ist eine gestaltungsorientierte Promotionsarbeit in Praxis und Wissenschaft abgestützt. Leider werden die Schwierigkeiten von Doktoranden zu oft tabuisiert. Man darf sich nicht entmutigen lassen, wenn das Promotionsprojekt nicht im ersten Anlauf klappt (Guo 2005). Wenn sich abzeichnet, dass ein Thema nicht mit dem gewählten Ansatz angegangen werden kann, oder wenn die Zusammenarbeit mit dem Praxispartner oder gar dem Doktorvater nicht funktioniert, ist es besser, in einer frühen Phase den Mut zum Wechsel aufzubringen.

Die Promotion als Hochschulabschluss hat sich auf verschiedenen Ebenen internationalisiert. Im Zuge der europäischen Harmonisierung der Hochschullandschaft (genannt „Salzburg II") wird eine Systematisierung der Promotionen als Ausbildung angestrebt (Günauer et al. 2012). Durch die Internationalisierung haben sich die Universitäten weiterentwickelt. Die Messung von Leistungsparametern und die Rankings von Universitäten haben das Bewusstsein gestärkt, dass Doktoranden und Postdocs mit ihren Forschungsarbeiten und Publikationen der Motor im Wissenschaftsbetrieb sind. So bemühen sich Universitäten nun vermehrt, für Doktoranden ein attraktives Umfeld zu schaffen. Dies ist auch nötig, denn Absolventen mit einem überdurchschnittlichen Masterabschluss bleiben nicht mehr selbstverständlich bei ihrer Alma Mater. Sie suchen sich im Hinblick auf ihre Karriereplanung gezielt einen Doktorvater oder ein bestimmtes Promotionsprojekt. Eine praxisorientierte Promotionsarbeit auf dem Gebiet der Wirtschaftsinformatik lässt beide Wege offen: entweder nach der Promotion als hoch qualifizierter Mitarbeiter voll in den Beruf einzusteigen oder weiter eine akademische Laufbahn zu verfolgen.

Dank
Unser Dank gilt Andreas Meier für die Freiräume, die er uns während der Promotionszeit gewährt hat. Dona Mommsen dankt ihm besonders für den Rückhalt in den schwierigen Phasen beim Wechsel des Praxispartners und bei der Positionierung des Themas. Myra Spiliopoulou dankt sie für die Unterstützung, um das Promotionsvorhaben aus dem Blickwinkel des Knowledge Managements anzugehen. Last but not least wäre die Dissertation nicht ohne die Unterstützung von Praxispartnern möglich gewesen. Es ist unmöglich, an dieser Stelle alle namentlich zu erwähnen, doch Henriette und Philippe Baumann, Philippe Troesch, Ricarda Steinauer und Christian Hübscher gilt Dona Mommsens besonderer Dank. Edy Portmann dankt seinen beiden Co-Betreuern während der Dissertation, Philippe Cudré-Maouroux und Witold Pedrycz, für die wohlwollende Unterstützung auch in schwierigen Situationen seiner gestaltungsorientierten Dissertation.

Literatur

Günauer F, Krüger AK, Moes J, Steidten T, Koepernik C (Hrsg) (2012) „GEW-Handbuch Promovieren mit Perspektive – ein Ratgeber von und für DoktorandInnen". GEW Materialien aus Hochschule und Forschung, Bd 119, 2. Aufl. Bertelsmann Verlag, Bielefeld

Guo P (2005) The PhD grind – a PhD student memoir. Third anniversary reprint with margin notes from the perspective of a first-year assistant professor. http://www.pgbovine.net/PhD-memoir/pguo-PhD-grind.pdf. Zugegriffen am 10.02.2017

Hevner AR, March ST, Park J, Ram S (2004) Design science in information systems research. MIS Q 28(1):75–105

Jung R, Myrach T (Hrsg) (2008) Quo vadis Wirtschaftsinformatik? Festschrift für Prof. Gerhard F. Knolmayer zum 60. Geburtstag. Gabler, Wiesbaden

Klein HK, Rowe F (2008) Marshaling the professional experience of doctoral students: a contribution to the practical relevance debate. MIS Q 32(4):675–686

Österle H, Otto B (2010) Konsortialforschung. Bus Inf Syst Eng 2(5):283–293

Österle H, Becker J, Ulrich F, Hess T, Karagiannis D, Krcmar H, Loos P, Mertens P, Oberweis A, Sinz EJ (2010) Memorandum zur gestaltungsorientierten Wirtschaftsinformatik. Z Betriebswirtsch Forsch (zfbf) 62:664–672

Quality Assurance Agency for Higher Education (QAA) (2014) UK quality code for higher education. Part A: setting and maintaining academic standards. http://www.qaa.ac.uk/en/Publications/Documents/qualifications-frameworks.pdf. Zugegriffen am 08.02.2017

Sarasvathy SD (2011) What is effectuation? http://www.effectuation.org/sites/default/files/documents/effectuation-3-pager.pdf. Zugegriffen am 10.02.2017

Sein MK, Henfridsson O, Purao S, Rossi M, Lindgren R (2011) Action design research. MIS Q 35(1):37–56

Universität Freiburg (2005) Reglement für den Erwerb des Doktorates der Wirtschafts- und Sozialwissenschaften (Dr.rer.pol.) und des Doktorates der Sozialwissenschaften (Dr.rer.soc.) vom 22.03.2005

Winter R, Krcmar H, Sinz EJ, Zelewski S, Hevner AR (2009) Was ist eigentlich Grundlagenforschung in der Wirtschaftsinformatik? Wirtschaftsinformatik 2:223–231

3 Applied Fuzzy Management Methods for IT Service-Level-Management

Roland Schuetze

Creativity is just connecting things. When you ask creative people how they did something, they feel a little guilty because they didn't really do it, they just saw something. It seemed obvious to them after a while.

(Steve Jobs)

Abstract

Managing the quality of virtualized, distributed and multi-tiered services is a hot topic in today's service research. IT-centric service levels, written in IT technical terms need to be bridged to business-oriented service achievements. Due to the financial impact of Service Level Agreements (SLAs) there is great research interest in integrated management tools that automatically monitor the performance of multi-tier applications, autonomously warn for arising problems and predict in case of incidents on possible frontend impacts like end-user experience or other business implications. These problems are known as root cause analysis and business impact analysis, respectively. In addition the impact of service levels defined for these technical services on customers' business processes, is difficult to estimate. Thus, it is a major objective to identify SLA's that directly affect the performance of customers' business.

Creativity was needed to face this challenge to align business needs with IT service levels and creativity was also the one thing which attracted me doing the long journey

R. Schuetze (✉)
Universität Freiburg i.Ü., Freiburg, Switzerland
E-Mail: roland.schuetze@unifr.ch

E. Portmann (Hrsg.), *Wirtschaftsinformatik in Theorie und Praxis*,
DOI 10.1007/978-3-658-17613-6_3

with Andreas Meiers' research group and has been always the common agenda and motivation between us. The enormous capabilities and potentials to harness benefits by means of fuzzy logic and related mathematics was obvious after initial discussions with Andreas Meier at the beginning of our 5 years co-operation.

This chapter will describe my personal experience with the application Fuzzy Management Methods and the way to apply information systems research to the real-world challenges of today's IT service management business from a service provider point of view. It will also illustrate what I learned during the time working within Andreas Meier information system research group, and what I could apply of it in my career and practical doing.

Keywords
Service level • SLA • Business impact • Services quality • Intuitionistic fuzzy sets

3.1 Introduction

Andreas Meier is professor at the University of Fribourg (Switzerland) and head of the research center for Fuzzy Marketing Methods (www.FMsquare.org). His research interests include electronic business and government, information management, and data mining.

Andreas Meier was my mentor and first advisor during my PhD project at the University of Fribourg, department of informatics, during 2011–2016. He supported me to conduct scientific research after years deep in practical service business. He gave me the idea and the opportunity for writing this thesis supported me always with professional assistance, careful reading and valuable feedback.

The main challenge when I started working with the research project at the University of Fribourg was connecting practical challenges of daily work within the IT business with the fuzzy management methods. Therefore the scientific paper work organically evolved from a primeval soup of ideas originating from several individuals past and present. This dissertation project grew out of years of practical experiences in projects, always challenging the IT to follow and guide the rapidly changing business needs and I tried to connect those requirements to academic research and fuzzy management methods. Combining well-grounded academic research with practice-oriented requirements and business scenarios are a useful and common practice within IT Information Systems. Therefore the focus was from the beginning on application of already developed fuzzy logic systems and mechanisms to the day-to-day problems of my practical work within the IT service management practice, rather than on the development of the mathematical backgrounds and concepts of fuzzy logic itself. My PhD thesis comprised the elaboration of theoretical foundations of IT Service Management reliability engineering and impact assessment practices expanded by fuzzy mathematical models and methods which are the focus of Andreas Meier's research group and part of his initiative to bring fuzzy management methods into practice by defining valuable usage scenarios for them and applying them to realistic business problems.

3.2 Research of Applied Fuzzy Logic in IT Service Management

3.2.1 Research Methods

Both the design science and action research methods aim to achieve more relevant research in the Information Systems (IS) research field. According to Hevner and Chatterjee (2010), design research and action research methods are closely related.

The PhD thesis realized in principle realized following a design-science approach, it therefore aims at first creating innovative concepts which improve the actual human and organizational capabilities, secondly, at evaluating these concepts by providing concrete instantiations (i.e. implemented or prototype systems). Also following a constructive approach to business informatics and information systems research (Österle et al. 2010), this thesis presents a design of new methods impact analysis and proposes applications of these new methods to IT service management.

Thus, the methodology for developing the thesis includes the following:

- The theoretical background is analysed including an IT Service Management (ITSM) best practices, review including a discussion about limits and beneficial extensions.
- Then, in a deductive analysis, the theoretical foundation is picked up and consequently models, approaches and extensions are developed out of the literature and state-of-the-art review resulting into the presentation of a constructive solution design. Several scenarios as narrative descriptions of anticipated business environments, user and system interactions are derived from known projects background and long-term work experiences.
- The conceptual framework has been implemented within a prototyping approach which allows early feedback regarding the suitability of the proposed solution approach. Several Case Studies, based on real-world data-centre architectures, exemplifies the designed approach and were tested by the software prototype showing technical feasibility and enables experimental evaluation and simulation of expected effects.
- On-site studies within IT service provider environments for enterprise applications support an empirical data collection within productive hosting environments. Fuzzy-mathematical operations in combination with statistical methods are applied to draw conclusions about the proposed method. The conclusions are complementary validated by system engineers and expert assessments.

3.2.2 Finding Research Issues by Evaluating the Limits of State-of the-Art

Creativity was needed to connect the concerns and issues of IT Service Management to Fuzzy Management Methods and Tools. But before new concepts can be developed a severe and comprehensive evaluation of the state of the art was required.

Managing the quality of virtualized, distributed and multi-tiered services is a hot topic in today's service research. The initial thought was that there is already a larger research ongoing for application of fuzzy methods to service quality management and concerns, but there was only a limited set of articles published within this research topic. I discussed those articles which fits in the wider scope of applied fuzzy logic within quality and reliability engineering with Andreas to get his thoughts and recommendations about possible and meaningful extensions and research areas.

I started also with a larger initial literature review about the usage of fuzzy mathematics inside quality and reliability engineering method and tools. The result were the following observations:

- Traditional approaches are measured bi-modal (means either operate correctly or fail) and concentrate on local technical IT performance measurements rather than with business-oriented service achievement.
- There are some advanced approaches using fuzzy methods (Robak and Pieczynski 2008), including proposed models of QoS ontologies (Sora et al. 2009) or concepts that are based on Fuzzy Performance Relation Rules (Joshi and Yesha 2011) or assessing on business and monetary impact information on service levels (Kieninger et al. 2013).
- There are several areas in the ITIL v3 Service Lifecycle Modules (ITIL Glossary 07) where dependency and impact analysis or similar reliability engineering techniques are used (ITIL Process Model 2007). Those techniques are mainly applied in ITIL v3 within Service Design, Service Operation and Continual Service Improvement. The four most important in ITIL v3 referred methods and tools, Configuration Management Database (CMDB), Fault Tree Analysis (FTA), Component Failure Impact Analysis (CFIA) and Business Impact Analysis (BIA) are discussed in detail, as these will be incorporated within the proposed framework.

The broader goal is an enrichment of already proven impact and dependency techniques applied within IT service management best practices and guidance. The proposed framework in this thesis will be designed to incorporate and naturally extend the existing ITIL quality methods rather than to replace them with an isolated new approach.

Based on the state-of-the-art impact analysis proposed in ITIL v3 best practices, the limits and derived recommendations for improvements have been developed.

These recommendations were the basis for our next proposed fuzzy dependency framework for a granular impact analysis which will satisfy most of the elaborated requirements.

3.3 Applied Fuzzy Management Methods

3.3.1 Application of Fuzzy Logic Towards Service Quality Engineering

When starting the PhD project I evaluated several topics of applied Fuzzy Logic into issues of today's service management practice. I discussed with Andreas Meier several scenarios:

(a) Refine the modelling ability of non-functional service properties (Quality of Service) between the service requestors and the service providers by using fuzzy methodologies.
(b) Present a concept that can be used to relate metrics of the backstage in a service orchestration to the quality performance criteria defined at the front-stage by the end-user. Here I proposed to extend and complement the approach proposed by K. Joshi, Y. Yesha, Managing the Quality of Virtualized Services (Joshi and Yesha 2011).
(c) Show the capabilities of fuzzy classes for positioning the SLA monitoring results inside the classification space. Based on the monitoring position information, a fuzzy classification allows the service management to monitor the evolution of single QoS values over time.
(d) To combine the previous parts (a)–(c) into a proposal for an on-demand SLA framework. This allows aligning QoS performance criteria to actual demand (requirement monitoring) and corresponding service levels. The variable SLA model is that demand, supply, and chargeback are done on the basis of pre-agreed and defined specific instances of services combined with effective SLA level best supporting the business.
(e) Design of a prototype and provide experimental results to show that the framework is feasible and effective. As such, a framework which can predict the quality of a composite service delivered to an end user is of great importance to administrators and service providers.
(f) And finally extend the framework into an intelligent SLA recommendation system. After definition of the strategies for prioritizing and consolidating the user requirements the engine can start determining the best suitable SLA definition and service configuration.

From the beginning Andreas Meier was open-minded to any of the described research issues so it was my decision how to focus on which of those concerns. However he has been always an excellent sparring partner for evaluation and weighing of the different options.

My personal interest was the "Business and IT Alignment" which included the requirement of SLA transformation and translations within heterogeneous and distributed IT environments. The fulfilment of any higher-level objective requires proper enforcements on multiple resources at several levels (Li 2009). "SLA translation" problems, means any form of transformation of metrics and parameters, within one layer or from one (sub)-layer to another in a multi-layered Service environment which are much more complex than a coupling association can represent. Correlating a higher-level objective such as an end-user service response time with low-level operational parameters may involve sophisticated analytic models (Happe et al. 2011). But, translating now into the business values of IT services probably represents an even higher level of translation problems beyond the technical scope.

So Andreas Meier supported this special "translation" topic of IT services level into the correlated business values and was my counterpart in discussing the existing research papers and articles in relation with this complex issue.

3.3.2 Applying Intuitionistic Fuzzy Sets

The most interesting article I discovered during the literature recherche was the article of the Fault Tree Analysis Concept (Kolev and Ivanov 2009). The concept of indirect coupling calculation based on Intuitionistic Fuzzy Sets (IFS) was invented by Kolev, B. & Ivanov, I. and I thought this can be leveraged to draw the still missing link from backend services to frontend business oriented achievements by intuitionistic fuzzy operations.

Intuitionistic Fuzzy Set (IFS) as proposed by (Atanassov 1983, 1986) characterized by a membership function and a non-membership function, which is a generalization of Zadeh's fuzzy set (Zadeh 1965), whose basic component is only a membership function. Over the last decades, IFS has been applied to many different fields, such as decision making, logic programming, medical diagnosis, pattern recognition, machine learning and market prediction, considered the use of the Atanassov IFS for building soft decision making models using membership degree and non-membership degree to express a decision-maker's hesitation.

This approach maps service quality impacts to the idea behind intuitionistic fuzzy dependencies, where the level of tightly coupling between components corresponds to the intuitionistic fuzzy degrees of truth and falsity of the dependency impact and the loosely coupling index assesses the resilience capabilities of a service.

Both degrees, dependence strength and resilience level, are only loosely related and can be measured separately by best suited methods. Afterwards both degrees are normalized and combined into one intuitionistic fuzzy coupling index. The partial impact between the Key Performance Indicators (KPIs) are then expressed by means of intuitionistic fuzzy values carrying probabilistic information. These operations based on Atanassov (1986) Intuitionistic Fuzzy Set (IFS) are proposed for classical, moderate, worst and best case impact analysis (attitude based). Depending on which operations are applied, classical or probabilistic, the results are varying (Kolev and Ivanov 2009).

Figure 3.1 shows a graphical representation of an intuitionistic fuzzy set of a dependence coupling between two services or components x and y with a degree of dependence $\mu_C(x, y)$ and resilience $\gamma_C(x, y)$. This graph below is an adaption to the coupling issue of the geometrical introduction to IFS shown within Atanassov (2012).

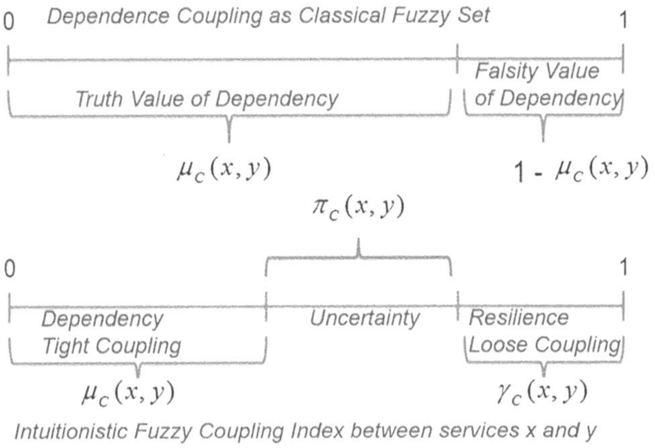

Fig. 3.1 Coupling of services x and y: fuzzy logic versus intuitionistic fuzzy logic

I submitted my first article at the yearly conference on Intuitionistic Fuzzy Sets in Sofia, Bulgaria and have been accepted. Here I met Krassimir Atanassov, who leads the institute of Bioinformatics in Sofia two times and had a very fruitful discussion with him and his research group during the two visits. Andreas Meier was very generous and supportive in setting up the travel and clearly encouraging in participating this conference and creation of the contact to Krassimir Atanassov's team. Without this conference and afterwards the ongoing cooperation with this group, my PhD thesis would not have been possible.

3.3.3 Designing the Framework

Within the "IFSFIA Solution Approach" the theoretical foundation of Intuitionistic Fuzzy Sets comes into operation. First the established Service Management quality methods and best practices of ITIL v3 (ITIL Process Model 2007) are investigated, limitations discussed and recommendations for improvements developed.

As there is high research interest in integrated management tools that monitor the performance of multi-tier applications and that can also autonomously warn of arising SLA violations, I developed a practical step-by-step approach, called Intuitionistic Fuzzy Service Failure Impact Analysis (IFSFIA) which should be practically capable to be performed within real data-centre environments consisting of thousands of configuration items. We proposed the following seven steps (1) Auto-discovery by ADDM tools, (2) Defining the Business Service, (3) Creating the CFIA Grid setting tight and loose coupling degrees, (4) Defining the direct impact as IFS, (5) Calculating the indirect couplings as IFS, (6) (optional): Extending the Business View and (7) (optional): Index Normalization and Intuitionistic Fuzzy Reasoning as illustrated in Fig. 3.2.

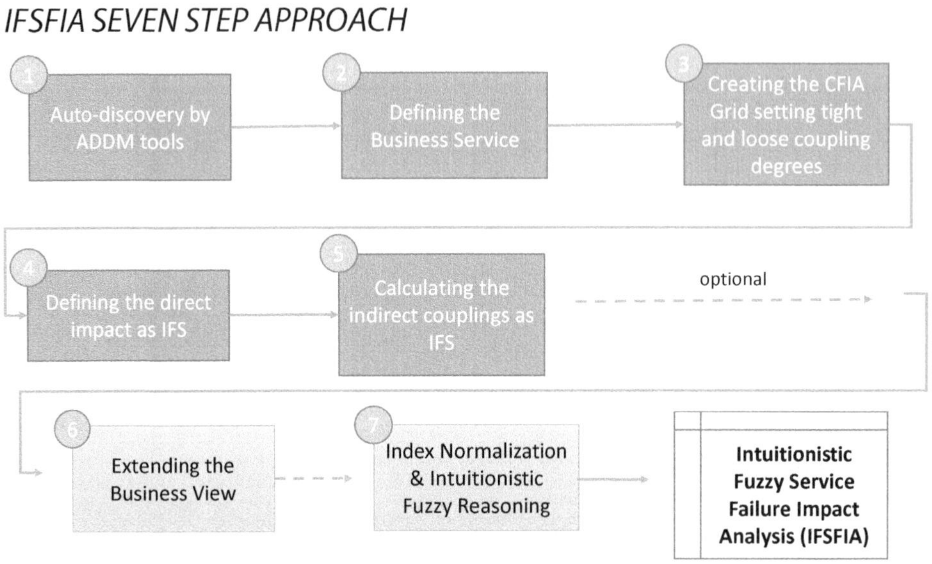

Fig. 3.2 Intuitionistic fuzzy service failure impact analysis (IFSFIA)

Further the usage of the IFSFIA results is shown within an impact or root cause analysis. For Impact Analysis the Forward Coupling Calculation (FCC) is applied which follows the forward dependency direction whereas for Root Cause Analysis a top-to-bottom Reverse Coupling Calculation (RCC) is performed. Interpretations and semantics of results are discussed including a final normalization step within the specific business context. We propose several fuzzy implications to allow several ways of reasoning on risks for business impacts based on the tight and loose coupling degrees. The proposed method is now capable to pro-actively track measures of individual components to gather the overall SLA quality status. Correlating a higher-level objective such as an end-user service response time with low-level performance parameters can now be performed by a systematic engineering approach comprising several integrated steps to gather the business impact in case an incident is detected.

This structured method was the part Andreas Meier has seen the most value of the PhD thesis. Here I could also best combine my practical work experience with the research issues Andreas Meier is working on and can directly contribute into the Fuzzy Management Methods research taskforce to identify and elaborate business-oriented use cases for applied fuzzy logic.

3.3.4 Drawing the Line to the Business Impact

Finally I addressed the 'Business and IT Alignment' challenge by drawing interdependencies between Technical and Business KPI's by applying the concept of Fuzzy Cognitive Maps (FCM) (Kosko 1986; Stylios et al. 1997). As FCMs could have a hierarchical structure, it is proposed to leverage this concept to describe mutual dependencies from business performance concepts like "Customer Experience" to application services or even down to infrastructure components performance parameters. Technical KPIs could be bridged to business-oriented service achievements by means of a casual connections within a FCM. The proposed IFSFIA concept providing fuzzy couplings of technical layers to application and business services can be incorporated within a broader FCM to model effects of IT services to business KPIs, which represents a higher level of translation problems beyond the application scope.

Quantitative assessment of business values and adverse business impacts for incidents are proposed to support valuable guidelines for IT service level deployment which inherits the performance requirements' all the way down to the distributed service elements. Due to complexity, this process of decomposition should best be divided into a layered and standardized approach to structure the dependency tiers and simplify the presentation of the nodes and relationships. Finally the method is applied to the SLA-aware service composition problem for minimizing cost without compromising the service quality. When considering the trade-off between costs and benefits in the service design phase, a key challenge is the derivation of business-relevant performance metrics and associated cost-efficient target values.

This part has caused several discussions with Andreas Meier about differences between technical couplings and couplings to business impacts, as in principle the same mechanism are applied to both scenarios, but in a different context. As here the level of abstraction and complexity increases widely it is also necessary to point out its importance as in recent years the economic structure of service systems has increased greatly in terms of complexity.

3.3.5 Prototyping the Use Cases

A prototype was developed with help of students with several practical work periods, bachelor and master thesis and stepwise extended with enhanced logic and improved presentation layer (Fig. 3.3).

The presentation layer of the prototype was interfaced to a graph database (Neo4J, Python) (Neo Technology Inc.) and validated in the fields of Business Impact Analysis based on customer's performance SLAs.

Because of Andreas Meier's excellent networking and industry connections into a larger Swiss service provider company, hosting complex application platforms I was able to develop "Use Cases for Business Impact Assessments" carried out within a real-world and complex application hosting environment. So the first use case presents the application of the IFSFIA (Intuitionistic Fuzzy Service Failure Impact Analysis) approach to the dependency model developed within an e-health platform hosting environment at a leading provider of IT solutions and outsourcing services in Switzerland. The focus was here on applying a structured and multi-layered decomposition approach based on the existing

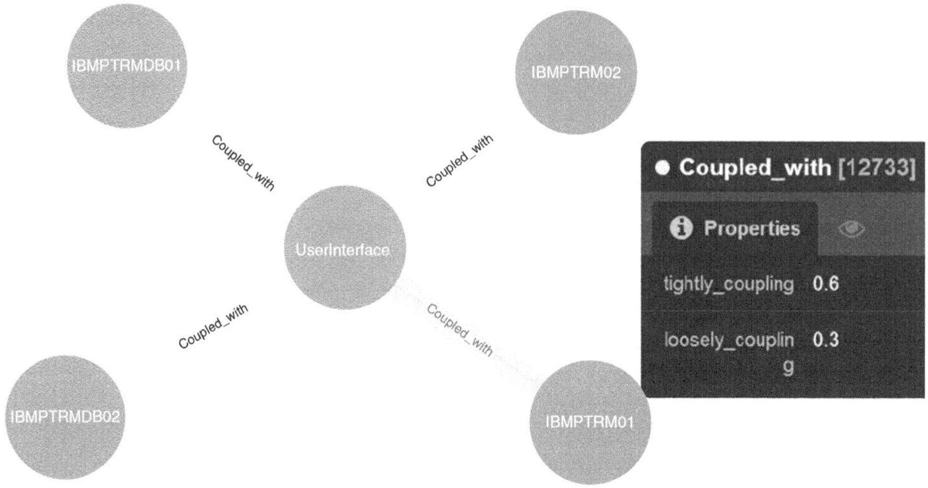

Fig. 3.3 Star representation of intuitionistic fuzzy service dependencies

customer's complex monitoring and production systems. A property graph model was developed based on the customers' large and complex core application hosting environment (Kurochkina 2015).

A customers' system engineer was directly supporting the information assimilation to verify the developed structured model and also to align the coupling degrees as close as possible to the expert knowledge and experiences. The result of the analysis was first a sorted intuitionistic fuzzy distribution of components giving an ordered set of coupling dependencies to the relevant SLA. The correctness of the calculated coupling order of components was confirmed by the customer system engineer, which allows them to identify highly coupled components with a lower resilience index as primary scope for improvements.

As concrete component a critical node (Single Point-of-Failure) for a load-balancer layout was investigated whether an additional cluster would be reasonable from a total business perspective. This question was answered by comparing the results of business impact calculation for a single load balancer versus a second case with two clusters. The benefit was estimated as more than a double decrease in a cost of failure in case of an incident and double increase in resilience.

Also the coupling approach was leveraged in a second use case to justify costs for improvements to the backend IT infrastructure that improve the Quality of Services (QoS) on the front-stage. This was concluded by linking the fuzzy couplings to adverse consequences to demonstrate how the proposed improvements deliver monetary benefits by minimizing negative business impacts compared to the associated delivery cost (Andrade 2015).

3.4 Experiences and What I Learned

3.4.1 Conclusion

The novelty of our developed approach lies in an integrated step-wise methodology, supported automated information assimilation, support of gradual failures or service degradations (e.g. predicting a partial SLA achievement) and bi-polar intuitionistic fuzzy impact assessments.

The automated information assimilation to handle even larger numbers of infrastructure components, information enrichment including several kind of data, people and processes, handling of uncertain and unproved information, support of gradual service degradations (e.g. predicting a partial SLA achievement) and bi-polar impact assessments, investigating both effects together, interdependencies and mitigation capabilities.

Andreas Meier has always seen the potential of a practical and professional usage of this structured IFSFIA method as it allows transformation of availability and performance data into knowledge about the real-time status of business services. Commercial tools are capable to support and automate the process steps and allow the system engineers to concentrate on the relevant steps only where human interactions are mandatory.

Therefore Andreas Meier tried always to push hard to bring the concept into practice, find sponsors and stakeholders, and proof the ability to verify all theoretical concepts into real-world usage scenarios. This gave me always a hard challenge, but at the end it was the key motivation and driver which brought the PhD project forward.

3.4.2 The Timeline and Structure

The dissertation project at the University of Fribourg, Department of Informatics, was planned to be realized from January 2012 to December 2015. This was a strict goal and also constraint given by Andreas which was good to keep the focus on the PhD thesis, as most of the work was performed besides regular business.

Also a minimum of three publications (one per year) was needed to be posted/presented which was not difficult to achieve because of my students learning through my directions with this topic, but also helping to go forward with their ideas and discussions. After the first year the structure and main concepts and thesis have been defined and we have been ready to start in the second year with the concrete instantiations e.g. prototype development. During the first 2 years I performed also advanced studies in fuzzy technologies and related concepts including the mentoring of students and close relationship with the academic research team.

The clear structural requirements helped me to keep the permanent focus on this PhD project besides professional working within the IT service industry.

3.4.3 What I Learned

I learned many different things of how to perform academic research, but also that there is always a way forward, even at the beginning it was hard to find the right research issues. Also that there is always a lot of help, by Andreas Meier, but also the students I could work with and the dear doctoral fellows I met at the University of Fribourg and our research group.

Besides the deep knowledge in fuzzy logic and its applications, (where I learned very much during the PhD thesis, as this was quiet new to me when I started) it was always the positive, competent and straight-forward way Andreas Meier was pursuing which impressed me and motivated to go the extra mile for this PhD project.

Even it was a lot of stress besides regular work, my doctor thesis and dissertation project became an important and enjoyable part of my life.

3.4.4 The Research Community

I gained also a lot of the large network and connections e.g. to the Basel research team of Heiko Schuldt or other research groups visiting us for exchange. Here we had several fruitful sessions and discussing the ideas and developing further research proposals.

There is also excellent research work about service networks ongoing from the KIT Karlsruhe, Germany, for risk-based SLO optimizations as here up to now, no commonly accepted and standardized engineering approach exists for definition of business efficient SLO targets. The Karlsruhe Service Research Institute (KSRI), especially my mentor Hansjörg Fromm, provided me with valuable guidance about economics of Service Level Engineering and Incorporation of Business Impact into Service Level Agreements (Kieninger et al. 2013).

Boyan Kolev and Ivaylo Ivanov had the great idea how to perform indirect fuzzy dependency calculations (Kolev and Ivanov 2009) and Krassimir Atanassov from Sofia, Bulgaria, had developed the principal concept and mathematical foundation about intuitionistic fuzzy sets (Atanassov 1999). He was a great mentor and special thanks to his daughter Vassia Atanassov for reviewing my concepts, advise on academic writing and finally publishing my papers on the international congresses in Bulgaria about applied IFS (Schütze 2013).

Finally the PhD project was only successful because of the always warm and open support of the scientific assistants, doctoral fellows and students at the research projects of Information Systems at the Department of Informatics at Fribourg, Switzerland.

I am proud to have been a student again within this great team!

References

Andrade JAM (2015) Sourcing strategies for virtualized services: a fuzzy risk-based approach. Seminar thesis 2014, University of Fribourg, Department of Informatics, Switzerland

Atanassov K (1983) Intuitionistic fuzzy sets. In: Sgurev V (ed) Vol VII ITKR's session, Sofia, June 1983. Central Science and Technical Library, Bulgarian Academy of Sciences, Sofia, Bulgaria

Atanassov K (1986), Intuitionistic fuzzy sets. Fuzzy Set Syst 20(1):87–96
Atanassov KT (1999) Intuitionistic Fuzzy Sets. In K. T. Atanassov (Ed.), Intuitionistic Fuzzy Sets: Theory and Applications (pp. 1 –37). Physica-Verlag HD, Heidelberg
Atanassov K (2012) On intuitionistic fuzzy sets theory, Studies in fuzziness and soft computing. Springer, Heidelberg. ISBN 978-3-642-29126-5
Happe J, Theilmann W, Edmonds A, Kearney K (2011) A reference architecture for multi-level SLA management. In: Wieder et al (eds) Service level agreements for cloud computing. ISBN 978-1-4614-1614-2. Springer New York, New York
Hevner A, Chatterjee S (2010) Design research in information systems: theory and practice. Springer, Berlin
ITIL Glossary 07. www.itil-officialsite.com/nmsruntime/saveasdialog.aspx?lID=1182
ITIL Process Model (2007). http://datalinkcontrol.net/misc/itil-v3-process-model.pdf
Joshi KP, Yesha Y (2011) Managing the quality of virtualized services. In: Proceedings of the SRII service research conference
Kieninger A, Fromm H, Berghoff F, Satzger G (2013) Simulation-based quantification of business impacts caused by service incidents, Karlsruhe service research institute KSRI 2013
Kolev B, Ivanov I (2009) Fault tree analysis in an intuitionistic fuzzy configuration management database. Notes Intuitionistic Fuzzy Set 15(2):10–17
Kosko B (1986) Fuzzy cognitive maps. Int J Man Mach Stud 24:65–75
Kurochkina D (2015) Application of the fuzzy-intuitionistic approach to the dependency model developed within a complex e-health platform hosting environment. Master thesis, University of Fribourg, Switzerland
Li H (2009) Challenges in SLA translation – SLA@SOI European commission seventh framework programme (2007–2013) SAP research
Neo Technology Inc. "Neo4j, the world's leading graph database," Neo Technology, Inc. [Online]. Available: http://neo4j.com/. Accessed 10 July 2015
Österle H, Winter R, Brenner W (2010) Gestaltungsorientierte Wirtschaftsinformatik. Ein Plädoyer für Rigor und Relevanz. Infowerk, Nürnberg
Robak S, Pieczynski A (2008) Fuzzy modeling of QoS for e-business transactions by e-services. J Appl Comput Sci 16:69–79
Schütze R (2013) Intuitionistic fuzzy component failure impact analysis. Notes Intuitionistic Fuzzy Set 19(3):62–72, 17th International Conference on Intuitionistic Fuzzy Sets Nov 1–2, 2013 – Sofia, Bulgaria
Sora I, Todinca D, Avram C (2009) Translating user preferences into fuzzy rules for the automatic selection of services. In: Proceedings of 5th international symposium on applied computational intelligence and informatics (SACI'09), pp 497–502
Stylios CD, Georgopoulos VC, Groumpos PP (1997) The use of fuzzy cognitive maps in modelling systems. In: Proceedings of 5th IEEE Mediterranean conference on control and systems, pp 518–527
Zadeh LA (1965) Fuzzy sets. Inf Control 8:338–353

Innovation durch Integration – gestern – heute – morgen

4

Stefan Hüsemann

Zusammenfassung

Der Artikel zeigt, wie die Integration verschiedener Informationssysteme zu Innovation führen kann. Anhand von Erfahrungen und Beispielen aus der Praxis wird eine kleine Zeitreise von der Vergangenheit bis in die Zukunft gemacht.

Schlüsselwörter

Integration • Development Information Exchange System • E-dec • Custom SaaS • Machine Learning

„Wir haben schon seit langem alles entdeckt. Ich habe wenig Hoffnung auf Fortschritt in der Zukunft" Dies soll nicht etwa ein schlecht informierter Zeitgenosse gesagt haben, sondern der römische Ingenieur Julius Sextus Frontinus im 1. Jahrhundert nach Christus (vgl. Verhagen 2014). Für damalige Verhältnisse konnte er sich nicht vorstellen, was nach ihm noch alles an Innovationen die Welt verändern würde.

Schon während meiner Zeit als Assistent von Prof. Dr. Andreas Meier habe ich gelernt, dass Neues entstehen kann, indem man Bestehendes miteinander verbindet. Das gilt für Forschungsthemen im Allgemeinen wie auch für Informationssysteme im Speziellen.

Ich möchte in diesem Beitrag anhand einiger Bespiele zeigen, welche Rolle die Integration von Informationssystemen gestern, heute und morgen spielt. Dabei stütze ich mich auf Erfahrungen aus meiner Zeit als Doktorand an der Universität Fribourg sowie meiner Tätigkeit bei meinem Arbeitgeber ipt ein.

S. Hüsemann (✉)
Innovation Process Technology AG, Bern, Schweiz
E-Mail: stefan.huesemann@ipt.ch

E. Portmann (Hrsg.), *Wirtschaftsinformatik in Theorie und Praxis*,
DOI 10.1007/978-3-658-17613-6_4

4.1 Gestern

Zu Beginn meiner Assistenzzeit bei Andreas zwischen 1999 und 2002 herrschte Goldgräberstimmung – es war die Zeit des Internet-Hypes. Alles schien möglich und die Erwartungen waren unermesslich. Es entstand die größte durch IT verursachte Wirtschaftsblase, die durch den Dotcom Crash 2000 platzte (vgl. Wikipedia 2016b).

Viele visionäre Ideen und Innovationen von damals sind heute aber Realität geworden. So forschten Kollegen damals zu „Location-based Services", „Mobile Internet", „Semantic Web", „Service-orientierte Architekturen" etc.

Ich habe meine Dissertation zum Thema „Web-basierte Informationsaustauschplattform für humanitäre Projekte" geschrieben (Hüsemann 2003). Ziel war und ist es, den Informationsaustausch zwischen Entwicklungsorganisationen zu verbessern, um humanitäre Projekte effizienter durchzuführen. Die Development Information Exchange Platform (DIES) ermöglichte die Integration von heterogenen, autonomen Informationssystemen von Entwicklungsorganisationen und Geldgebern (siehe Abb. 4.1). Über einen im Rahmen der Dissertation vorgeschlagenen Austauschstandard, der heute auch von der Weltbank eingesetzt wird, können Projektinformationen und Lessons Learned automatisch zwischen berechtigten Akteuren ausgetauscht werden.

Meine Zeit als Assistent von Andreas Meier war sehr spannend und vielseitig. Er hat mir die Freiräume gegeben, um innovative Ideen entwickeln zu können. So konnte ich in dieser

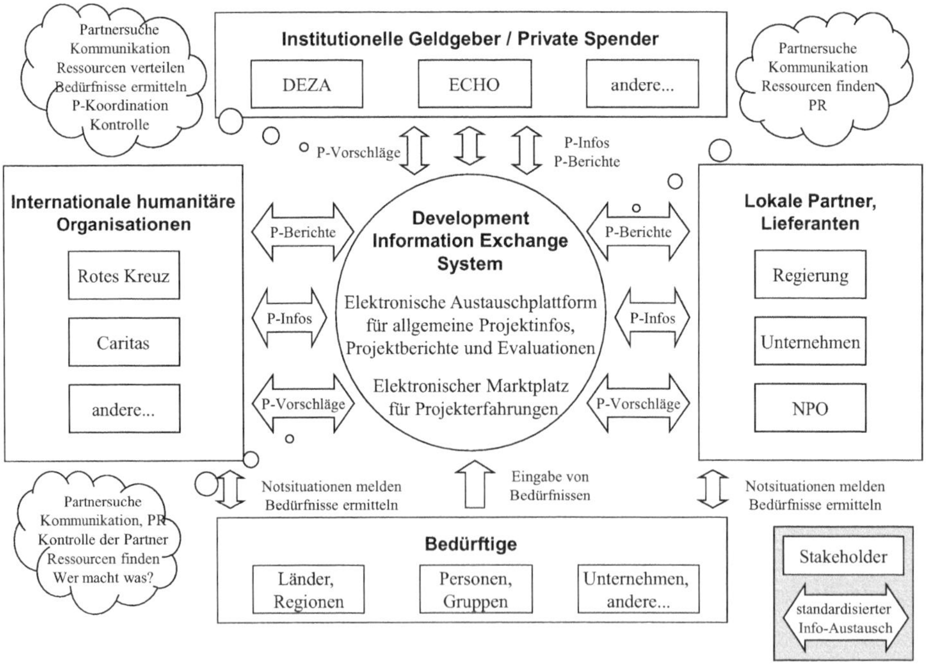

Abb. 4.1 Integration verteilter Projektinformationen über das DIES. (Hüsemann 2003)

Zeit unter anderem beim Aufbau des Development Gateways der Weltbank mithelfen und einige der Ideen meiner Dissertation in die Praxis einbringen.

Die Universität Fribourg habe ich zu einem denkbar schlechten Zeitpunkt verlassen – im Tal der Tränen nach dem Platzen der Dotcom-Blase. Ich hatte das Glück, bei meiner Wunschfirma aufgenommen worden zu sein – Innovation Process Technology (ipt). Ipt ist auf die Konzeption und Realisierung von Individuallösungen mit hohem Integrationsanteil spezialisiert. Im Jahr 2002 war ich der einzige Mitarbeiter, der rekrutiert wurde. Die Wahl war nicht so schlecht, denn heute bin ich immer noch bei ipt tätig und die Firma hat sich in dieser Zeit von ca. 40 auf über 100 Mitarbeiter entwickelt.

4.2 Heute

Wir leben heute im Digitalisierungszeitalter (Wikipedia 2016a). Digitalisierung ist zwar schon seit Jahren im Gange, doch ist sie heute allgegenwärtig. In der Wirtschaft entsteht Innovation heute oft, indem bestehende Informationsquellen bzw. Systeme miteinander integriert werden. Durch die Vernetzung können Entscheidungen fundierter und schneller gefällt werden – und dies immer öfter sogar automatisiert.

Ein Beispiel dafür ist der Schweizer Zoll: Dort werden unter anderem elektronische Zollanmeldungen automatisch durch das E-Government-System e-dec (vgl. (EZV 2016)) geprüft und im Verdachtsfall selektioniert, damit die Zöllner diese risikobehafteten Warensendungen untersuchen können. E-dec ist ein riesiges verteiltes Informationssystem, in dem tausende Logistik-Systeme von Importeuren, Exporteuren und Spediteuren mit der Verzollungsplattform e-dec über Services kommunizieren. E-dec selber ist wiederum Datenlieferant für eine Vielzahl von Systemen in der Bundesverwaltung – so basiert zum Beispiel die Handelsstatistik auf diesen Daten (vgl. Hüsemann und Färber 2016).

Das Beispiel zeigt, wie Integration heute allgegenwärtig ist, ohne dass dies wirklich sichtbar ist. Ich hatte das Glück, mit ipt während mehreren Jahren e-dec in Zusammenarbeit mit dem Bundesamt für Informatik und Telekommunikation (BIT), der Eidgenössischen Zollverwaltung (EZV) und weiteren Partnern zu entwickeln.

Heute noch in den Kinderschuhen steckt ein weiteres Thema, mit dem ich mich bei ipt beschäftige: Custom SaaS (vgl. Hüsemann 2016). Darunter verstehen wir Individuallösungen in der Cloud. Das ist gewissermassen die Quadratur des Kreises:

- Software as a Service (SaaS) steht für Standardlösungen, die Unternehmen bei einem Cloud-Anbieter mieten und sofort nutzen können.
- Individuallösungen im Gegenzug dienen der Abdeckung von Anforderungen, die unternehmensspezifisch sind und nicht durch Standardlösungen abgedeckt werden. Unternehmen wollen sich mit Individuallösungen von der Konkurrenz differenzieren, was bei Standardlösungen nicht im Vordergrund steht.

Bei Custom SaaS wird eine Individuallösung basierend auf einer cloudbasierten Plattform (Platform as a Service – PaaS) gebaut (siehe Abb. 4.2). Die PaaS bietet Services, die wie Lego-Bausteine schnell zu einer innovativen Lösung zusammengebaut werden können (als PaaS kann zum Beispiel ServiceNow genutzt werden (ServiceNow 2016)), und dies mit minimalem Programmieraufwand. Dabei kommen Prinzipien serviceorientierter Architekturen zur Anwendung. Diese Custom SaaS Lösungen können heute problemlos mit Informationssystemen „on premise", das heißt in Unternehmensrechenzentren integriert werden. Die Lösung wird durch einen Cloud-Anbieter betrieben, so dass für die Custom SaaS-Lösung keine eigene IT-Infrastruktur notwendig ist. Die Quadratur des Kreises ist also möglich.

Mit diesem Ansatz hat ipt gemeinsam mit Swisscom ein System zur Bestellung und Verwaltung von temporären Telekommunikationsleitungen für die Schweizer Armee gebaut. Innerhalb von wenigen Monaten wurden die Bestellprozesse für Telefon- und Internetleitungen für Weiterbildungskurse (WK) digitalisiert. Der WK-Verantwortliche kann heute über ein cloudbasiertes Portal Telekommunikationsleitungen für den gewünschten Standort bestellen. Das System prüft die Korrektheit der Bestellung. Nach Freigabe der Bestellung durch verschiedene Prozessbeteiligte werden die Telekommunikationsleitungen automatisch in den integrierten Umsystemen konfiguriert und aufgeschaltet.

Auch bei diesem Beispiel entsteht Innovation für Unternehmen durch die Integration von verschiedenen Systemen (teilweise spricht man von Cloud-to-Ground Integration). Das oben erwähnte Projekt hat den Swiss ICT Publikumspreis 2015 erhalten (Swiss ICT 2015).

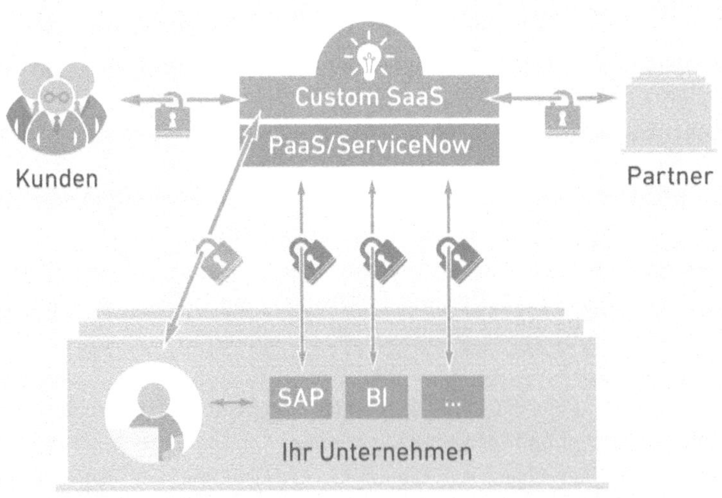

Abb. 4.2 Custom SaaS – Individuallösung in der Cloud mit Integration zu Kunden, Partnern und Unternehmenssystemen. (Hüsemann 2016)

4.3 Morgen

Das Rad der Innovation dreht sich immer schneller. Aktuell gibt es einige Hype-Themen, die das Potenzial haben, die Zukunft stark zu verändern (während andere dieser Themen möglicherweise bedeutungslos sein werden). Spannend und gleichzeitig beängstigend sind Themen wie „Internet of Things (IOT)", „Cognitive Computing/Machine Learning", „Augmented Reality (AR)".

Und auch hier entsteht Innovation bei der Verbindung dieser Themen, wie das folgende Beispiel zeigt: Bei der Eidgenössischen Zollverwaltung (die dem Normalbürger ja nicht unbedingt beim Thema Innovation als erstes in den Sinn kommt) werden aktuell Visionen entwickelt, bei denen IOT, Cognitive Computing/Machine Learning und Augmented Reality zusammenspielen. Man stelle sich vor, alle Lastwagen seien mit Chips versehen (das sind die meisten schon heute), über die Daten mit den Systemen der EZV automatisch ausgetauscht werden (IOT). Der Zollanmeldungsprozess und auch die Abrechnung der Leistungsbezogenen Schwerverkehrsabgabe (LSVA) würden massiv vereinfacht und beschleunigt. Durch Mustererkennung (Machine Learning) identifiziert das EZV-System Lastwagen bzw. Warensendungen, die verdächtig sind. Der Zöllner würde über seine Augmented Reality-Brille bei einer mobilen Kontrolle mit einem Blick auf das Nummernschild des Lastwagens angezeigt bekommen, was der Lastwagen transportiert und wie hoch das Risiko ist, dass es sich um geschmuggelte oder falsch deklarierte Waren handelt. Es bleibt ihm dann überlassen, den Lastwagen zu kontrollieren. Das Kontrollresultat fließt zur Verbesserung der zukünftigen Analysen wieder in das System zurück.

Solche Szenarien sind heute schon technisch umsetzbar. So ist zum Beispiel Machine Learning als Cloud-Service verfügbar (zum Beispiel IBM Watson in der Bluemix Cloud (IBM 2016) oder Microsoft Cortana in der Azure Cloud (Microsoft 2016)) und kann mit IOT-Plattformen und Augmented Reality ohne weiteres integriert werden.

Doch gibt es oft rechtliche oder soziale Hürden. So stellt sich unter anderem die Frage, welche Rolle der Mensch zukünftig spielen wird, wenn „Things" miteinander kommunizieren, Maschinen lernen und immer mehr Aufgaben automatisiert werden, was noch vor einigen Jahren nur in Science-Fiction-Filmen möglich gewesen wäre.

Die Wirtschaftsexperten sind sich noch nicht einig, ob die kommenden IT-Entwicklungen bzw. Revolutionen in der Summe Arbeitsplätze vernichten oder erzeugen werden (vgl. zum Beispiel Tagesanzeiger 2016; Zentrum Europäische Wirtschaftsforschung (ZEW) 2016). Es mag optimistisch stimmen, dass Innovation in der Vergangenheit zwar bestimmte Jobs vernichtet, dafür viele neue Möglichkeiten eröffnet hat.

Zusammenfassend zeigen diese Beispiele, dass unser Leben immer stärker digitalisiert wird und die dahintersteckenden Innovationen oft durch die Verbindung beziehungsweise Integration von Systemen entsteht – gestern, heute und auch morgen. Wir können uns heute kaum vorstellen, was in naher Zukunft alles möglich sein wird – ähnlich wie der eingangs erwähnte römische Ingenieur, der dachte, alles Wichtige sei schon entdeckt worden.

Es bleibt also spannend in den nächsten Jahren. In der IT wird weiter Goldgräberstimmung herrschen, denn wie schon Marc Andreessen sagte: „Software is eating the world" (Andreessen 2011).

Literatur

Andreessen M (2011) Why software is eating the world. Wall Street J. http://www.wsj.com/articles/SB10001424053111903480904576512250915629460

EZV (2016) e-dec Verzollungsplattform. www.e-dec.ch. Zugegriffen am 05.01.2017

Hüsemann S (2003) Web-basierte Informationsaustauschplattform für humanitäre Projekte. Deutscher Universitäts Verlag (DUV), Wiesbaden (heute Springer)

Hüsemann S (2016) Custom SaaS. http://ipt.ch/angebot/custom-saas/. Zugegriffen am 01.05.2017

Hüsemann S, Färber M (2016) Eine Dekade erfolgreicher Digitalisierung beim Zoll – das war erst der Anfang! eGovernment forum 2016 in Bern. http://de.slideshare.net/InfoSocietyDays/isd-2016solutionbstefanhsermannmarkusfrber

IBM (2016) Watson. https://www.ibm.com/cloud-computing/bluemix/de/watson. Zugegriffen am 05.01.2017

Microsoft (2016) Cortana. https://www.microsoft.com/de-ch/cloud-platform/cortana-intelligence-suite. Zugegriffen am 05.01.2017

ServiceNow (2016) ServiceNow application development. http://www.servicenow.com/products/application-development.html. Zugegriffen am 05.01.2017

Swiss ICT (2015) Swiss ICT award 2015. http://www.swissict-award.ch/preistraeger/2015/. Zugegriffen am 05.01.2017

Tagesanzeiger (2016) Digitalisierung kostet fünf Millionen Jobs. http://www.tagesanzeiger.ch/wirtschaft/konjunktur/digitalisierung-kostet-fuenf-millionen-jobs/story/30453367. Zugegriffen am 05.01.2017

Verhagen J (2014) Science jokes. https://jcdverha.home.xs4all.nl/scijokes/. Zugegriffen am 22.01.2017

Wikipedia (2016a) Digitale Revolution. https://de.wikipedia.org/wiki/Digitale_Revolution. Zugegriffen am 05.01.2017

Wikipedia (2016b) Dotcom-Blase. https://de.wikipedia.org/wiki/Dotcom-Blase. Zugegriffen am 05.01.2017

Zentrum Europäische Wirtschaftsforschung (ZEW) (2016). Digitaler Wandel kurbelt Nachfrage nach Arbeitskräften in Europa an. http://www.zew.de/presse/pressearchiv/digitaler-wandel-kurbelt-nachfrage-nach-arbeitskraeften-in-europa-an/. Zugegriffen am 05.01.2017

5 Die Entwicklung einer cloudbasierten IoT-Lösung im Fernen Osten

Marco Savini

Zusammenfassung
Beliebige Dinge mit dem Internet verbinden zu können, dem Internet of Things, eröffnet eine Fülle neuer Anwendungsmöglichkeiten und Herausforderungen. In diesem Beitrag wird die Entwicklung einer solchen Dienstleistung anhand eines elektronischen Katzenhalsbands beschrieben und analysiert.

Schlüsselwörter
IoT • Cloud • Start-up • Business Model Generation • KADDZ

5.1 Einführung

Die Wirtschaftsinformatik als Brücke zwischen der Erarbeitung einer Idee und deren Umsetzung mittels moderner Technik bietet in sich eine Fülle an Instrumenten, welche nur in den seltensten Fällen nach dem Studium in ihrer Gesamtheit angewendet werden. Deshalb habe ich die Gelegenheit sofort ergriffen, als mir Ende 2012 die Chance geboten wurde, in einem breit abgestützten Gründerteam ein neuartiges IoT-Gerät mitzugestalten. Dass es so viele Berührungspunkte mit den erlernten Fähigkeiten gab, hätte ich dennoch nicht für möglich gehalten; von der Erstellung von Kundenumfragen, der Patentierung

M. Savini (✉)
mimacom group, Bern, Schweiz
E-Mail: marco.savini@mimacom.com

E. Portmann (Hrsg.), *Wirtschaftsinformatik in Theorie und Praxis*,
DOI 10.1007/978-3-658-17613-6_5

von neuartigen Ansätzen oder der Definition von Kommunikationsprotokollen bis hin zur Erarbeitung von nutzenstiftenden Heuristiken auf gesammelten Sensorwerten wurde fast jede Vorlesung tangiert, die ich an der Universität Freiburg i. Ü. besuchen durfte.

In den nachfolgenden Abschnitten werden die Geschichte des Katzenhalsbands KADDZ und ausgewählte Herausforderungen eines modernen Start-ups illustriert.

5.2 Vision

Anfang 2013 wurde das Start-up Attrackting AG mit dem Ziel gegründet, ein Halsband für Katzen zu entwickeln, um deren Standort per GPS und weitere Umgebungsparameter jederzeit den Besitzern auf einer App sichtbar zu machen. Das sehr interdisziplinäre Gründerteam enthielt nebst Produktedesigner auch Juristen, Finanzierungs-Experten, Technologen, Social Media-Experten u.v.m.

Die Vision bestand nicht lediglich aus einer Hardware und der dazugehörende App, sondern vielmehr aus einer abgerundeten Lösung, welche den Besitzern einerseits das Gefühl von Sicherheit wie auch ein besseres Verständnis für das Leben der geliebten Haustiere geben sollte.

5.2.1 Die Erarbeitung vom Geschäftsmodell

Anfang 2013 gab es praktisch keine tatsächlichen oder potentiellen Konkurrenzprodukte für Katzen; die Ausgestaltung des für die erste Version (minimum viable product, MVP) sinnvollen Aufbaus wurde mittels verschiedener Methoden stetig verfeinert.

Mit Hilfe eines Business Model Canvas (Osterwalder und Pigneur 2010) wurde die Idee hinsichtlich der folgenden Dimensionen analysiert und ausgearbeitet:

- Kundensegmente (Customer Segments): Da es sich primär um ein Produkt für den Massenmarkt handelt, werden die Kunden weiter segmentiert; gerade in der Anfangsphase fühlen sich technologieaffine Personen eher durch ein solches Katzenhalsband angesprochen; ab einem bestimmten Reifegrad wird das Produkt aber für jede/n Katzenbesitzerin und -besitzer interessant. Die Aggregation einer kritischen Menge geeigneter Sensordaten (zum Beispiel Umweltdaten) wird zu einem späteren Zeitpunkt auch für geschäftliche und staatliche Abnehmer interessant.
- Kundennutzen (Value Proposition): Der Wert des Produkts erfüllt für den Katzenbesitzer primär zwei Bedürfnisse: das Interesse am Leben der eigenen Katze und dem Sicherheitsempfinden dank des ständig bekannten Aufenthaltsortes. Aber der Kundennutzen definiert sich auch über den Tragekomfort für das Tier, der Benutzbarkeit der App und der angebotenen Funktionalität.

- Kanäle (Channels): Die Kunden werden in einem ersten Schritt ausschliesslich elektronisch erreicht und die Produkte nur über einen Webshop vertrieben. Das Bewusstsein um das neuartige Produkt wird auch ausschliesslich elektronisch über Werbeplattformen und über gezielte Medienartikel gesteigert.
- Kundenbeziehungen (Customer Relationships): Die Pflege der Kundenbeziehung wird mittels zielgerichteter Kommunikation erreicht. Direkte Kommunikation in sozialen Medien ermöglicht es, Meinungen über das Produkt an einem Ort zu erhalten (zum Beispiel Facebook-Seite) und so besser kontrollieren zu können. Auf der anderen Seite wird das Segment der Power-User explizit in die Beta-Kanäle aufgenommen, um neue App-Funktionalitäten vorab testen zu können und frühzeitig Feedback zu erhalten.
- Umsatz (Revenue Streams): Als primäre Einnahmequelle wird ein Abo-Modell eingesetzt, welches es erlaubt, mit zunehmender Anzahl von Kunden den Umsatz skalieren zu können. Der eigentliche Produktpreis ohne Abo ist im Direktverkauf zweitrangig, wird aber spätestens beim Verkauf im Detailhandel aufgrund der hohen Margen relevant.
- Ressourcen (Key Resources): Um den Kundennutzen, die Kosten oder auch die Kundenbeziehungen bedienen zu können, sind verschiedene Ressourcen notwendig. Patente auf Produkteeigenschaften helfen, die entwickelten Ideen zu schützen. Spezielles Know-how ist einerseits in Bezug auf die Mechanik vom Endgerät, der Elektronik wie auch auf die Software notwendig, um jede Komponente im Prozess möglichst genau beeinflussen zu können. Ein Teil von diesem Know-how wird extern vergeben (zum Beispiel CE-Zertifizierungen).
- Aktivitäten (Key Activities): Die Hauptaktivitäten am Anfang sind auf die Herstellung vom ersten Produkt ausgerichtet. Weiterhin wird eine cloudbasierte Plattform aufgebaut, welche nicht nur die Daten empfängt und speichert, sondern die Daten mittels geeigneter Verarbeitung auch aufzuwerten und in kundennahe Funktionalitäten umzuwandeln vermag (siehe Abschn. 5.3.5).
- Partnerschaften (Key Partnerships): Einerseits sind für die technische Kommunikation zwischen Halsband und Cloud tiefergehende Partnerschaften mit spezialisierten Mobilfunkanbietern (machine to machine, M2M) nötig. Weitere Partnerschaften sind für die Herstellung der mechanischen und elektronischen Komponenten notwendig. Ferner sind Partnerschaften mit Vertriebspartnern wichtig, um sich auf den Verkauf im Detailhandel vorbereiten zu können.
- Kosten (Cost Structure): Bei der Kostenstruktur wird zu Beginn eines innovativen Produkts eher ein wertgetriebener Ansatz gewählt; die Herstellungskosten werden erst in einem zweiten Schritt optimiert. Gerade die Herstellung von Elektronik ist stark abhängig von der produzierten Menge; der Preis pro Stück fällt substantiell.

Die Werte in der Firma sind von Anfang auf ein Lean Start-up hin ausgerichtet (siehe Ries 2011).

- Ideen wurden gemeinsam mit den Kunden ausgetestet und auch im Betrieb mit ausgewählten Gruppen im Voraus erarbeitet.
- Die gesamte Toolchain wird mit einem continuous delivery so flexibilisiert, dass Fehler und neue Features innert kürzester Frist auf Knopfdruck für alle Benutzer verfügbar war.
- Der Wert der App wird für Benutzer kontinuierlich erweitert; zu Beginn mit der Anzeige der gemessenen Rohdaten über die Anzeige von Auswertungen auf den Rohdaten bis hin zur Generierung und Analyse von benutzergenerierten Informationen.
- Die Firmenkultur war sehr fehlertolerant und mit einem Verbesserungsprozess verbunden.

5.2.2 Die Erarbeitung vom Kundennutzen bei neuartigen Produkten

Meinungsaustausch zur gewünschten Funktionalität in einem Gründerteam hilft beim groben Umreissen des anzubietenden Kundennutzens. Aber ohne Vergleichsmöglichkeit mit ähnlichen Produkten ist es notwendig, die Ideen mit tatsächlichen potentiellen Kunden zu testen. Dies wurde Anfang 2013 mittels mehrerer Umfragen durchgeführt; dabei wurden in einem ersten Schritt Ideen für das Produkt mittels zweier Ansätze erarbeitet:

- Top-down: Lebenssituationen eines Haustierhalters wurden, gruppiert nach Pain und Gain, skizziert und daraus Möglichkeiten abgeleitet, welche sich mittels einer Kombination von Hardware und Software lösen lassen. „Der Besitzer möchte jederzeit wissen, ob seine Katze zuhause oder draussen ist", „Der Besitzer möchte benachrichtigt werden, wenn seine Katze nach Hause gekommen ist", „Der Besitzer möchte die App auch Familienmitgliedern zur Verfügung stellen" etc.
- Bottom-up: Anhand von Katalogen möglicher Sensoren, Aktuatoren und einer Auswahl von Algorithmen wurde überlegt, welche Anwendungsfälle sich allenfalls damit ableiten lassen. Daraus sind neuartige Ideen entstanden, wie zum Beispiel „Der Besitzer möchte wissen, wann seine Katze sich atypisch von ihrem angestammten Revier entfernt", „Der Besitzer möchte wissen, wie hell es dort ist, wo sich die Katze gerade befindet" (siehe Abb. 5.1) etc.

Die Umfragen wurden mittels dem Dienst SurveyMonkey (2017) erstellt und die potentiellen Interessenten mittels einem Filter auf deutschsprachige Katzen-Fans per Facebook eingegrenzt und per Werbung angesprochen. Mit 41 USD Werbemittel konnten so fast 200 Beantwortungen innert Wochenfrist analysiert werden. Die Ergebnisse waren sehr hilfreich, um den Kundennutzen zu schärfen, die Zielgruppe genauer kennenzulernen und mögliche Aktionen abzuleiten. Die Umfragen wurden verfeinert und zwei Mal wiederholt.

Nebst Fragen zu den Anwendungsfällen wurden auch Stammdaten erfragt. Diese haben dazu gedient, gewisse Wünsche hinsichtlich Kriterien wie Alter, Geschlecht oder geographischen Gegebenheiten zu analysieren. Erfragt wurde auch die Infrastruktur (Ist ein WLAN-Router vorhanden?, Besitz und Nutzung Smartphones etc.), um einzuschätzen, in welcher Form gewünschte Funktionalitäten am besten umgesetzt werden.

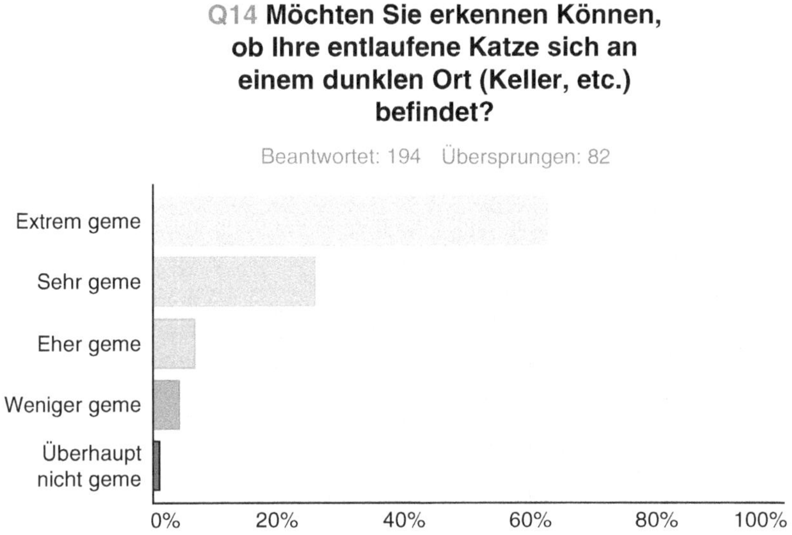

Abb. 5.1 Frage aufgrund von Sensor-Analyse für Kundennutzen

5.2.3 Produktions- und Entwicklungsort

Nach einer Evaluation verschiedener möglicher Lieferanten in Europa und in China hat sich sehr schnell herauskristallisiert, dass die Entwicklung von Massenelektronik viel günstiger und schneller im Fernen Osten vorangetrieben werden kann. Es konnten Partnerfirmen gefunden werden, welche bereits Erfahrung mit der Produktion von Trackinggeräten für Menschen und Fahrzeuge hatten und daran interessiert waren, hinsichtlich dieses neuartigen Geräts für Katzen agil und unkompliziert mit uns zusammenzuarbeiten.

Ferner war auch eine den Gründern bekannte Software-Firma bereit, uns bei der Entwicklung der Server- und App-Lösungen zu unterstützen und Infrastruktur in Form von Büroräumlichkeiten wie auch personelle Ressourcen für den Anfang zur Verfügung zu stellen.

Diese Gründe haben schliesslich den Ausschlag dazu gegeben, die gesamte Herstellung in China durchzuführen. Die geographische Verteilung hätte einerseits die Kommunikation und andererseits die Versorgungskette der Hardwarekomponenten bedeutend erschwert. Abstriche mussten bei der Qualität der Kommunikation gemacht werden; diese wurden allerdings zu einem grossen Teil mit der Hilfe einer fix angestellten Übersetzerin wettgemacht.

5.3 Architektur der Gesamtlösung

Die in Abb. 5.2 illustrierte Gesamtarchitektur zeigt die verschiedenen Komponenten vom System. Ausser den eigentlichen Halsbändern auf der linken und den Endbenutzern auf der rechten Seite laufen sämtliche Komponenten in der Cloud.

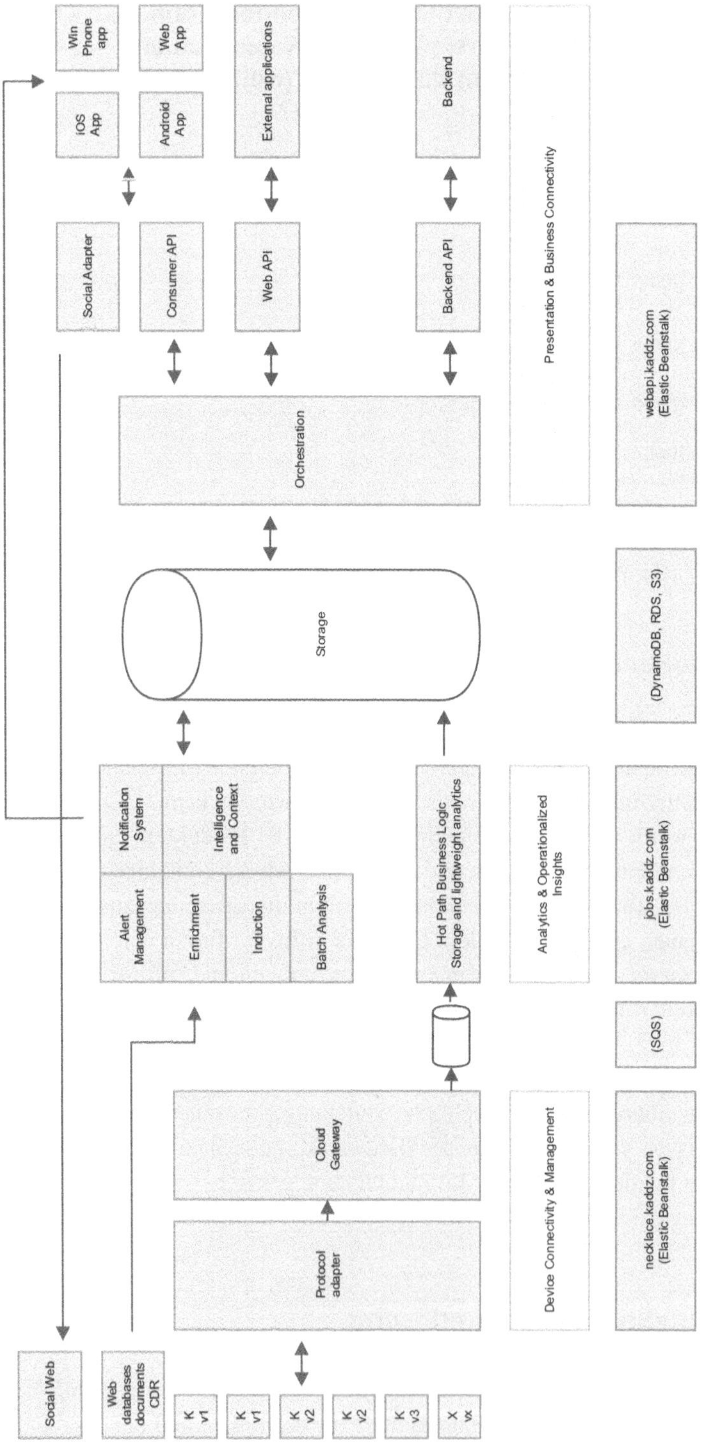

Abb. 5.2 Architektursicht

5.3.1 Mechanik und Elektronik vom Halsband

Das eigentliche Halsband, abgebildet in Abb. 5.3, enthält verschiedene mechanische Ansätze, welche auch in den Umfragen abgeklärt und getestet wurden:

- Auswechselbare Batterie: Der Akku soll sich jederzeit durch den zweiten, im Lieferumfang mitgelieferten, ersetzen lassen, ohne das Halsband der Katze abzunehmen. Die Katze ist somit praktisch ständig mit einem funktionierenden Halsband unterwegs.
- Sicherheitsverschluss: Das Halsband soll sich ab einem bestimmten Gewicht von selbst öffnen, um zu verhindern, dass die Katze an einem Ast oder Zaun hängen bleibt und sich so verletzt. Die Öffnungslast soll sich am Gewicht der Katze orientieren. Ein so verloren gegangenes Halsband kann dank der Tracking-Funktionalität in der Regel einfach wiedergefunden werden.
- Gewichtsverteilung: Um das Gewicht von Akku und Elektronik optimal zu verteilen, soll alles möglichst rund verteilt werden. Eine quadratische Form ist zwar bedeutend einfacher in der Produktion und Montage, wird aber von Katzen viel eher als lästig empfunden.
- Grösse: Um möglichst viele Katzentypen ansprechen zu können, lässt sich das Halsband verkleinern oder vergrössern.

Die Anforderungen an die Mechanik, insbesondere als autonomes Gerät an einem Tier, sind sehr hoch. Diese werden im Rahmen der CE-Zertifizierung weiteren umfangreichen Tests (Stabilität, Dichtheit bei Regen) unterworfen.

Abb. 5.3 Aussensicht vom Halsband

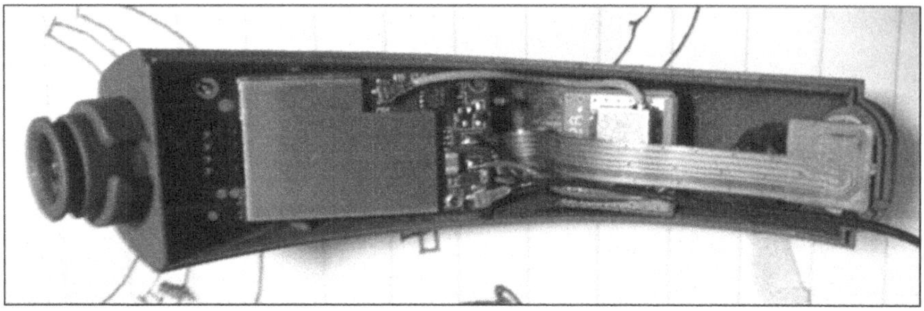

Abb. 5.4 Elektronik im Halsband

Die Elektronik, im Gehäuse auf Abb. 5.4 illustriert, basiert auf einem handelsüblichen MTK Chipsatz, wie er auch für Feature Phones verwendet wird. Folgende Sensoren sind in der Elektronik integriert:

- GSM-Modul: Kommunikation mit der Aussenwelt, basierend auf 2G (GPRS).
- GPS-Sensor: Für die Lokalisierung vom Halsband. Der eingesetzte Chipsatz enthält aus Kostengründen nur das GPS Satellitensystem (kein Glonass oder Galileo).
- WLAN-Modul: Dient der Definition und Ermittlung der Heimzone. Der Katzenbesitzer muss eines oder mehrere WLAN angeben, welche als Heimzone gelten. Das Erkennen eines dieser WLAN löst beim Halsband definierte Ereignisse aus und die Katze gilt als zuhause.
- Lichtsensoren: Für die Erkennung der Lichtverhältnisse. Jedes Gerät integriert zwei Sensoren, um zu verhindern, dass eine liegende Katze einen Sensor verdeckt.
- LED: Zum visuellen Anzeigen vom Halsband. Diese LED kann vom Benutzer von der App aus gestartet werden, um so die Katze einfach aus der Entfernung zu sehen.
- Buzzer: Zum akustischen Anzeigen vom Halsband. Das Tonsignal kann vom Benutzer von der App aus gestartet werden, um so die Katze auch bei Tageslicht schneller finden zu können.
- Batterieladestand: Für die Alarmierung niedriger Akkustände.

Die Software auf dem Gerät selbst wird möglichst einfach gehalten und enthält ausser der Aggregation der Sensordaten und der Verwaltung einer Vielzahl von Timern keine ausserordentliche Logik. Zweck dieser Trennung ist es, möglichst auf Aktualisierungen der Software verzichten zu können, da diese nur für neue Produktelose möglich ist.

Sämtliche gesammelten Daten werden periodisch an den Server übermittelt. Die Frequenz kann vom Benutzer festgelegt werden und ist standardmässig auf 15 Minuten eingestellt (30 Minuten in der Heimzone). Da diese Frequenz eine grosse Rolle für die Batterielaufzeit spielt, kann der Benutzer selber abwägen, welche Intervalle am meisten Sinn ergeben.

5.3.2 Netzwerk

Als Netzwerk dient das 2G-Netz eines Schweizerischen Telekomanbieters. Dank eines dedizierten Vertragswerkes für M2M SIM-Karten können die Halsbänder europaweit zum praktisch gleichen Tarif genutzt werden. Dies vereinfacht die Produktion gerade zu Beginn, da so keine dedizierten Lose pro Land produziert werden müssen.

2G ist ein Standard, welcher in vielen Ländern Europas langsam abgelöst wird; dieses Problem war von Anfang an bekannt, aber andere Datenübertragungsarten wurden nach einer Evaluation verworfen (Tab. 5.1).

Als Protokoll wurde UDP über TCP bevorzugt. Ein begrenzter Datenverlust wird in Kauf genommen, um dafür auf den Overhead von TCP, welcher gerade bei kleinen Payloads von 100–200 Bytes stark zum Tragen kommt, zu verzichten.

5.3.3 Empfang der Daten

Der Empfang der Daten erfolgt über den Protocol Adapter (siehe Abb. 5.2), welcher die Daten empfängt, voranalysiert und danach in der Cloud Gateway zur Speicherung in Warteschlangen legt. Diese Komponente enthält sehr wenig Domänenlogik und überprüft die Daten lediglich syntaktisch. Ziel ist es, möglichst viele Daten zu empfangen und zur

Tab. 5.1 Evaluation verschiedener Kriterien bei der Auswahl der Datenübertragungsart

Methode	Vorteile	Nachteile
2G	Modul günstig Ausreichende Geschwindigkeit Modul klein genug für Halsband Durchdringung weltweit hoch Know-how vorhanden Stromverbrauch gering	End-of-life absehbar
3G	Hohe Geschwindigkeit (unnötig) Durchdringung weltweit hoch Know-how vorhanden Bis auf weiteres verfügbar	Modul recht teuer Modul zu gross für Halsband Stromverbrauch hoch
4G	Sehr hohe Geschwindigkeit (unnötig) Bis auf weiteres verfügbar	Modul sehr teuer Modul zu gross für Halsband Stromverbrauch hoch
LoRa	Stromverbrauch sehr gering Modul klein genug für Halsband	Durchdringung europaweit gering, konkurrierender Standard mit Sigfox Kein Know-how vorhanden bei Produzenten
Direkt	Modul sehr günstig Keine wiederkehrenden Kosten Stromverbrauch gering Modul klein genug für Halsband Ausreichende Geschwindigkeit	Nicht genügend Reichweite zu Basisstation Separate Produktion von Basisgerät Eigene Infrastruktur nötig

eigentlichen Verarbeitung weiterzusenden. Zudem werden auch verschiedene Versionen vom Halsband korrekt verteilt, da sich im Laufe der Zeit die Funktionalität und somit auch die übermittelten Daten, verändern.

Eine umgekehrte Warteschlange von der Domänenlogik oder sogar vom Anwender mit der App zum Datenempfangs-Modul enthält Steuerungsbefehle für das Halsband. Mit diesen Befehlen lassen sich die Konfiguration (zum Beispiel Mess- und Übertragungsintervalle) ändern oder die Aktuatoren (LED, Tonsignal) bedienen. Der Protocol Adapter sendet dem Halsband diese Daten bei Empfang als Teil der Antwort zurück.

5.3.4 Speicherung der Daten

Nach dem Abholen aus der Warteschlange werden die Daten persistiert. Als Datenhaltung werden verschiedene Technologien verwendet (Tab. 5.2).

Die Motivation für die Speicherung der mengenmässig umfangreichsten Sensordaten in Amazon DynamoDB liegt vor allem in der verteilten Architektur und dem SLA, mit welchem die Lese- und Schreibgeschwindigkeiten pro Entität definiert werden können, welche schlussendlich den Preis bestimmen. So ist es möglich, den häufigen Zugriff (Darstellung, Analyse) auf die Halsbandpositionen zu priorisieren, wohingegen der Zugriff auf den aktuellen Status vom Halsband weniger häufig geschieht und somit entsprechend günstiger ist. Eine Übersicht und Gegenüberstellung verschiedener Datenbanktechnologien befindet sich in (Nayak et al. 2013).

Tab. 5.2 Verwendete Datenbanktechnologien

Daten	Beispiele	Verwendete Technologie
Sensordaten	GPS-Position Batteriestand SSID Mobilfunkzelle Beschleunigungsmesser Lichtsensor Status	NoSQL DynamoDB von Amazon AWS (2017)
Stammdaten	Benutzer Login Familien Adressen Katzen Halsbanddaten Konfiguration	RDBMS Microsoft SQL Server auf Amazon RDS
Erarbeitete Daten Periodisch errechnet aus Sensordaten	Revier Neustarts Heimzonenstatistik	NoSQL Key-Value Store DynamoDB von Amazon AWS (2017)
Caching	Letzte Position Letzter Batteriestand	NoSQL Key-Value Store Memcached (2017)

5.3.5 Analyse und Aufwertung der Daten

Die Nutzung der reinen Sensordaten reicht bereits für eine Vielzahl an Anwendungsfällen. Ein echter Mehrwert gegenüber dem Nutzer wird zudem mit der Analyse und Abstraktion der Rohdaten erreicht.

Bei der Analyse der Daten wird zwischen zwei Pfaden unterschieden:

- Mit der Hot Path Business-Logik werden laufende Daten sofort beim Lesen aus der Warteschlange analysiert und allenfalls Ereignisse generiert. Beispiele sind: Alarmierung vom Benutzer bei Unterschreiten eines kritischen Batteriestands, Zustandsänderung bei Erkennung vom eigenen WiFi-Router zuhause (Katze gilt als zuhause).
- Bei der Cold Path Business-Logik findet die Auswertung periodisch statt. Die Periodizität ist je nach Auswertung unterschiedlich (alle 30 Minuten bis wöchentlich). Einige Beispiele werden in Tab. 5.3 illustriert. Für die Verwaltung und Ausführung dieser Vorgänge wird ein dedizierter interner Dienst eingesetzt.

Tab. 5.3 Beispiele für angereicherte Sensordaten

Beschreibung	Quelldaten	Zweck
Revier(e)	Konvexe Hülle der historischen Positionsdaten	Wöchentlich wird das Revier der Katze berechnet; dabei werden spezielle Vorkommnisse, wie zum Beispiel ein Tierarztbesuch, herausgerechnet. Verlässt die Katze ihr typisches Revier, wird der Besitzer alarmiert. Siehe Abb. 5.6 Der animierte Längsschnitt aller Reviere über die Zeit gibt zusätzlich interessante Hinweise, wie sich das Gebiet im Laufe der Jahreszeiten verändert
Mobilfunkzellen-Statistik	Historische Mobilfunkzell-Daten	Die Analyse und Anzeige der Verbindungsqualität hilft bei der Bestimmung, wie gut das Gebiet der Katze mit Mobilfunk (2G) abgedeckt ist und unterscheidet auch zwischen Zeiträumen, in welchen die Katze zuhause oder draussen ist. Diese Werte sind wichtig, da eine schlechte Mobilfunkqualität (> −95 dbm) sich negativ auf die Batterielebensdauer auswirkt
Zonen-Statistiken	Benutzerdefinierte Zonen und historische Positionsdaten	Der Benutzer kann in der App eigene Zonen definieren („Kartoffelacker", „Industriegebiet" etc.). Die historischen Positionsdaten werden regelmässig ausgewertet und eine Statistik wird erstellt, welche angibt, wie lange eine Katze sich in einem bestimmten Zeitraum in den definierten Zonen aufgehalten hat
Pfade	Heimzonen-Eintritte und -Austritte und historische Positionsdaten	Die Positionen im Zeitraum zwischen dem Verlassen der Heimzone und dem Wiedereintritt kann als Pfad auf der Karte angezeigt werden und gibt dem Benutzer interessante Hinweise zum Verhalten der Katze. Siehe Abb. 5.7

5.3.6 App und weitere Integrationen

Der Katzenhalter kann sich den Zustand seiner Katze(n) jederzeit auf einer dedizierten App anschauen; eine Web-Version steht nicht zur Verfügung, da nicht alle Anwendungsfälle mit stationären Geräten Sinn ergeben (mobile first). Dabei kann er auf ein Benutzermodul zurückgreifen, um weiteren Familienmitgliedern Zugriff zu geben. Nebst dem aktuellen Ort, siehe Abb. 5.5, können auch Statistiken angesehen werden und die Konfiguration vom Halsband gesteuert werden.

Abb. 5.5 Aktueller Ort der Katze

Ein wichtiger Anwendungsfall für Katzenhalter ist der Suchmodus. In diesem werden das Übertragungsintervall vom Halsband zur Cloud und die Messintervalle der Positionen auf kurze 20 Sekunden reduziert. Dadurch lässt sich eine gesuchte Katze schneller und genauer wiederfinden. Zudem können im Suchmodus auch die Aktuatoren, die LED und das Tonsignal, bei Bedarf aktiviert werden, um das Halsband auch in einem dichten Wald schnell finden zu können, da die GPS-Position aufgrund der geringen Grösse nicht immer die gewünschte Genauigkeit erreicht (Abb. 5.6 und 5.7).

Abb. 5.6 Aktuelles Revier

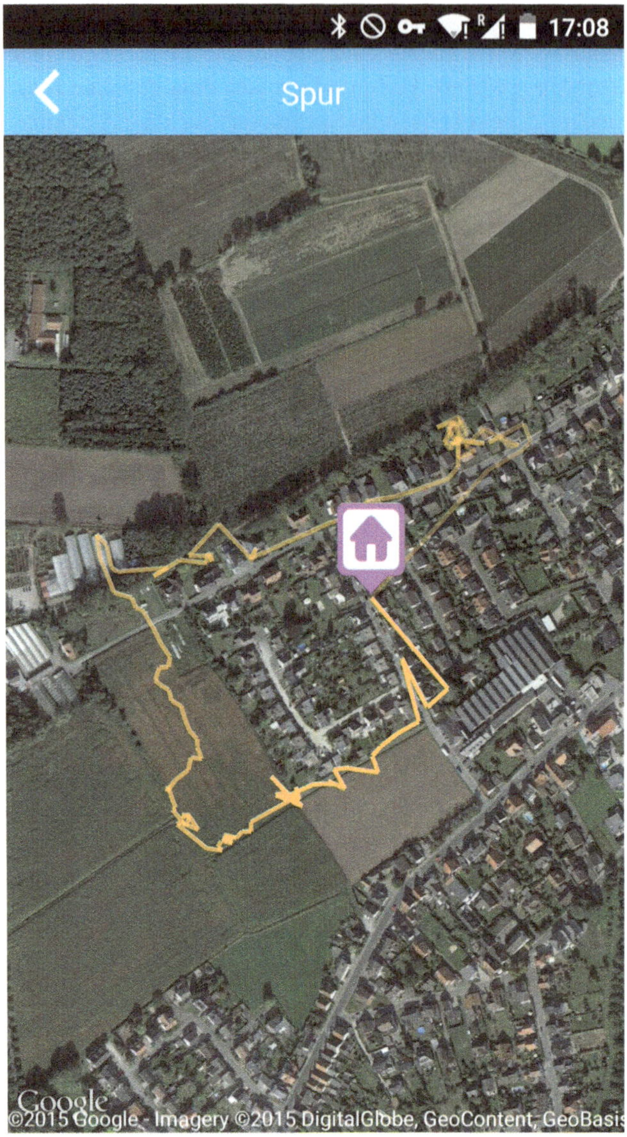

Abb. 5.7 Generierter Pfad zwischen Heimaustritt und Wiedereintritt

Sämtliche Zugriffe werden der App über eine REST API zur Verfügung gestellt. Diese REST API kann erweitert werden, um beliebigen Anwendungen Zugriff auf die Funktionalitäten im Backend geben zu können; dies dient in erster Linie dazu, spezialisierte Anwendungsfälle, welche nicht breit genug Sinn ergeben, um sie in der App zu platzieren, separat entwickeln zu können. Dazu gehören beispielsweise Anwendungen, welche die Positionen in spezielle Formate konvertieren, um sie in andere Anwendungen importieren zu können.

5.4 Ausblick

Die komplette Entwicklung vom IoT-Katzenhalsband, von der Idee bis zum Betrieb mit über 1500 Kunden, war ausserordentlich interessant und anspruchsvoll. Die gesamte Umsetzung in China hat mir einen guten Einblick in die gesamte Wertschöpfungskette für die Produktion eines solchen Geräts gegeben, vom Spritzgussverfahren vom Werkzeugbauer für die Plastikteile bis hin zur akkreditierten Firma für die CE-Zertifizierung.

Dank neuen Paradigmen wie Open Source Hardware (zum Beispiel Arduino) oder dedizierten Funktionalitäten in der Cloud (zum Beispiel der AWS IoT-Dienst) können heute technisch versierte Personen Prototypen mit solchen Funktionalitäten gestalten (siehe (Savini 2017)) und der Gemeinschaft zur Verfügung stellen.

Dabei beschränkt sich der Nutzerkreis nicht nur auf Endbenutzer; interessante Anwendungen sind auch für Betriebe und staatliche Institutionen machbar. Eine Übersicht, wie Städte mittels intelligenten Auswertungen das Leben vom Bürger verbessern können, wird in (D'Onofrio und Portmann 2017) gegeben. Weitere Anwendungsfälle sind auch im Umfeld der Predictive Maintenance in der Industrie zu finden.

Die Rolle vom Wirtschaftsinformatiker als Schnittstelle zwischen Fach und Technik ist bei diesen Ansätzen sehr wertvoll; er übernimmt eine übergreifende Koordination und stellt sicher, dass die Lösung sowohl gut umgesetzt wie auch für den Benutzer sinnvoll ist.

Literatur

AWS (2017). https://aws.amazon.com/dynamodb. Zugegriffen am 01.03.2017

D'Onofrio S, Portmann E (2017) Cognitive computing in smart cities. Inform Spektrum 40(1):46–57

Memcached (2017). https://memcached.org/. Zugegriffen am 01.03.2017

Nayak A, Poriya A, Poojary D (2013) Type of NOSQL databases and its comparison with relational databases. Int J Appl Inf Syst 5(4):16–19

Osterwalder A, Pigneur Y (2010) Business model generation. Wiley, New York

Ries E (2011) The lean startup: how today's entrepreneurs use continuous innovation to create radically successful businesses. Crown Business, New York

Savini M (2017) Grassroots smart cities. Inform Spektrum 40(1):58–63

SurveyMonkey (2017). http://www.surveymonkey.com/. Zugegriffen am 28.02.2017

Teil II

Zugänge

Synthetische Modellierung von Informationssystemen

6

Versuch einer Modellierung der Erkenntnispraxis mit Informationssystemen

Michael Kaufmann und Edy Portmann

Zusammenfassung

Die synthetische Modellierung wurde von Pfeifer und Scheier (2001) für die Erforschung der künstlichen Intelligenz mit Robotern vorgeschlagen. Diese verbindet die Synthese, also die technische Implementation, mit der empirischen Analyse in der Form von Theoriebildung und Modellierung. Gerade durch die synthetische Konstruktion wird ein erweiterter empirischer Zugang zum Untersuchungsgegenstand möglich. Die technische Implementierung von innovativen Lösungen ermöglicht iterativ die Modellierung der zugrunde liegenden Systemzusammenhänge. Wir erörtern in diesem Essay die Anwendung dieser Methodologie für sozio-technische Informationssysteme. Darauf aufbauend, schliessen wir den Kreis von Synthese und Analyse zu einem mäeutischen Zyklus, mit dem emergentes Wissen sozial konstruiert wird.

Schlüsselwörter

Informationssysteme • Wirtschaftsinformatik • Erkenntnistheorie • Synthetische Modellierung • Design Science

---

M. Kaufmann (✉)
Hochschule Luzern – Informatik, Luzern, Schweiz
E-Mail: m.kaufmann@hslu.ch

E. Portmann
Universität Bern, Bern, Schweiz
E-Mail: edy.portmann@iwi.unibe.ch

E. Portmann (Hrsg.), *Wirtschaftsinformatik in Theorie und Praxis*,
DOI 10.1007/978-3-658-17613-6_6

6.1 Einführung

Was bringt die Erforschung von Informationssystemen? Soll die Wirtschaftsinformatik – engl. *information systems research* (ISR) – einen Nutzen für die Gesellschaft stiften? Ist sie dann eine Wissenschaft, oder lediglich eine Ingenieurskunst, die die Erfindung von nützlichen Artefakten zum Ziel hat? Wir denken, dass ISR beide Aspekte in sich vereint. In diesem Aufsatz versuchen wir den Entwurf einer Theoriebildung unseres eigenen Forschungsprozesses, den wir bei der Forschungsgruppe für Informationssysteme an der Universität Freiburg i. Ü. kennengelernt und weiterentwickelt haben.

Österle et al. (2010) beschreiben *Informationssysteme* als sozio-technische Konstrukte, die aus den drei Objekttypen *Mensch, Informationstechnologie* und *Organisation* sowie aus den Beziehungen zwischen ihnen bestehen. Zur Erforschung von Informationssystemen unterscheiden wir zwischen einem analytischen und einem synthetischen Ansatz. Ersterer wird in allen empirischen Wissenschaften angewandt. Theorien werden induktiv aufgestellt, Experimente an einem bestehenden System durchgeführt und die Ergebnisse analysiert, um die Theorien zu validieren. Der synthetische Ansatz, *knowing through making* (Mäkelä 2007) – also das Erkennen durch Herstellen – stellt als Hypothesen künstliche Systeme her, die bestimmte Aspekte von Theorien reproduzieren (Pfeifer und Scheier 1999) beziehungsweise bestimmte Hypothesen und Lösungswege synthetisch validieren (Goodwin 2009). Die Verbindung von Analyse und Synthese reproduziert die internen Mechanismen, die zu den jeweiligen Phänomenen geführt haben. Pfeifer und Scheier (2001) nannten dieses Vorgehen *synthetische Modellierung* und wandten es in der Erforschung von künstlicher Intelligenz an. Diese Prinzipien, welche in Abb. 6.1 dargestellt sind, übertragen wir analog auf die Erforschung von Informationssystemen.

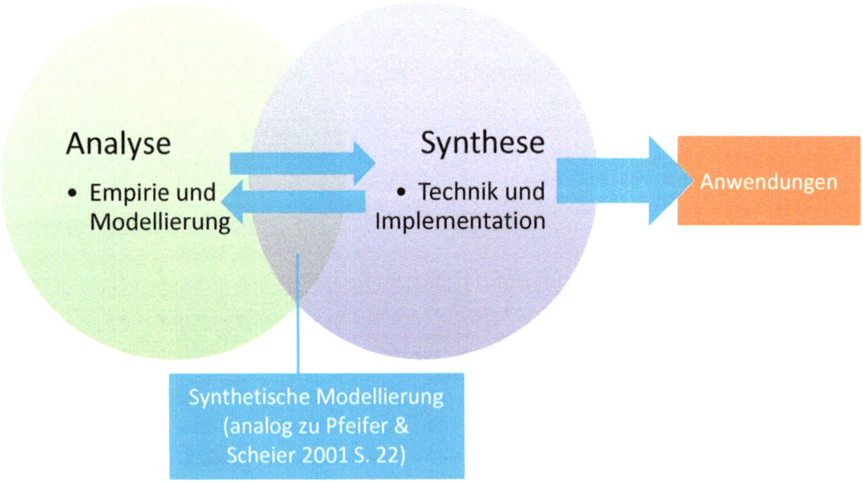

Abb. 6.1 Synthetische Modellierung von Informationssystemen. (In Anlehnung an Pfeifer und Scheier 2001)

Auf dem Prinzip der synthetischen Modellierung aufbauend leiten wir im Folgenden ein theoretisches Modell ab, das unsere Erkenntnispraxis in der ISR abbildet und generalisiert. Deshalb ist unser Essay wie folgt strukturiert: Der zweite Abschnitt stellt die Grundlagen des synthetischen Zugangs zu Informationssystemen dar. Im dritten Abschnitt werden die analytische Erforschung der Informationssysteme erklärt und die Gemeinsamkeiten herauskristallisiert. Darauf aufbauend stellt der vierte Abschnitt dar, wie die ISR ihren eigenen Erkenntnisgegenstand laufend verändert. Das führt zum fünften Abschnitt, der diesen Kreislauf und den von uns angewandten evolutionären Erkenntnisprozess in einem ontologisch-epistemischen Modell generalisiert. Im sechsten Abschnitt gehen wir darauf ein, wie aus diesem Zyklus effektiv nicht nur Erkenntnis, sondern Wissen entsteht. Das wird im siebten Abschnitt vertieft, der die soziale Dimension der Wissenskonstruktion diskutiert. Als Beispiel wird im achten Abschnitt aus dem transdisziplinären Bereich die soziale Konstruktion illustriert. Schliesslich fassen wir im neunten Abschnitt die Implikationen dieser Überlegungen für unsere Forschung zusammen.

6.2 Synthese von Informationssystemen

Das ehemalige AI-Lab von Rolf Pfeifer an der Universität Zürich erforschte die künstliche Intelligenz mit dem Bau von Robotern anstelle von mathematischen und logischen Theorien. Auf der Webseite des AI-Labs (University of Zürich 2008) wurden die Worte von Richard Feynman: *What I cannot create, I do not understand* – also: was ich nicht kreieren kann, verstehe ich nicht – (The Caltech Archives 1988) als Symbol für die synthetische Methodologie verwendet. Diese generiert Erkenntnis durch Nachbauen (*understanding by building*) und balanciert Kunst und Technologie mit Wissenschaft. Die synthetische Methode hat zum Ziel, Erkenntnisse durch die Erschaffung von Artefakten zu gewinnen.

Design-oriented Information Systems Research, eine ausgereifte Forschungsmethode nach Österle et al. (2010), erforscht Informationssysteme synthetisch mittels Herstellung innovativer Artefakte, wie beispielsweise Modelle, Frameworks, Proofs of Concept (PoCs) und Prototypen und deren Validierung. Diese Artefakte bilden konstruktive Lösungen auf gesellschaftliche Probleme und haben somit einen Wertanspruch. Wie in Abb. 6.2 aufgezeigt, besteht die gestaltungsorientierte Wirtschaftsinformatik aus ineinandergreifenden Zyklen der Phasen *Analyse, Design, Evaluation* und *Dissemination* von Ergebnissen. Um der Wissenschaftlichkeit zu genügen, werden die Artefakte im Sinne von Hypothesen gegenüber den Zielen und mit den Methoden validiert, welche im Forschungsplan zu Beginn dokumentiert worden sind.

Mit dem Schlüsselwort *Design Science* in Information Systems Research (Hevner et al. 2004) ist eine eigene Forschungsmethode entstanden (Peffers et al. 2007), die eine rigorose Validierung ermöglicht (Peffers et al. 2012). Für die Evaluation des Wahrheitsgehalts von Artefakten (Modelle, Prozesse, Theorien, Systeme) eignen sich empirische Methoden. Diese werden im Folgenden genauer beschrieben und auf Informationssysteme angewandt.

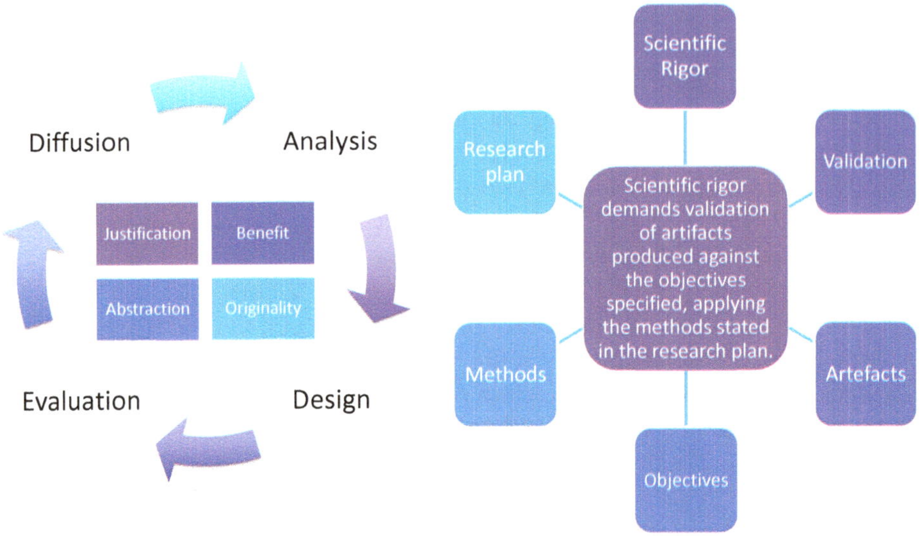

Abb. 6.2 Zyklen und Prinzipien der gestaltungsorientierten Wirtschaftsinformatik. (Nach Österle et al. (2010))

6.3 Analyse von Informationssystemen

Nach Newell und Simon (1976, S. 120) kann die Informatik als empirische Wissenschaft angesehen werden, die Hypothesen aufstellt und diese mit Experimenten überprüft. Diese Sicht zeigt sich auch in einem Aufsatz von Holl (2012) der Technischen Hochschule Nürnberg, der die Methode zur Erkenntnisgewinnung in der Wirtschaftsinformatik mit derjenigen der Naturwissenschaften vergleicht: *„Ausgehend von Beobachtungen werden Modelle gewonnen, die mehr oder weniger gut formalisiert werden können und deren Qualität erkenntnistheoretisch beurteilt werden muß.“* Nach Becker et al. (2013) wird in der empirischen Wirtschaftsinformatik Modellbildung und Modelltest iterativ in einem Kreislauf durchgeführt. Das nennen die Autoren einen *„maieutischen“* Zyklus, also einen

Selbstreferenziellen Kreislauf der Erkenntnisgewinnung, der die sokratische Methode (Mäeutik) auf sich selbst anwendet:

1. Beobachtung (und Erkenntnisgewinnung)
2. Modellbildung (kreativer Prozess)
3. Vorhersagen und Experimente
4. Beobachtung der Resultate (Rückkopplung zu Punkt 1)

Holl gibt zwar zu, dass die Wirtschaftsinformatik Wert generieren soll: *„Die Wirtschaftsinformatik hat die Aufgabe, informationsverarbeitende Prozesse in Unternehmen zu optimieren“*. Er geht aber davon aus, dass dies einen rein mittelbaren Nutzen darstellt, sozusagen als Abfallprodukt der Erkenntnisgewinnung.

Der analytische Ansatz der empirischen Forschung, der losgelöst von der Praxis theoretische Erkenntnisse generiert, steht im scheinbaren Gegensatz zum Ansatz der synthetischen Informationssystem-Forschung, der praktische Artefakte schafft und Lösungen bietet. Allerdings ist zu bedenken: Auch die empirische Forschung ist kreativ in der Theoriebildung und erschafft Artefakte in der Form von Modellen und Experimenten; ebenso ist die gestaltungsorientierte Forschung beobachtend und erkenntnisgewinnend in der Analyse, Evaluation und Dissemination ihrer Designs. Der Unterschied ist der beabsichtigte Output. Die Analyse von Informationssystemen hat den Fokus auf die Prüfung der Wahrheit ihrer Modelle, entsprechend der Korrespondenztheorie der Wahrheit; deren Synthese hat den Fokus auf die Validierung des Werts und des Nutzens der Artefakte. Klar ist jedoch, dass beide Ansätze letztlich den Ist-Zustand der Wirtschaftsinformatik verändern, weil ihre Ergebnisse in der Praxis angewandt werden.

6.4 Ontologische Gestaltung

Menschen entdecken *und* formen ihre Umgebung gleichzeitig. Keine andere Spezies prägt die Umwelt so stark wie der Mensch. Beispiele sind die menschliche Kultur, städtische Landschaften und das Internet. Der Mensch hat im Laufe der Geschichte das physische Umfeld so geformt, dass neue Generationen immer rascher andere Erfahrungen machen als die vorhergehende – indem sie die teils natürliche, teils künstliche Umwelt erforschen und weiter verändern. Dieses Konzept kann als *ontologische Gestaltung* (*ontological designing*) bezeichnet werden: *„Wir gestalten unsere Welt, während diese Welt auf uns wirkt und uns gestaltet"* (Willis 2006).

Die Erforschung von Informationssystemen bedeutet ontologische Gestaltung, da der Untersuchungsgegenstand, den sie zu erforschen sucht, durch eben diese Forschung laufend beeinflusst wird. Durch Publikation gelangen die Erkenntnisse der ISR an die Öffentlichkeit, werden angewandt, und verändern so die Informationssysteme der Zukunft.

Folgendes Beispiel veranschaulicht dies: Durch Forschung wurde die Notwendigkeit einer Abstraktionsschicht für den einheitlichen Zugang zu Daten erkannt. Diese Erkenntnis wurde publiziert, woraufhin *Datenbanksysteme* entwickelt wurden (Haigh 2016); Diese Forschung beeinflusste ganz reale Informationssysteme in der Praxis, weil diese begannen, Datenbanksysteme einzusetzen. Dadurch wurde der Untersuchungsgegenstand der Informationssystem-Forschung selbst verändert, was nun wiederum neue empirische Erkenntnisse und synthetische Lösungen in der Erforschung von Datenbanksystemen ermöglichte, wie beispielsweise das *Data Mining*. Diese wurden dann wieder weiterentwickelt, eingesetzt, erneut iterativ erforscht und so weiter.

Aufgrund der ontologischen Gestaltung ist die Vorstellung einer Wirtschaftsinformatik, bei dem der Untersuchungsgegenstand völlig unabhängig vom Beobachter ist, eine Illusion. Deshalb ist es sinnvoll, diesen Umstand anzuerkennen und optimal zu nutzen, indem die Synthese von wertgeleiteten Informationssystemen zur Erkenntnisgewinnung eingesetzt wird. Wir als Forscher sollten diese Verantwortung wahrnehmen und die aktive Gestaltung von Informationssystemen bewusst steuern. Wir gehen sogar noch weiter und behaupten, dass rein beobachtende Forschung generell unmöglich ist. Die aktive *Gestaltung* von Artefakten – seien es nur Theorien, Modelle, empirische Experimente, Schriften und Daten, oder sogar Designs ganzer Systeme, Methoden, Prozesse und Prototypen – sind eine wesentliche Voraussetzung, durch die beobachtende Forschung erst möglich wird, ganz im Sinne von Bammé (2014): *Erkenntnis durch Handeln.*

6.5 Der mäeutische Zyklus

In unserem Forschungsansatz wenden wir Iterationen der im Abschn. 6.2 und 6.3 beschriebenen Zyklen an, um evolutionär und experimentell Wissen entstehen zu lassen. Das geschieht in gegenseitiger Ergänzung von Synthese und Analyse. Nun versuchen wir in diesem Abschnitt, unseren eigenen angewandten Erkenntnisprozess zu formalisieren und zu generalisieren.

Dazu bauen wir auf der konstruktivistischen Erkenntnistheorie[1] von Luhmann (1988) auf. Nach Luhmann ist jede *Erkenntnis* eine Eigenleistung des Beobachters in der Form einer Konstruktion von Unterscheidungen.[2] Diese schaffen zunächst einen Gegensatz zwischen Subjekt und Objekt, zwischen dem Beobachter und der Umgebung. Luhmann nennt den Beobachter *„erkennendes System"*, sei es ein einzelner Mensch, oder ein ganzes soziales System wie beispielsweise die Wissenschaft. Die Umgebung nennt Luhmann *Umwelt* oder *Erkenntnisgegenstand.* Das Verhalten des Systems nennt er Operation. In zweiter Linie bilden nach Luhmann diese durch Beobachtung konstruierten Unterscheidungen Erkenntnisse über die Umwelt – im dem Sinne, dass etwas dieses ist und nicht jenes.[3]

Neben der grundlegenden Unterscheidung zwischen Subjekt und Objekt hat Kaufmann (2016) das epistemische Modell von Luhmann um zwei weitere ontologische

[1] Hier ist anzumerken, dass die „Erkenntnistheorie" und die Epistemologie ähnlich, aber dennoch unterscheidbar sind. Eine konkrete Erkenntnistheorie stellt ein Modell dar, wie Erkenntnis über reale Gegenstände möglich ist, obwohl (oder, für Luhmann, gerade weil) alles, was wir erkennen können, Beobachtungen sind, jedoch nicht die realen Objekte selbst.

[2] Das folgende Zitat zeigt das eindrücklich: „Alles Beobachtbare ist Eigenleistung des Beobachters, eingeschlossen das Beobachten von Beobachtern. Also gibt es in der Umwelt *nichts*, was der Erkenntnis entspricht; denn alles, was der Erkenntnis entspricht, ist abhängig von Unterscheidungen, innerhalb derer sie etwas als dies und nicht das bezeichnet. In der Umwelt gibt es daher auch weder Dinge noch Ereignisse, wenn mit diesem Begriff bezeichnet sein soll, dass das, was bezeichnet ist, anders ist als anderes. Nicht einmal Umwelt gibt es in der Umwelt, da dieser Begriff ja nur in Unterscheidung von einem System etwas bezeichnet, also verlangt, dass man angibt, für welches System die Umwelt eine Umwelt ist. Und ebensowenig gibt es, wenn man von Erkenntnis absieht, Systeme" (Luhmann 1988).

[3] Es ist also ein Unterschied, etwas zu *erkennen*, oder etwas zu *wissen*. Der Begriff Erkenntnis kann als „Gewahr werden" (im Sinne von „das Erkennen") oder „Gewahrsein" (im Sinne von „das Erkannte") verstanden werden. Die Erkenntnis nach (Luhmann 1988) ist eine auf der Unterscheidung basierende Konstruktion des Subjekts, die im Gegensatz zu ihrer Ergänzung, dem realen Objekt („Realgegenstand", S. 8), steht.

Unterschiede erweitert. Erstens kann die Umwelt eines erkennenden Systems differenziert werden: einerseits ist da die *Natur*, also das vom System Unberührte und Unabhängige; andererseits schafft das System *Artefakte*, also bleibende Veränderungen in der Umwelt, die das System eigenständig durch seine Operationen hervorruft. Zweitens sind innerhalb des erkennenden Systems zwei verschiedene Aspekte erkennbar: Durch Beobachtung der Umwelt generiert der Beobachter *Erkenntnis*. Das Design von Artefakten als Operation basiert jedoch unseres Erachtens nur teilweise auf Erkenntnissen. Ein wichtiger Faktor ist auch die *Kreativität*, die in Operationen und Artefakten neue Qualitäten hervorbringt, welche so vorher nicht direkt in der Natur beobachtet werden konnten.

6.6 Synthetisches und emergentes Wissen

Nach Hoare (2010) hat die Informatik sowohl technische als auch wissenschaftliche Aspekte. Das gilt somit deduktiv auch für die Wirtschaftsinformatik. Erkenntnisgewinn ist das Ziel der Wissenschaft, während Artefakte im Fokus der Technik stehen (Lipton 2010). Im Sinne von Luhmann (1988) und unserer Theorie in Abb. 6.3 generiert die Forschungsgemeinschaft der Wirtschaftsinformatik als sozio-technisches, erkennendes System neue Erkenntnisse über Informationssysteme, indem sie mit gegebenen Erkenntnissen, verbunden mit kreativer Leistung, Artefakte (zum Beispiel Modelle, Systeme) gestaltet, und dann die Auswirkungen der eigenen Operation (zum Beispiel Experimente, Fallstudien) beobachtet, um weitere Erkenntnisse zu gewinnen. So entsteht mit der Zeit Wissen, welches als *emergentes Wissen* bezeichnet werden kann.

Nach Kakihara und Sørensen (2002) ist Wissen generell ein Resultat *emergenter Prozesse des Erkennens* durch menschliche subjektive Interpretation oder Sinngebung. *Emergentes Wissen* kann als eine dritte Form des Wissens, welche als Ergänzung zu explizitem

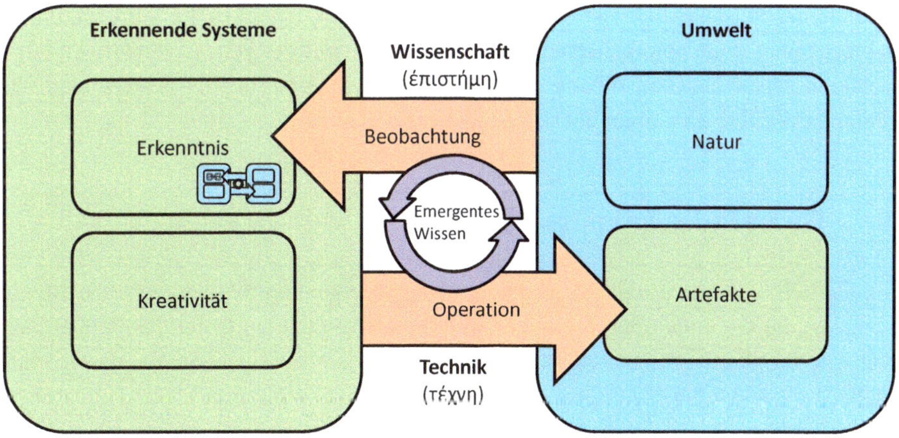

Abb. 6.3 Synthetische Modellierung: Der mäeutische Zirkel von Wissenschaft und Technik. (Nach Kaufmann (2016))

(kodifizierbarem) und implizitem (durch die Person repräsentiertem) Wissen erst in der Interaktion mit einem Prozess iterativ existent wird (vgl. Patel und Ghoneim 2011). Nach unserem Modell in Abb. 6.3 entsteht emergentes Wissen nicht durch passive Beobachtung, sondern durch Iterationen aktiver Erzeugung von Veränderungen in der Umwelt und deren Beobachtung: also durch eine Kombination von Kunst, Technologie und Wissenschaft. An dieser Grenze entsteht eine innovative Form des emergenten Wissens, das *synthetisches Wissen* genannt wird (Damiano und Cañamero 2012).

6.7 Soziale Konstruktion

Die Entstehung und Synthese von emergentem Wissen, wie im letzten Abschnitt beschrieben, hat einen wichtigen sozialen Bezug. Die Zyklen von Operation und Beobachtung erkennender Systeme geschehen im sozialen Kontext durch Gemeinschaften von Menschen, welche so die Sinngebung, Abstimmung und Validierung einzelner Erkenntnisse in Zusammenarbeit konstruieren und dadurch nach und nach zu Wissen heranreifen lassen.

Mit Blick auf die rasanten Transformationsprozesse, die das 21. Jahrhundert bisher kennzeichneten, hat George Siemens das lern- und kognitionstheoretische Konzept des *Connectivism* entwickelt, das mittlerweile als zentrale Theorie für das Lernen im digitalen Zeitalter betrachtet wird. Anders als in klassischen, behavioristischen und konstruktivistischen Lern- und Kognitionstheorien werden beim *Connected Learning* (Ito et al. 2013) und dem *Incidental Connectivism* (Siemens 2006) die Lernenden nicht als Inseln betrachtet, sondern als Bestandteil eines sozialen Wissensnetzwerks. Wissenskonstruktion wird als Prozess begriffen, bei dem das Subjekt (oder Objekt) Netzwerke formt, indem es Verbindungen zu Knotenpunkten knüpft, um auf deren Wissensbestände zurückzugreifen. Knotenpunkte können andere Menschen, aber auch Datenbanken, Apps, das Internet, Smartphones, Bücher, Bilder etc. sein, die ihrerseits über eigene Netzwerke verfügen, auf die das lernende Subjekt/Objekt ebenfalls zugreifen kann, indem es die Verbindung zum entsprechenden Knotenpunkt herstellt. Deren Diversität und die Verschiedenartigkeit ihrer Netzwerke tragen dazu bei, Wissen zu generieren, das den ursprünglich bestehenden Wissensstand erweitert oder sogar über diesen hinausgeht.

6.8 Ein transdisziplinäres Beispiel

Exemplarisch für eine soziale Konstruktion von emergentem Wissen steht die Maker-Bewegung, die seit etwa zehn Jahren immer grössere Verbreitung findet. Die Maker lösen technische Probleme oder künstlerische Aufgaben, indem sie eigene und einfache Mittel anstelle von Standardlösungen verwenden. Diese Artefakte werden an Maker Faires ausgestellt und diskutiert. Dies sind Anlässe, welche Raum bieten für Erfindungen, neuartige Technologien und deren experimentelle Vermarktung. Den Makern geht es um mehr als nur Freizeitgestaltung, Basteln und Do-It-Yourself. Dale Dougherty (2013), ein (Mit)Gründer von

MakerMedia, betrachtet Making als Möglichkeit, das volle Potenzial der Gesellschaft auszuschöpfen. Herstellung (Making) war seit jeher eine urmenschliche Fähigkeit, die Welt um sich herum zu gestalten (Dougherty 2016). Dass die Bewegung in ihren Anliegen zumindest in den Vereinigten Staaten sehr ernst genommen wird, kommt unter anderem dadurch zum Ausdruck, dass Präsident Obama 2014 erstmals eine Maker Faire in das Weiße Haus einlud. Immerhin wurden auch die ersten Apple Computer an einer Art Maker Faire, dem Homebrew Computer Club, präsentiert, diskutiert und weiterentwickelt (Wozniak 1984).

In den Erziehungswissenschaften werden die Ideen der Maker mittlerweile breit diskutiert (Rosenfeld Halverson und Sheridan 2014; Martin 2015). Mit Blick darauf, wie neues Wissen konstruiert werden kann, bieten die Ideen der Maker interessante Ansatzpunkte. Claude Lévi-Strauss (1964) bemerkte, dass *„[D]er Weise nicht der Mensch [ist], der die richtigen Antworten liefert, sondern jener, der die richtigen Fragen stellt."* Oder wie James Thurber (1939) schrieb: *„It is better to ask some of the questions than to know all the answers."* Studierende und Forschende, Designer, Wissenschaftlerinnen und Wissenschaftler sollen dazu ermutigt werden, Fragen zu stellen und auf organische Weise gemeinsam nach Antworten zu suchen. Wenn man etwas wissen will, kann man versuchen, es herzustellen. *Making* zielt darauf, experimentell möglichst viele Lösungsansätze für ein Problem zu finden (Dougherty 2016).

6.9 Fazit

Der vorliegende Essay beschreibt und modelliert den Forschungsansatz der Autoren. Da keine Validierung präsentiert wird, können keine Wahrheits- oder Wertansprüche abgeleitet werden. Es können aber erste Erkenntnisse mitgeteilt werden: Dieser Text stellt selbst ein Exemplar emergenten, synthetischen, sozial konstruierten Wissens im Sinne des vorliegenden Modells der Autoren dar. Der Prozess der Textkonzeption beinhaltete wie in Abb. 6.3 beschrieben iterative Zyklen von Operation, also Schreiben, und Beobachtung, also Lesen von Quellen und von Zwischenstufen des eigenen Textes. Die Zusammenarbeit erfolgte online mit Werkzeugen zur gemeinsamen Textentwicklung. Der Text ist nicht Top-down aufgrund eines Plans entstanden, sondern Bottom-up aufgrund einer ursprünglichen Idee, eines Nukleus, der erst im Laufe eines iterativen Prozesses in der Interaktion emergent, synthetisch und sozial-konstruktiv konkretisiert worden ist.

Als Doktoranden der Forschungsgruppe für Informationssysteme am Departement Informatik der Universität Freiburg haben beide Autoren mit ihrer eigenen Forschung bei Andreas Meier angefangen. Im Sinne von Kuhn (1962) haben sie das bestehende Paradigma übernommen und entsprechend geforscht. Wissenschaft ist, was Wissenschaftlerinnen und Wissenschaftler tun; das gilt auch im Bereich der Informationssysteme. Allerdings hat sich später gezeigt, dass der Diskurs zwischen Empirie und Design Science immer noch im Gange ist. Die Forschung der Autoren wurde von Anfang an vom Gedanken der Gestaltungsorientierung, der Anwendungsorientierung und der Wertgenerierung geleitet. Erst die Auseinandersetzung mit der Theorie hat gezeigt, dass das nicht selbstverständlich ist.

Ein wichtiger Grund, warum die wertgeleitete, synthetische Forschung der Informationssysteme Sinn ergibt, ist die ontologische Gestaltung. Da durch die Forschung reale Prozesse, reale Benutzer-Erlebnisse und reale Systeme beeinflusst werden, die die Wirklichkeit von Menschen im Alltag formen, sollten die Wissenschaftlerinnen und Wissenschaftler sich bei der Gestaltung von Artefakten immer auch die Wertfragen stellen, was ihre Forschung in der Gesellschaft bewirken kann.

Danksagung Wir danken Melody Aimée Reymond herzlich dafür, dass sie mit ihrem Lektorat zur Verständlichkeit und Lesbarkeit unseres abstrakten Textes beigetragen hat.

Literatur

Bammé A (2014) Erkenntnis durch Handeln: John Deweys Erneuerung der Philosophie. In: Lengersdorf D, Wieser M (Hrsg) Schlüsselwerke der Science & Technology Studies. Springer Fachmedien Wiesbaden, Wiesbaden, S 39–52

Becker J, König W, Schütte R, Wendt O, Zelewski S (2013) Wirtschaftsinformatik und Wissenschaftstheorie: Bestandsaufnahme und Perspektiven. Springer Gabler, Wiesbaden

Damiano L, Cañamero L (2012) The frontier of synthetic knowledge: toward a constructivist science. World Futur 68(3):171–177

Dougherty D (2013) The maker mindset. In: Honey M, Kanter DE (Hrsg) Design, make, play: growing the next generation of STEM innovators. Routledge, New York, S 7–11

Dougherty D (2016) Free to make. How the maker movement is changing our schools, our Jobs, and our minds. North Atlantic Books, Berkeley

Goodwin W (2009) Scientific understanding and synthetic design. Br J Philos Sci 60(2):271–301. doi:10.1093/bjps/axp010

Haigh T (2016) How Charles Bachman invented the DBMS, a foundation of our digital world. Commun ACM 59(7):25–30

Hevner A, March ST, Park J, Ram S (2004) Design science in information systems research. MIS Q 28(1):75–105

Hoare T (2010) The logic of engineering design. In: Guy K (Hrsg) Philosophy of engineering, Bd 1. The Royal Academy of Engineering, London, S 7–13. http://www.raeng.org.uk/policy/engineering-ethics/philosophy. Zugegriffen am 28.03.2017

Holl A (2012) Empirische Wirtschaftsinformatik und evolutionäre Erkenntnistheorie, Technische Hochschule Nürnberg. https://www.in.th-nuernberg.de/professors/Holl/Personal/EE_Deutsch.pdf. Zugegriffen am 05.12.2016

Ito M, Gutiérrez K, Livingstone S, Penuel B, Rhodes J, Salen K, ... Watkins S C (2013) Connected Learning: An agenda for research and design. Cork: BookBaby

Kakihara M, Sorensen C (2002) Mobility: An extended perspective. In System Sciences, 2002. HICSS. Proceedings of the 35th Annual Hawaii International Conference on IEEE, S 1756 –1766

Kaufmann M (2016) Towards a reference model for big data management. University of Hagen, Faculty of Mathematics and Computer Science. https://ub-deposit.fernuni-hagen.de/receive/mir_mods_00000583. Zugegriffen am 04.07.2016

Kuhn TS (1962) The structure of scientific revolutions, 1. Aufl. University of Chicago Press, Chicago

Levi-Strauss C (1964) Mythologiques. Tome I: Le Cru et le Cuit. Plon, Paris

Lipton P (2010) Engineering and truth. In: Guy K (Hrsg) Philosophy of engineering, Bd 1. The Royal Academy of Engineering, London, S 7–13

Luhmann N (1988). Erkenntnis als Konstruktion. Benteli, Salenstein
Mäkelä M (2007) Knowing through making: the role of the artefact in practice-led research. Knowl Technol Policy 20(3):157–163
Martin L (2015) The promise of the maker movement for education. J Pre Coll Eng Educ Res 5(1):30–39
Newell A, Simon HA (1976) Computer science as empirical inquiry: symbols and search. Commun ACM 19(3):113–126
Österle H, Winter R, Brenner W (2010) Gestaltungsorientierte Wirtschaftsinformatik: ein Plädoyer für Rigor und Relevanz. https://www.alexandria.unisg.ch/213292/1/ATTD05CN.pdf. Zugegriffen am 14.03.2017
Patel NV, Ghoneim A (2011) Managing emergent knowledge through deferred action design principles. J Enterp Inf Manage 24(5):424–439
Peffers K, Tuunanen T, Rothenberger MA, Chatterjee S (2007) A design science research methodology for information systems research. J Manage Inf Syst 24(3):45–77
Peffers K, Rothenberger M, Tuunanen T, Vaezi R (2012) Design science research evaluation. In: Peffers K, Rothenberger M, Kuechler B (Hrsg) Design science research in information systems. Advances in theory and practice. Springer, Berlin/Heidelberg, S 398–410
Pfeifer R, Scheier C (1999) Understanding Intelligence. The MIT Press, Cambridge, MA
Rosenfeld Halverson E, Sheridan K (2014) The maker movement in education. Harv Educ Rev 84(4):495–504
Siemens G (2006) Knowing knowledge. Lulu.com. http://www.elearnspace.org/Knowing Knowledge_LowRes.pdf. Zugegriffen am 17.02.2017
The Caltech Archives (1988) Richard Feynman's blackboard at the time of his death. http://archives-dc.library.caltech.edu/islandora/object/ct1%3A551. Zugegriffen am 18.02.2017
Thurber J (1939) The scotty who knew too much. The New Yorker, 18.02.1939
University of Zürich (2008) AI lab – research. http://web.archive.org/web/20080717203618/http://ailab.ifi.uzh.ch/research. Zugegriffen am 18.02.2017
Willis A-M (2006) Ontological designing. Des Philos Pap 4(2):69–92
Wozniak S (1984) Homebrew and how the apple came to be. In: Ditlea S (Hrsg) Digital deli – the comprehensive, user-lovable menu of computer lore, culture, lifestyles and fancy. http://www.atariarchives.org/deli/. Zugegriffen am 28.03.2017

Digital Analytics in Action – Interdisziplinäre Zusammenarbeit in der Praxis der Wirtschaftsinformatik

7

Darius Zumstein

Zusammenfassung

Wenn ein Unternehmen eine neue Business Software, Datenbank, Website oder eine neue Native App einführt oder diese weiterentwickelt, so ist das in der Regel ein Gemeinschaftswerk, an welchem viele verschiedene Parteien involviert sind. Wegen wachsender Komplexitäten und Spezialisierungen kommt es in vielen Digital- und Analytics-Projekten oft zu Schwierigkeiten. Ursache dabei ist (meist) nicht die Technik beziehungsweise Technologie selbst, sondern die Menschen. Als grösste Herausforderung des (Digital) Analytics nennen Fachspezialisten die interdisziplinäre Zusammenarbeit zwischen den Mitarbeitenden inner- und ausserhalb der Organisation. Da sich die Technologien und ihre Anwendungen rasant entwickeln und die Anzahl Schnittstellen im Analytics- und Digital-Umfeld stetig zunehmen, wird die interdisziplinäre Zusammenarbeit nicht nur vielseitiger und vielschichtiger, sondern zugleich zum Erfolgsfaktor digitaler Unternehmen.

Dieser Festschriftbeitrag diskutiert aus Praxissicht verschiedene Hypothesen zu den Herausforderungen und den Erfolgsfaktoren der interdisziplinären Zusammenarbeit, welche vielen Wirtschaftsinformatiker sowie Fachspezialisten und Managern im Digital-Umfeld bekannt vorkommen mögen. Es werden empirische Forschungsresultate zu

D. Zumstein (✉)
Hochschule Luzern – Wirtschaft, Luzern, Schweiz
E-Mail: darius.zumstein@hslu.ch

E. Portmann (Hrsg.), *Wirtschaftsinformatik in Theorie und Praxis*,
DOI 10.1007/978-3-658-17613-6_7

Digital Analytics vorgestellt und dessen wichtigste Schnittstellen und Aufgaben in der Berufspraxis geschildert. Das Konzept Holacracy, angewandt im Digital Business, zeigt auf, dass hierarchische Strukturen bei der interdisziplinären Zusammenarbeit nicht immer zielführend sind, Ansätze wie Management by Differentiation hingegen schon. Am Beispiel des Digital Analytics wird aufgezeigt, wie dynamisch, spannend, vielseitig und bereichernd ein Leben in und mit Schnittstellen sein kann.

Schlüsselwörter
Interdisziplinäre Zusammenarbeit • Interdisziplinarität • Collaboration • Digital Business • Business Analytics • Digital Analytics • Praxis der Wirtschaftsinformatik

7.1 Zusammenarbeit im digitalen Zeitalter

7.1.1 Knacknuss interdisziplinäre Zusammenarbeit

Digitalisierung ist nichts Einfaches. Die digitale Transformation gestaltet sich in den meisten Unternehmen vielseitig und vielfältig, sie ist oft intensiv, komplex, aufwändig, teuer, herausfordernd und anstrengend. Und: Sie betrifft ohne Ausnahmen alle Geschäftsbereiche, Teams und Mitarbeitenden. Die Digitalisierung umfasst nicht nur die Einführung neuer Technologien und deren Nutzung, die Entwicklung neuer, digitaler oder gar disruptiver Geschäftsmodelle und Geschäftsprozesse, sondern sie bringt ebenfalls neue Berufsbilder, Stellen, Rollen sowie Aufgaben hervor, sie erfordert neue Kompetenzen und Know-how, und insbesondere prägt sie die Formen, Arten und die Organisation der täglichen Zusammenarbeit. Digitalisierung ist etwas Soziales.

Erstaunlicherweise ist es nicht die Technik, die Technologie oder ihre Anwendung, welche in der Berufspraxis der Wirtschaftsinformatik für Probleme, Frust, Ärger und rote Köpfe sorgt, sondern es sind die Menschen selbst und ihr täglicher Umgang mit ihren Kollegen, mit der Organisation, mit den Digitalisierungsprozessen und mit den zahlreichen strategischen und operativen Veränderungen, welche diese mit sich ziehen.

Im Fachbereich des *Digital Analytics* – welcher sich um die Datensammlungen auf Websites beziehungsweise in Apps und um deren zielführende Auswertung kümmert – ist dies nicht anders. In einer Befragung von Zumstein, Meier und Züger aus dem Jahre 2011 zeigte sich, dass die interdisziplinäre Zusammenarbeit die grösste Herausforderung des Digital Analytics überhaupt ist, noch vor Datenschutz, Datenintegration, mangelnden Ressourcen und weiteren Problemen wie Datenqualität oder Datensicherheit (Meier und Zumstein 2012).

Dies hat sich auch in der Umfrage von 2016 nicht verändert (vgl. Abb. 7.1 und Zumstein 2016, 2017): 32 % der 504 befragten Digital-Analytics-Spezialisten stimmten voll und 35 % eher zu, dass die interdisziplinäre Zusammenarbeit ein Problem für sie darstellt. Nur der Fachkräftemangel ist heutzutage das noch grössere Problem der Branche, gefolgt von der Datenverknüpfung und -integration auf den Plätzen 3 und 4.

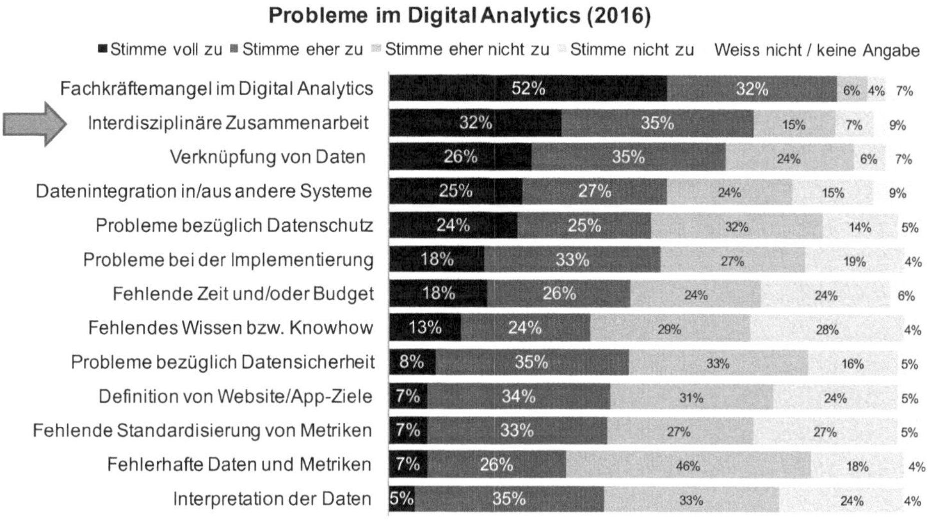

Abb. 7.1 Die grössten Herausforderungen im Digital Analytics im Jahr 2016

7.1.2 Mögliche Ursachen interdisziplinärer Schnittstellenprobleme

Es stellt sich bei diesen empirischen Erkenntnissen die Frage nach den Gründen: **Warum** bloss gestaltet sich die interdisziplinäre Zusammenarbeit für Analytics-Fachkräfte und Wirtschaftsinformatiker in der Praxis oft als so schwierig? Final beantworten lässt sich diese Frage aus theoretischer und praktischer Sichtweise nicht, da jede einzelne Situation verschieden ist. Es lassen sich jedoch folgende Hypothesen dazu aufstellen:

1. **Analytics hat sehr viele Schnittstellen**: Der Fachbereich (Digital) Analytics – respektive die Praxis der Wirtschaftsinformatik generell – hat per se viele interne und externe Schnittstellen. Damit werden hier sowohl datentechnische Schnittstellen in der IT- und Analytics-Infrastruktur, als auch organisatorische und fachliche Schnittstellen in der Zusammenarbeit verstanden. Anders gesagt: Analytics-Abteilungen haben bei der Ausübung ihrer Aufgaben *viele verschiedene Berührungspunkte* zu zahlreichen anderen Unternehmensbereichen und Teams. Die grosse Anzahl an Schnittstellen liegt in der Natur der Sache, der Technik, der Prozesse und des Geschäfts, und kann in den meisten Fällen nicht ohne weiteres reduziert oder vereinfacht werden. Abschn. 7.2 zeigt am Beispiel Digital Analytics konkret auf, wie viele verschiedene Schnittstellen bei diversen analytischen Aufgaben mit im Spiel sind. Kommt erschwerend hinzu, dass die Anzahl der Schnittstellen und der Komplexitätsgrade im Analytics in den vergangenen Jahren stark anstieg, und in der Zukunft nochmals zunehmen wird, wie die zweite Hypothese zeigt.
2. **Analytics wird komplexer**: Die *Anzahl und Komplexität von Quell- und Informationssystemen*, welche Daten erheben, produzieren, weiterverarbeiten und speichern, nahm in den vergangenen Jahren stark zu, genauso wie das Volumen, die Vielfältigkeit

und die Verarbeitungsgeschwindigkeit der Daten (über die in der Literatur der V's zu Big Data siehe beispielsweise Zumstein und Kunischewski 2016 sowie Fasel und Meier 2016). Mit ihnen und der zunehmenden Geschäftsrelevanz von Daten wächst die Anzahl, Grösse sowie die Vielfalt der Analytics-Teams und damit ebenfalls die Interdisziplinarität.

3. **Analytics-Teams wachsen**: Das starke Wachstum von Analytics in vielen Firmen hat zur Folge, dass sich die neu geschaffenen Stellen, Teams und Bereiche im Bereich Data Science, (Data) Analytics, Data Engineering und Data Management mit ihren *neuen Rollen, Tätigkeiten und Prozessen erst etablieren* und einspielen müssen. Die dynamische Entwicklung, der Wandel und Reorganisationen sind für eine produktive, konstruktive und reibungslose interdisziplinäre Zusammenarbeit dabei nicht immer förderlich.
4. **Analytics-Teams werden reorganisiert**: Die Bildung neuer Analytics-Teams, die wachsende Anzahl von Analytics-Mitarbeitenden, die Weiterentwicklung von IT- und Analytics-Architekturen sowie angepasste Unternehmensstrategien führen dazu, dass die organisatorischen Strukturen und Geschäftsprozesse von Analytics, Data Warehousing (DWH) und Business Intelligence (BI) in vielen Organisationen angepasst werden. Reorganisationen gehen selten schnell, reibungslos und einfach über die Bühne, *sie belasten die interdisziplinäre Zusammenarbeit (zusätzlich).* Wo Analytics Teams in den Unternehmen organisatorisch angesiedelt sind, ist von Fall zu Fall unterschiedlich und unter anderem von der Branche, Strategie, Historie und von der Grösse des Unternehmens abhängig. Analytics-Abteilungen werden immer öfters nicht mehr in der IT, sondern in den Fachbereichen wie zum Beispiel Vertrieb oder Marketing angesiedelt. In spezialisierten Bereichen wie Marketing-, Kunden- oder Digital-Analytics ist dies ohnehin schon länger der Fall.
5. **Analytics ist neu**: In den einen Unternehmen werden Analytics-Abteilungen und ihre Aufgaben redefiniert oder reorganisiert, in anderen werden *Analytics-Jobs und -Teams erst neu geschaffen.* Dies betrifft gerade Branchen und konservative Unternehmen (zum Beispiel Banken, Versicherungen, Medien, Detailhandel, Mode, Maschinenbau und Tourismus), welche die digitale Transformation lange verschliefen. In zahlreichen KMUs und Start-ups werden Analytics- und Digital-Stellen ebenfalls neu geschaffen: In all diesen Fällen muss sich interdisziplinäre Zusammenarbeit erst etablieren. Dies braucht Zeit und Routine.
6. **Für Analytics fehlt das Verständnis**: Die Mitarbeitenden in den unterschiedlichen Fachbereichen von Unternehmen haben einen *unterschiedlichen Bildungs-, Know-how- und Wissensstand*, auch und gerade was Analytics anbelangt. Wenn Mitarbeiter die Daten, Kennzahlen und Analytics-Prozesse technisch und fachlich nicht verstehen (wollen), wird die interdisziplinäre Zusammenarbeit für jeden Analytiker schwierig(er). Gerade in solchen Fällen sind Empathie, Respekt, Diplomatie, Taktik, Geduld, Aufklärung, Sozial, beziehungsweise Führungskompetenz, interne Schulungen oder Weiterbildungen aus Sicht des Autors besonders wichtig (vgl. dazu Abschn. 7.4).
7. **Für Analytics fehlt das Vertrauen**: Wenn die Zahlen nicht jene Ergebnisse zeigen, welche das Business oder das Management gerne hätte, ist unternehmenspolitischer Ärger oft vorprogrammiert. Wenn die Kennzahlen beziehungsweise KPIs (Key Performance

Indicators) nicht den Erwartungen, Vorgaben respektive Planwerten der GL, des Vorstandes (Verwaltungsrates) oder anderen Stakeholdern wie Aktionären, Eigentümern, Medien oder Analysten entsprechen, wird in der Praxis gerne mal an der *Glaubwürdigkeit, Validität, Qualität oder Relevanz von Daten* gezweifelt. In Unternehmen sind Analytics- bzw. Reporting-Abteilungen mit ihren Mitarbeitenden die Überbringer guter, aber eben auch schlechter Nachrichten. Der Autor musste sich in der Praxis des Digital Analytics hin und wieder nervende Management-Sprüche anhören wie zum Beispiel „Was machen die Zahlen?!", „Das Tracking ist falsch!", „Die Zahlen stimmen nicht!", oder „Nein, diese unerfreulichen Zahlen berichten wir nicht der GL, sonst wird uns das Budget gekürzt!".

8. **Im Analytics fehlen Ressourcen**: Analytics-Mitarbeiter sind, selbst bei hochgradig automatisierten und digitalisierten Datenaufbereitungs-, Analyse-, Reporting- und Kommunikationsprozessen, in vielen Unternehmen oft stark ausgelastet. Bei Unternehmen mit einer Unterbesetzung oder bei einer Überlastung des Teams aufgrund vieler Anfragen sind die *Mitarbeiter oft „unter Wasser"*, was bei den Deliverys zu Engpässen, Verzögerungen, Problemen und Missverständnissen in der Kommunikation oder zu Unverständnis bei den Fachabteilungen oder beim Management führt.
9. **Analytics hat und schafft Abhängigkeiten**: Im digitalen Zeitalter sind die Fachbereiche und das Management (noch stärker als früher) *von Daten und Informationen abhängig*, um ihren Aufgaben nachzukommen und Entscheidungen treffen zu können. In der Folge werden Analytics-Einheiten zu Service-Dienstleistern mit Service Level Agreements (SLAs). Die Analytics-Teams sind ihrerseits ebenfalls von der IT-Infrastruktur (zum Beispiel Analytics Server) und Software-Anbietern (zum Beispiel Datenbank- oder Cloud-Lösungen wie SAP, IBM, Oracle, SAS, Microsoft, Google oder Adobe) abhängig. Überall wo *starke Abhängigkeiten zu Softwareprodukten, Services, Mitarbeitern, Teams oder zu Beratungen* bestehen, können in der Kommunikation und in der interdisziplinären Zusammenarbeit leicht Probleme auftreten.
10. **Analytics hat grossen Einfluss**: Selbst wenn Analytics-Einheiten unabhängig und neutral sind: Berichtete Daten und Informationen tragen immer einen Informationswert, *eine Wertigkeit* in das Unternehmen. Dies ist besonders bei daten- oder performancegetriebenen Firmen der Fall. Zudem können Daten unterschiedlich interpretiert, verstanden, begründet, genutzt und instrumentalisiert werden. Entsprechend hoch ist im Analysealltag der Diskussionsbedarf zu Analysen, Adhoc- bzw. Regelreports oder zu Dashboards. Der *hohe Informations-, Kommunikations-, Klärungs-, Diskussions- und Handlungsbedarf zu Daten* fordert die interdisziplinäre Zusammenarbeit täglich aufs Neue heraus. Daten und Informationen schaffen meist Transparenz, Objektivität und Rationalität, aber zugleich auch Macht und fachliche Autorität.
11. **Unternehmensbereiche haben unterschiedliche Interessen**: Jeder Unternehmensbereich hat oft eigene Leistungsaufträge mit eigenen Jahreszielen und Prioritäten. Die *unterschiedlichen Zielsetzungen und Interessen* schlagen sich oft negativ in der Zusammenarbeit der Fachbereiche nieder, gerade wenn individuelle, leistungs- und performanceabhängige Anreize wie variable Löhne oder Boni vergeben werden.

7.2 Interdisziplinarität im Digital Analytics

Digital Analytics als relativ neuer Fachbereich ist aussergewöhnlich vielen interdisziplinären Schnittstellen ausgesetzt. Wie der Name es ausdrückt, kümmert sich Digital Analytics um sämtliche Datensammlungen im Digitalbereich, sprich um *alle Daten, welche auf digitalen Plattformen wie Websites, Apps, Online-Shops, Kundenportale oder in Kampagnen des digitalen Marketings* anfallen. Mit der wachsenden Anzahl digitaler Plattformen und Kampagnen steigt die Anzahl an Schnittstellen für das Digital Analytics überproportional.

Es erstaunt wenig, dass Digital Analytics, genauso wie Business, Customer oder Marketing Analytics, heutzutage organisatorisch meist im *(Digital) Marketing angesiedelt* wird (vgl. Abb. 7.2). In vielen Unternehmen wird zudem nicht mehr scharf zwischen Marketing und Digital Marketing unterschieden, oder das Digital Marketing ist eine Einheit, die dem Marketing oder Digital Business untersteht. In jedem achten Unternehmen in Abb. 7.2 ergibt es offensichtlich Sinn, Digital Analytics bei der Einheit Digital (E-Business, E-Commerce) oder dem BI bzw. der Analytics anzusiedeln. Bei 7 % der befragten Unternehmen gibt es heutzutage sogar schon eine eigene Digital Analytics-Abteilung, was vor fünf Jahren nur ganz selten der Fall war.

Aus den Online-Befragungen in den Jahren 2011 und 2016 geht klar hervor, dass *Digital Analytics in den letzten Jahren aus den Kinderschuhen entwachsen* ist und sich als neue, eigenständige Disziplin etablierte. Die Berufsbezeichnung, Rolle, Kompetenzen und Tätigkeiten des Digital Analysts, Digital Analytics Managers oder Consultants haben sich auf dem Arbeitsmarkt und in den Organisationen rasch etabliert. 2011 wurde Web Analytics in vier von fünf Unternehmen nur als Nebenjob betrieben (mit 0–30 Stellenprozenten in Abb. 7.3a). 2016 hat sich dieser Anteil auf 43 % halbiert. Hingegen verdoppelte sich der Anteil der Unternehmen, welche einen *Digital-Analysten in Vollzeit angestellt*

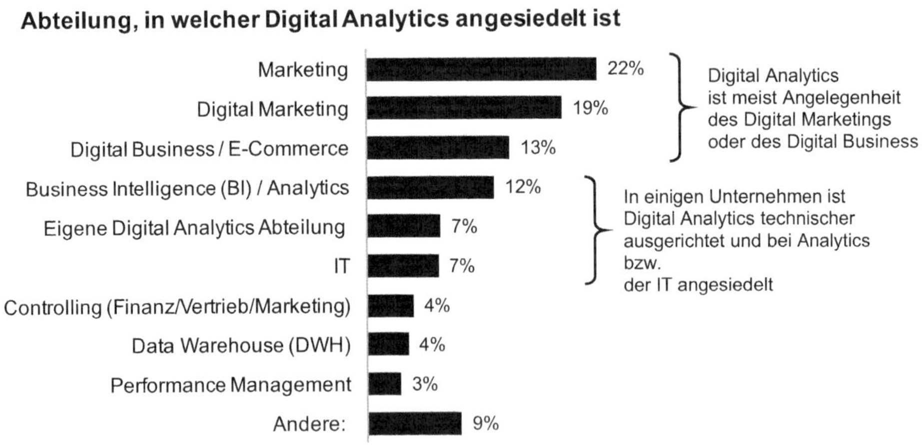

Abb. 7.2 Organisatorische Ansiedelung von Digital Analytics im 2016

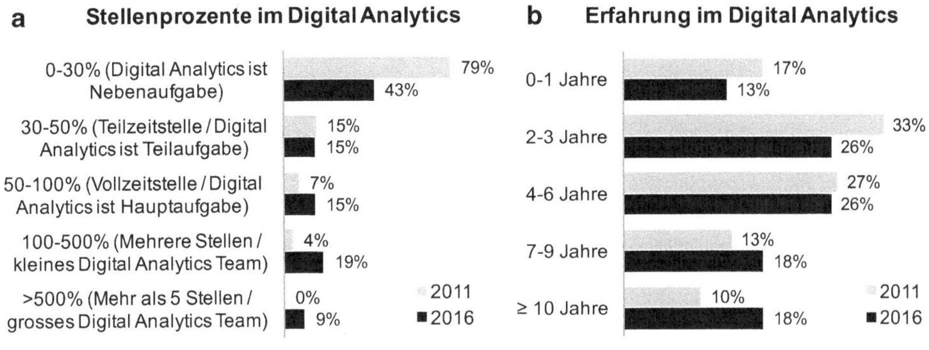

Abb. 7.3 **a** Stellenprozente und **b** Erfahrung im Digital Analytics

haben von 7 % auf 15 %. Der Anteil von Unternehmen mit einem *eigenen Digital Analytics-Team* hat sich von 4 % auf 19 % sogar verfünffacht. Zudem werden die Digital Analytics-Teams häufig immer grösser: Schon fast jedes zehnte befragte Unternehmen hat im Jahre 2016 eine grössere Analytics-Abteilung mit mehr als fünf Vollzeitstellen.

Ein weiteres, starkes Indiz für die wachsende Digitalisierung und Professionalisierung ist die zunehmende *Erfahrung mit Digital Analytics*, also die Anzahl Jahre, seit denen Unternehmen Digital Analytics betreiben. Diese hat sich in den vergangenen Jahren deutlich erhöht (vgl. Abb. 7.3b). Einerseits reduzierte sich der Anteil der Unerfahrenen mit null bis einem Jahr bzw. zwei bis drei Jahren Erfahrung von 17 % auf 13 % bzw. von 33 % auf 26 %. Andererseits erhöhte sich der Anteil der Erfahrenen mit 7–9 Jahren auf 18 %, jener mit 10 Jahren und mehr verdoppelte sich gar von 10 % auf 18 %.

Dieser Abschnitt diskutiert einige wichtige Schnittstellen des Digital Analytics in der Berufspraxis, dessen involvierten Disziplinen und Einheiten sowie typischen Aufgaben (zusammengefasst in Tab. 7.1).

Eine wichtige Schnittstelle des Digital Analytics ist jene, welche neue digitale Plattformen, Services oder Angebote technisch konzeptioniert und umsetzt (Nr. 1 in Tab. 7.1 oben). Typischerweise gehört hierzu die *Entwicklung einer neuen Website bzw. App*, oder das Redesign einer bestehenden.

In vielen Unternehmen wird hierzu vom Fachbereich (Business) – typischerweise das Website-, App-, Marketing- oder Digital-Team – ein *Fachkonzept für die Website bzw. App* erstellt (Nr. 1 in Tab. 7.2 unten). Im Fachkonzept wird das Website- bzw. App-Design beschrieben, sprich welche geschäftlichen Ziele die Website bzw. App verfolgt, über welche Funktionalitäten sie verfügt, welche Seiten- und Navigationsstruktur (Sitemap) sie hat, wie sie vom Look and Feel (Webdesign) her auszusehen hat, welches die wichtigsten Inhaltsbereiche (Content Sections) bzw. Inhalte (Content) sind und so weiter.

Aus dem Fachkonzept des Business leitet sich das *fachliche Trackingkonzept* ab. Im fachlichen Trackingkonzept wird vom Fachbereich und Digital Analytics gemeinsam definiert, was alles genau auf der Website getrackt, das heisst gemessen werden soll (Nr. 2 in

Tab. 7.1 Schnittstellen, Aufgaben und Häufigkeit der interdisziplinären Zusammenarbeit im Digital Analytics

Nr.	Schnittstelle	Disziplin/Unit	Typische und wichtige Aufgaben des Digital Analytics	Häufigkeit
1	**Online-Konzeption**	• IT	• **Erstellung fachliche/technische Trackingkonzepte für Website/App**	bei Bedarf/ Entwicklung
		• Digital	• Unterstützung Frontend-Developer bei JavaScript-Implementierung	
		• Research/Lab	• Testing & Debugging von Tracking-Implementierung	
2	**Data Warehouse**	• IT/DWH	• **Information & Performance Management, BI, Datenintegration**	bei Bedarf/ Entwicklung
		• Analytics/BI	• Datenarchivierung, -Speicherung & Aufbereitung, Data/Web Mining	
3	**Data Science**	• IT/Business	• Unterstützung in Google von (Advanced) Analytics & Data Scientists	bei Bedarf
		• Analytics/BI	• Data/Web Mining mit R & Anwendung statistischer Methoden	
4	**Digital Business**	• Digital	• Tracking von Websites, Mobile Websites, Apps & Blogs	täglich/ wöchentlich
		• Web/Mobile	• **Analyse & Reporting der Website- & App-Nutzung**	
5	**Digital Sales (E-Commerce)**	• Digital	• Implementierung, Betrieb Online Shop, Sales & Produkt Tracking	täglich/ wöchentlich
		• Vertrieb	• **Analyse & Reporting Shop-Performance** (Verkäufe, Conversions)	
6	**Content Management**	• Business	• **Analyse der Inhaltsnutzung & des Nutzerverhaltens**	täglich/ wöchentlich
		• Marketing	• **Erstellung digitaler Reports/ Dashboards zur Inhaltsnutzung**	
7	**Digital Marketing**	• Digital	• Vergabe von Tracking-Codes & Tracking eMarketing-Kampagnen	täglich/ wöchentlich
		• Marketing	• **Performanceanalyse der Marketinginstrumente** wie Suchmaschinenanzeigen, Display Advertising, Social Media Advertising, Affiliate Marketing	
		• Kommunikion	• Tracking des E-Mail- & Newsletter-Marketings, E-Mail Automation	

(*Fortsetzung*)

Tab. 7.1 (Fortsetzung)

Nr.	Schnittstelle	Disziplin/Unit	Typische und wichtige Aufgaben des Digital Analytics	Häufigkeit
8	**Kampagnen-Management**	• Marketing	• **Performance Measurement der Marketing-/Vertriebskampagnen**	wöchentlich/ monatlich
		• Vertrieb	• **Kampagnenreporting für das Management & Entscheider**	
		• Controlling	• Cross-Media- & Omni-Channel-Measurement	
9	**Social Media**	• Digital	• Social Media Monitoring bzw. Social Media Analytics	täglich/ wöchentlich
		• Marketing	• Analyse der Interaktionen auf Facebook, Twitter, Instagram, etc.	
10	**SEO**	• Digital	• Unterstützung der Suchmaschinenoptimierung & Auffindbarkeit in Google	bei Bedarf
		• Analytics	• Analyse der Keywords, Verlinkungen, Referrers, Contentnutzung	
11	**Produkte**	• Produkte	• **Analyse Informationsverhalten zu Produkten & Dienstleistungen**	bei Bedarf/ monatlich
		• Services	• Analyse Produktkäufe & Produktevaluationen, Produktmanagement	
12	**Unternehmens-kommunikation**	• CorpCom	• Analyse Nutzungsverhalten Presseberichten & Medienmitteilungen	bei Bedarf/ monatlich
		• Marketing	• Analyse Nutzung digitaler Kundenmagazine & -kommunikation	
13	**Geschäfts-bericht**	• Finanzen	• Implementierung des Web-Trackings auf der Geschäftsberichtsseite	jährlich/ quartalweise
		• Controlling	• Analyse Nutzung/Download Geschäftsbericht, Kennzahlen,	
14	**Human Ressources**	• Personal	• Analyse Nutzung Stellenportal, Bewerbungsprozess & Bewerbungen	bei Bedarf/ monatlich
		• Entwicklung	• Analyse Nutzungsverhalten Intranet & interne Kommunikation	
15	**Management**	• Management	• **Reporting, strategische Analysen, Messung digitaler Reifegrad**	bei Bedarf
		• GL, VR	• Beratung zu strategischen Stossrichtungen & Entscheidungen	

Tab. 7.2 Aufgaben, Prozesse und Herausforderungen bei der Entwicklung einer Website/App und deren Tracking

Nr.	Aufgabe/Prozess	Fach	DA	IT	Interdisziplinäre Hürden & Herausforderungen (**fett**: häufig)
1	Definition der Anforderungen an die Website/App in einemFachkonzept	**X**	(X)		• **Fehlende Ressourcen (Mitarbeiter, Budget, Management Support)** • **Fehlende, lückenhafte, ungenaue oder unmögliche Anforderungen** • **Missverständnisse zu Anforderungen & Kommunikationsprobleme** • Fehlendes Wissen & Know-how zum Digital Business oder zur IT • Fehlende oder schlecht definierte Prozesse & Verantwortlichkeiten • Silo-/Abteilungsdenke, Grabenkriege (z. B. zwischen Business & IT)
2	Erstellung eines fachlichen Trackingkonzeptes	(X)	**X**		• **Das Fach hat Tracking nicht auf dem Rader und es geht vergessen** • **Fehlendes/ungenaues/fehlerhaftes Fach- oder Trackingkonzept** • Fehlende Ressourcen (keine Zeit für Erstellung eines Trackingkonzepts) • Probleme mit Projektmanagement-Tool (zum Beispiel Jira, Confluence)
3	Review/Prüfung fachliches Trackingkonzept	**X**	(X)		• Zeitliche Verzögerungen (durch Abwesenheiten, Stellvertretungen) • Viele Reviews und Versionen (gerade bei grossen/komplexen Projekte) • Unterschiedliche Interessen, Erwartungen & Standpunkte • Sprachliche, fachliche & technische Missverständnisse
4	Erstellung technisches Trackingkonzept		**X**	(X)	• **Ungenaue/fehlerhafte technische Spezifikation der Anforderungen** • Auswahl der Architektur, Technologie(n) und/oder Softwarelösung(en), • Onboarding der Entwickler, in-/externe Digital-Analytics-Dienstleister
5	Review/Prüfung technisches Trackingkonzept		(X)	**X**	• **Verfügbarkeit der Ressourcen & technische Machbarkeit** • Viele Reviews/Versionen, langsamer Abnahmeprozess, Verzögerungen • Sprachliche, fachliche & technische Missverständnisse/Fehler

(*Fortsetzung*)

Tab. 7.2 (Fortsetzung)

Nr.	Aufgabe/Prozess	Fach	DA	IT	Interdisziplinäre Hürden & Herausforderungen (**fett**: häufig)
6	Freigabe fachliches & technisches Trackingkonzept	(X)	**X**		• Ablehnung des Trackingkonzepts durch Legal/Datenschutz • Ablehnung des Trackingkonzepts durch die (Informations-)Sicherheit • Ablehnung der Trackingumsetzung wegen Ressourcenmangel • Entscheidungsschwäche, fehlende Take-the-risk-Entscheide
7	Freigabe & Finanzierung des Projektes (Website/ App)	**X**		(X)	• **Entscheidungsprozesse/-strukturen** (Management, Boards) • **Fehlende Ressourcen** (Budget, Mitarbeiter, Know-how, Infrastruktur) • **Unterschiedliche Interessen** (politische, strategische, taktische) • Fehlender Management Support (GL, VR, Inhaber, Investoren) • Fehlende Entscheidungskompetenz & ungeklärte Verantwortlichkeiten
8	Projektplanung	**X**		(X)	• Fehlende Planung, ungenaue Planung, Kommunikationsprobleme • Fehlende Dokumentation & Transparenz • Probleme bzgl. Projektleitung, Projektmanagement-Methoden & Tools
9	Projektstart & Entwicklung (Dev-Umgebung)			**X**	• **Onboarding Projektmitarbeiter; Ressourcen- & Kapazitätsengpässe** • Zeitliche Verzögerungen, Planungsfehler • Unerwartete/nicht planbare Störfaktoren, technische Probleme/Fehler • **Unterschiedliche Arbeitsformen & Unternehmenskulturen**
10	Testing (Stage-Umgebung)	(X)		**X**	• Fehleridentifikation, komplizierte & fehlerhafte Testing-Prozesse • Nutzung von Testing Tools (zum Beispiel Spira)
11	Debugging			**X**	• **Fehlerbehebung, Bug-Fixing** • Replanning, fehlende/unvollständige Dokumentation, Budgetprobleme
12	Go-Live (Live-Umgebung)	**X**		(X)	• Übergabe in den Betrieb, Klärung der Verantwortlichkeiten, Schulungen • Betriebe und Pflege der Website/App

Tab. 7.2). Die Daten- bzw. Messpunkte hängen eng mit dem Ziel der Website bzw. App zusammen. In anderen Worten: Die zu messenden Daten, Metriken und Kennzahlen des Digital Analytics leiten sich direkt aus der Strategie und dem Konzept, aus dem Sinn und Zweck der Website bzw. App ab (vgl. dazu Meier und Zumstein 2012, 2014; Hassler 2016).

Schon in den konzeptionellen Anfangsphasen müssen einige interdisziplinäre Hürden überwunden und Herausforderungen gemeistert werden. Fehlen die Ressourcen (wie Budget, Mitarbeiter, Management Support) oder die Anforderungen, kann das Digital-Projekt zum Erliegen kommen, bevor es überhaupt gestartet ist. Gibt es Missverständnisse, Grabenkriege zwischen IT und Business oder sind Prozesse und Verantwortlichkeiten nicht oder schlecht definiert, können Verzögerungen im Projekt auftreten. Geht in dieser Anfangsphase, aus welchen Gründen auch immer, das Tracking vergessen (Nr. 2 in Tab. 7.2), dann ist die Gefahr gross, dass die *Website oder App ohne Tracking* entwickelt und ausgerollt wird. In dem Fall ist man im Digital Business im Blindflug unterwegs und es ist keine Aussage über die Nutzung der Website bzw. App möglich. Die Planung, Analyse, Erfolgskontrolle und die Durchführung von Massnahmen zur Optimierung der Website/App wird dann entsprechend schwierig oder gar unmöglich (Meier und Zumstein 2014, S. 19; Meier und Stormer, 2012).

Im Normalfall geht das Tracking nicht vergessen und es wird ein *technisches Trackingkonzept* erstellt (Nr. 4 in Tab. 7.2). Dabei müssen spezifische Tracking-Anforderungen, welche über das Standard-Tracking von Websites hinausgehen, vom Digital-Analytics- und dem Entwickler-Team gemeinsam diskutiert und spezifiziert und umgesetzt werden. Das heisst, es werden diejenigen Datenpunkte, welche auf einer Website erhoben und gemessen werden sollen, in einem Dokument oder im Projekt-Management-Tool wie Confluence oder Jira schriftlich dokumentiert. Dieses Konzept dient den Front-End-Entwicklern dazu, den entsprechenden JavaScript-Code des Digital Analytics Tools (wie zum Beispiel Adobe oder Google Analytics) im HTML bzw. im Template des Content-Management-Systems (CMS) in der Entwicklungs- oder Testumgebung zu implementieren. Vor dem Go-Live der Website muss das implementierte Web-Tracking mit Debugging Tools oder Browser-Plug-ins getestet werden (Nr. 10 in Tab. 7.2). Wurde das Web-Tracking bzw. App-Tracking richtig implementiert, laufen die Daten der Standard- oder benutzerspezifischen Variablen in der Cloud des Digital Analytics Tools auf und können in den entsprechenden Berichten und Dashboards analysiert werden.

Mit dem erfolgreich implementierten Web/App-Tracking beginnt die eigentliche Arbeit des Digital Analysts: Er betreibt mit oder für das Digital Business die *Analysen und das Reporting der Website- bzw. App-Nutzung* (vgl. Nr. 4 in Tab. 7.1), wobei für das Content Management die Inhaltsnutzung und das Nutzerverhalten besonders aufschlussreich sind (Nr. 6). Betreibt ein Unternehmen einen Online-Shop, ist dessen Performance-Analyse (zum Beispiel die Anzahl und Wert der Warenkörbe, Produktverkäufe und die Conversion Rates) eine besonders wichtige, regelmässige Analyseaufgabe (vgl. Nr. 5 in Tab. 7.2 sowie Zumstein und Gächter 2016).

Viel zu tun gibt es für das Digital Analytics auch im *Digital Marketing*, in den meisten Unternehmen die wichtigste und grösste Schnittstelle mit intensivem Austausch (Nr. 7). Hier gehört die Performanceanalyse von Digital-Marketing-Instrumenten wie Suchmaschinenanzeigen (zum Beispiel Google AdWords), Digital Advertising (wie Display/Bannerwerbung), Social Media Advertising (in Facebook, Twitter, Instagram), Affiliate Marketing oder Newsletter Marketing. Die Analysen und Optimierung dieser Instrumente geschehen in der Regel im Rahmen eines Regel- oder Kampagnenreportings (Nr. 8). Je nach Grösse, Geschäftsmodell und Organisation des Unternehmens hat das Digital Analytics zahlreiche weitere Schnittstellen wie etwa Social Media (in Nr. 9), Suchmaschinenoptimierung (SEO in Nr. 10), Produkte (Nr. 11), Unternehmenskommunikation inklusive Geschäftsberichtseite (Nr. 12, 13), Human Ressources (Nr. 14) und das Management (15).

In diesem Abschnitt wurde deutlich, wie *viele Schnittstellen und Aufgaben „Digital Analytics in Action“* in den meisten Unternehmen der digitalen Wirtschaft hat. Dies macht das Arbeitsleben des Digital Analytics intensiv, aber eben auch sehr abwechslungsreich, vielseitig, spannend und kurzweilig. Bemerkenswert dabei ist, dass die Mitarbeiter des Digital Analytics mit den Fachspezialisten und Experten sämtlicher Schnittstellen direkt zusammenarbeiten müssen, um an das Ziel zu kommen, um wirksam und erfolgreich zu sein. Hierarchien spielen dabei keine oder nur eine untergeordnete Rolle. Daher stellt sich aus organisatorischer Sicht durchaus die Frage, ob, wann und inwiefern es starre Strukturen und Hierarchien noch braucht. Die gelebte, tägliche Praxis des Digital Business zeigt, dass Konzepte wie jener der Holokratie an Bedeutung gewinnen.

7.3 Von der Hierarchie zur Holokratie

7.3.1 Zum Begriff der Holacracy

Der Begriff Holokratie (engl. holacracy) leitet sich aus dem griechischen „holos“ (vollständig, ganz) und „kratie“ (Herrschaft) ab und bedeutet das eigenverantwortliche und interdisziplinäre Zusammenarbeiten von Fachspezialisten ohne traditionelles Management.

Das von der US-Gesellschaft HolacracyOne entwickelte Konzept der Holokratie kennt keine hierarchischen Führungsstrukturen. Ein Unternehmen hat stattdessen ein einigendes Leitbild, den Unternehmenszweck (Purpose), der weit über die Gewinnerzielung hinausgeht. „Kreise“ (Super-Circles) ersetzen die Abteilungen, „Unterkreise“ (Sub-Circles) die Teams. Die Mitarbeitenden erfüllen „Rollen“ mit umfassend beschriebenen Aufgaben. Wer bei Holacracy einen Arbeitsvorgang („Prozess“) ausführt, darf auch über dessen Struktur bestimmen (Saheb 2016; Responsive 2017; Feloni 2016; Laloux 2015; Robertson 2016). Das Konzept der Holokratie ist nicht nur Theorie, sondern wird von vielen Firmen erfolgreich umgesetzt und gelebt. Darunter sind auch die Schweizer Digital-Agenturen Unic und Liip, welche das Management teilweise beziehungsweise komplett abschafften.

Auf die Frage, was die Webagentur Liip von klassischen Unternehmen unterscheidet, antwortete der Gründer Christian Stocker: „Es gibt bei uns keine Chefs, keine Abteilungen, keine Budgets, keine Vorschriften, keine Kontrollen, fast keine internen Mails, keine unbezahlten Überstunden, 50 Prozent Teilzeitarbeitende und vier Wochen Vaterschaftsurlaub“ (Morgenthaler 2016).

7.3.2 Holokratie am Beispiel Digital Analytics

Die meisten Organisationen haben klare Hierarchien mit entsprechenden Führungsverantwortungen, Rang- und Funktionsstufen, Titel und Kommunikationswegen. Im Digital Analytics ist in klassischen, hierarchischen Organisationsstrukturen der Digital Analyst dem Team-Leiter Digital Analytics unterstellt, welcher wiederum dem Leiter Analytics und der Geschäftsleitung berichtet (Abb. 7.4b). Analog ist der Marketing-Kampagnen-Manager, der SEO-Spezialist oder der Social Media-Manager dem Leiter Digital Marketing und jener wiederum dem Marketing unterstellt.

Im Konzept der Holokratie wäre *Digital Analytics ein Sub-Circle des Super-Circles Analytics* und der Digital Analyst übt als Prozessverantwortlicher eine Rolle aus (vgl. Abb. 7.4a). Im Super-Circle Analytics gibt es noch weitere Sub-Circles wie zum Beispiel das DWH-Team mit der Rolle Data Architect. Es kann im Analytics auch Rollen wie etwa jene des Data Scientists oder Data Managers geben, welche keinem Sub-Circle angehören. Der Digital Analyst kann zugleich auch dem Marketing angehören, wenn es um die in Tab. 7.1 definierten Aufgaben wie die Performanceanalyse von Digital-Marketing-Instrumenten, von digitalen Kampagnen und von Inhalten geht. Im Sinne der unscharfen Logik und Klassifikation *kann (muss!) der Digital Analyst mehreren Super- und Sub-Circles gleichzeitig angehören*, um – je nach Zielsetzung und Prozess – seine Aufgaben zu erledigen. Dies entspricht sowohl der Fachführung in Matrixorganisationen und dem Ansatz des Management by Differentiation, den Andreas Meier vorschlug (Meier 2016). Bei diesem Ansatz verlieren Organisationseinheiten wie Teams oder Bereiche ihre scharfen Grenzen und Hierarchien. Dadurch werden nicht nur Schnittstellenprobleme entschärft, sondern die Produktivität der Mitarbeitenden steigt deutlich, da sie, ohne Umwege über die Linie, direkt mit den relevanten Personen kommunizieren und zusammenarbeiten können.

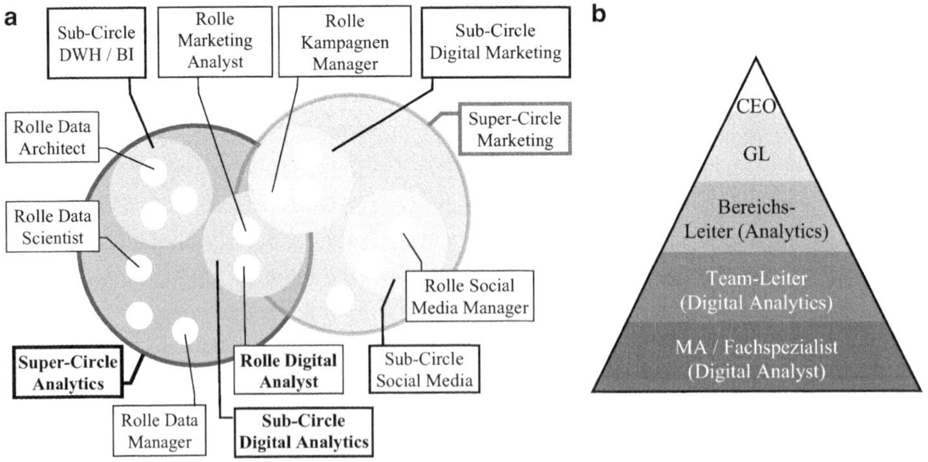

Abb. 7.4 Holokratie **a** versus Hierarchie **b** am Beispiel Digital Analytics

7.4 Erfolgsfaktoren interdisziplinärer Zusammenarbeit

Damit interdisziplinäre Zusammenarbeit und Projekte zum Erfolg führen, muss einiges zusammenstimmen. Nachfolgend werden 33 Einfluss- und Erfolgsfaktoren interdisziplinärer Arbeit erläutert, welche aus subjektiver Sicht und Erfahrung des Autors eine Rolle spielen (können). Er bezieht sich auf die Arbeit bei der Information Systems (IS) Research Group an der Universität Freiburg i. Ü. und auf 15 Jahre Praxiserfahrung in vielen kleinen, mittleren und grossen Unternehmen im Bereich Digital Business und Analytics im In- und Ausland.

7.4.1 Rekrutierung & Team-Zusammensetzung

1. **Fachkompetenz einbeziehen**: Aufgrund der technologischen Entwicklung, zunehmender Spezialisierung und Komplexität wird die jeweilige Fachkompetenz von Mitarbeitern immer wichtiger. Profundes Fachwissen und Know-how ist bei der Anstellung und Zusammenstellung interdisziplinärer Teams zentral.
2. **Einstellungen, Werte und Persönlichkeiten berücksichtigen**: Bei der Rekrutierung und Zusammensetzung interdisziplinärer Arbeitsteams spielen die verinnerlichten und gelebten Werte, die Einstellung und die Persönlichkeit jedes einzelnen Mitarbeitenden eine wichtige Rolle
3. **Kommunikations- und Sozialkompetenz voraussetzen**: Gerade bei Schnittstellen-Jobs wie jene des Digital oder Business Analysten werden kommunikative und soziale Kompetenzen vorausgesetzt. Analytiker dürfen nicht nur „Nerds" sein, welche die Technologien und Daten zwar im Griff haben, aber Sachverhalte oder Insights aus Analysen nicht verständlich kommunizieren, präsentieren oder nutzbar machen können.
4. **Fit ins Team**: Selbst kompetente, erfahrene, kommunikative und soziale Experten werden nicht erfolgreich sein und bald wieder gehen, wenn sie nicht in ein Team und in eine Organisation passen. Mitarbeiter dem Team vorzustellen, bevor sie eingestellt werden oder mitarbeiten, dient der Zusammenarbeit.
5. **Bildung von heterogenen Teams**: Eine (zu) homogene Gruppe ist bei interdisziplinärer Zusammenarbeit oft nicht förderlich, sondern es braucht unterschiedliche Charaktere, Typen und Arbeitsweisen.

7.4.2 Technische Infrastruktur

6. **Internetzugang garantieren**: Wie banal es klingen mag, aber einige Unternehmen haben immer noch kein eigenes WLAN (Wireless Local Area Network) oder dessen Zugangspasswörter werden ungenügend kommuniziert. Digital Workers müssen jederzeit und überall Netzzugang haben mit möglichst grossen Brandbreiten. Dies ist notwendig für die virtuelle Zusammenarbeit, gerade bei Videoübertragungen.
7. **Video und Conference Call Tools bereitstellen**: Die interdisziplinäre, digitale Zusammenarbeit über Distanzen und Zeitzonen hinweg bedarf entsprechender Instrumente wie etwa Skype for Business.

8. **Mobiles Arbeiten fördern**: Wo und wann (zusammen) gearbeitet wird, ist im digitalen Zeitalter irrelevant. Zugang zu mobilen Arbeitsplätzen, Digital Workspaces, Co-Working Spaces (wie zum Beispiel der Business Impact Hub der Swisscom) und Home Office sollten von den Unternehmen gefördert werden.
9. **Moderne Hard- und Software bereitstellen**: Das wichtigste Werkzeug digitaler Handwerker ist der Laptop mit entsprechender Hard- und Software. Bei der IT zu sparen ist im Digital Business sicher die falsche Stelle. Potentielle Störfaktoren gibt es bei der Zusammenarbeit genug, die Technik sollte keiner sein.
10. **Social Media nutzen**: Zusammenarbeit erfordert Zugang zu Kommunikationsplattformen und sozialen Netzwerken wie LinkedIn und XING, aber auch Facebook, Twitter und anderen sozialen Dienste. Es gibt immer noch (konservative) Unternehmen, welche soziale Medien unverständlicherweise blockieren.
11. **Gruppenchat einrichten**: Formale oder informelle Kommunikation in Gruppen von Messenger-Diensten wie WhatsApp oder Threema bereichern den beruflichen und privaten Alltag.
12. **Datendemokratie leben**: Das Schöne am Digital Analytics ist die ständige, brandaktuelle Verfügbarkeit der Daten in der Cloud unabhängig von Raum und Zeit. Jeder im Unternehmen sollte Zugriff zu jenen Daten erhalten, die ihm bei der Arbeit und der Erledigung der Aufgaben weiterhelfen.
13. **Intranet und Ordnersysteme bereitstellen**: Ein Intranet und ein Dokumentenserver ist heute Standard in jeder Organisation und fördert den Informationsfluss und die dezentrale, virtuelle Zusammenarbeit.
14. **Blog oder Wikis pflegen**: In internen Blogs oder Wikis können wichtige Informationen und Wissen für interdisziplinäre Teams festgehalten werden. Dazu gehören Glossare, Konzepte, Dokumentationen, Code und im Digital Analytics Listen zu Variablen, Kennzahlen, Metriken und KPIs sowie Erfahrungsberichte und Erkenntnisse aus Projekten respektive Analysen.

7.4.3 Organisation

15. **Eigenverantwortung fördern**: Eigeninitiative und Eigenverantwortung ist nicht nur im Digital Business und Analytics gross zu schreiben. Sie ist Grundlage und Voraussetzung für eine konstruktive Zusammenarbeit. Command und Control funktioniert im Digital Leadership nicht mehr.
16. **Gemeinsame Ziele setzen**: In interdisziplinären Teams und Projekten, in welchen digitale Lösungen wie Websites oder Apps entwickelt werden, sollten gemeinsame Unternehmens-, Team- und Projekt-Ziele im Vordergrund stehen, nicht individuelle Ziele. Und diese sind bei Erreichen (nicht-)monetär zu belohnen.
17. **Agiles Projektmanagement etablieren**: Agile Projektmanagement-Methoden wie zum Beispiel Scrum sind im Digital Business ein belegter Erfolgsfaktor. Nur durch eine hohe Agilität und kurzen „Sprints“ kann Rapid Prototyping durchgeführt und die Entwicklungszeit sowie Time-to-Market von digitalen Lösungen reduziert werden.

18. **Aufgaben und Prozesse definieren**: Gerade bei agilen Arbeitsmethoden und grösseren Projekten müssen die Aufgaben, Prozesse, Liefergegenstände und Termine klar definiert und kommuniziert werden.
19. **Verantwortlichkeiten klären**: Klare Verantwortlich- und Zuständigkeiten für Aufgaben, Prozesse und Projekte sind ebenfalls notwendig, damit interdisziplinäre Projekte in geordneten Bahnen verlaufen.
20. **Sichtbarkeit erhöhen**: Digital Analytics und andere Teams mit vielen Schnittstellen müssen bei ihren Anspruchsgruppen visibel sein und positiv wahrgenommen werden. Bei neu gebildeten Teams ergibt die Durchführung von Roadshows, Events oder regelmässigen Austauschmeetings Sinn.
21. **Orte, Gefässe und Rituale für interdisziplinären Austausch etablieren**: Beispiele hierfür sind Caféterias, Kaffeepausen, Tischfussball-Kästen, Erholungsorte, Mittagessen, sportliche und andere Aktivitäten.
22. **Informell lernen und austauschen**: Gerade bei heterogenen oder interdisziplinären Teams sollten neben der Arbeit Möglichkeiten geboten werden, den Austausch zu fördern. Der Autor selbst machte gute Erfahrungen mit Lunch Learnings, Kick-off- und Abendveranstaltungen, Klausuren (Offsites), Firmenfesten, Firmenausflügen und -reisen, After-Work-Partys und Biergartengängen, bei welchen sich die Mitarbeiter ungezwungen austauschen und bei lockerer Atmosphäre besser kennen- und schätzen lernen konnten.

7.4.4 Unternehmenskultur, Einstellungen und Werte

23. **Offen sein für Neues und Andersartiges**: Das Spannende an der Wirtschaftsinformatik ist, dass die Informatiker von den Wirtschaftlern, und die Wirtschaftler von den Informatikern lernen können und sollen. Analog lernen im Digital Analytics, die „Digitalen" von den „Analytikern" und umgekehrt. Lernbereitschaft, Offenheit und Neugierde für das Neue, Fremde und Unbekannte ist Kern und Grundlage jeder wissenschaftlichen und praxisorientierten Zusammenarbeit, Forschung und Entwicklung.
24. **Ganzheitlich denken**: Um Silos aufzubrechen und um Abteilungs- bzw. Gärtchendenken zu überwinden, sind ganzheitliche Denk-, Arbeits- und Organisationsformen notwendig.
25. **Toleranz fördern**: Es wird in Teams immer Unterschiede geben. Unterschiedliche Ausbildungen, Erfahrungen, Prägungen, Meinungen, Erscheinungsbilder und Arbeitsweisen. Dankbarkeit, Toleranz und Akzeptanz für Unterschiede und Andersartigkeiten sind für die Zusammenarbeit zentral.
26. **Begeisterung (vor-)leben**: Die Begeisterung, für die Wirtschaftsinformatik, für das Digitale und im Falle des Autors für das Digital Analytics täglich zu leben – und als Führungskraft auch vorzuleben – ist im Arbeitsleben elementar. Intrinsische Motivation, Begeisterung und Leidenschaft für das Fach für die eigene und gemeinsame Arbeit erhöht nicht nur die Stimmung und Dynamik im Team, sie schlägt sich auch in den Resultaten der Mitarbeiter, Teams und Organisationen nieder.

27. **Digitale Kulturen etablieren**: Ähnlich zu Unternehmens- und Teamkulturen müssen digitale Kulturen in den Organisationen aufgebaut, entwickelt und gelebt werden. Letzten Endes muss das Digitale zur Kultur, zur DNA eines Unternehmens werden, will es einen hohen digitalen Reifegrade erreichen und halten.
28. **Fehler zulassen**: Mitarbeiter dürfen für Fehler nicht bestraft werden, sondern in einer gelebten Fehlerkultur sind Irrtümer, Fehlentscheide, Denk- und Ausführungsfehler Teil eines persönlichen und systemischen Lern- und Entwicklungsprozesses. Viele Amerikaner machen es vor: Sie stehen (öffentlich) zu Fehlentscheiden, Niederlagen, gescheiterten Ideen, Projekten und Start-ups und selbst zu Konkursen von Firmen.
29. **Test and Learn etablieren**: Die Fachbereiche sollen in ihrer täglichen Arbeit Fragen beziehungsweise Hypothesen zu geschäftlichen Zusammenhängen, Ereignissen und Entwicklungen formulieren. Diese gilt es – gleich dem wissenschaftlichen Prinzip der Forschung – mittels Daten statistisch signifikant zu beantworten beziehungsweise zu bestätigen oder zu verwerfen.

7.4.5 Weiterbildung

30. **Eine Bibliothek einrichten**: Hausbibliotheken mit digitalen und physischen Fachbücher helfen den Mitarbeitern, sich in einer ruhigeren Stunde in neue Materien einzuarbeiten oder das Fachwissen zu vertiefen. Dies gilt nicht nur, aber insbesondre für junge Mitarbeitende und Quereinsteiger.
31. **An Konferenzen gehen**: Konferenzen und Messen sind wirksame Formen der Weiterbildung. Der Autor empfiehlt im praktischen Digital Marketing- und -Analytics-Umfeld unter anderem folgende Konferenzen, da er damit selbst gute Erfahrungen gemacht hat: Internet E-Metrics,[1] Digital Analytics Hub,[2] Internet World Messe,[3] Online Marketing Capital[4] und Online Marketing Konferenz[5] im Ausland, die jährlich stattfindende Online Marketing Konferenz in Bern[6] oder die E-Commerce-Connect in Zürich.[7]
32. **Fachzeitschriften abonnieren**: In Digital-Abteilungen sollte die ein oder andere praxisorientierte Fachzeitschrift in physischer oder digitaler Form abonniert werden. Häufig gelesene Zeitschriften im Digital-Bereich sind Internet World Business, T3N oder Website Boosting.
33. **Lifelong Learning fördern**: In Zeiten der dynamischen Entwicklung neuer Technologien, fortlaufender Digitalisierung und des steten Wandels hat man nie ausgelernt. *Stetige Weiterbildung ist zentral*, das sehen auch die 504 befragten Experten so (vgl. Abb. 7.5b):

---

[1] E-Metrics: www.emetrics.org.

[2] Digital Analytics Hub: www.digitalanalyticshub.com.

[3] Internet World Messe: www.internetworld-messe.de.

[4] Online Marketing Capital: www.omcap.de.

[5] Online Marketing Konferenz: www.omk2017.de.

[6] Online Marketing Konferenz in Bern: www.online-marketing-konferenz.ch.

[7] E-Commerce Connect in Zürich: https://ecommerce-connect.ch.

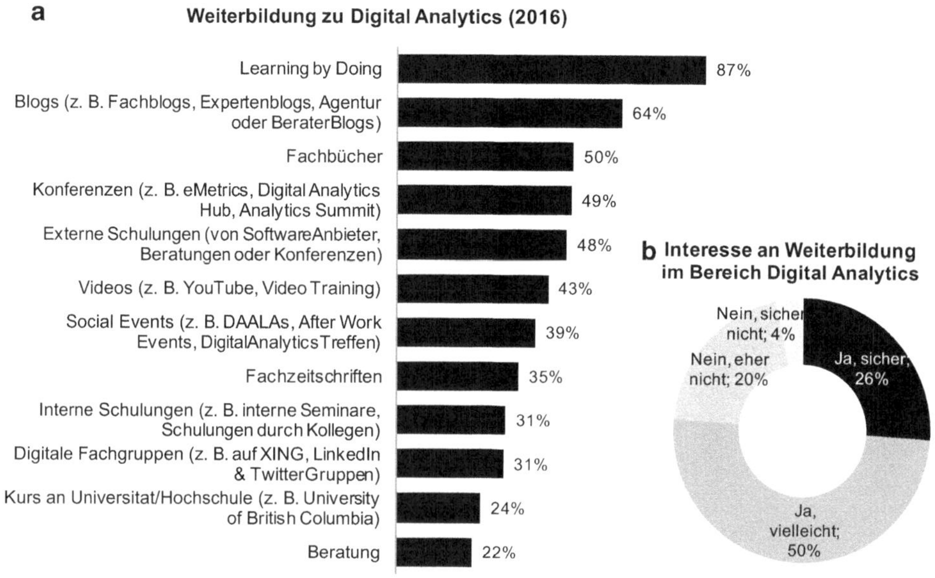

Abb. 7.5 Formen **a** und Interesse **b** an Weiterbildung im Digital Analytics

Ein Viertel hat grosses Interesse an einer Digital-Analytics-Weiterbildung, die Hälfte ein gewisses Interesse. Abb. 7.5a zeigt, wie sich die Befragten zu Digital Analytics weiterbilden. An erster Stelle steht das Learning-by-Doing mit 87 %, gefolgt von Fachblogs (64 %) und Fachbüchern (50 %). Die unter Punkt 31 erwähnten Konferenzen sind für die Hälfte wichtig und Weiterbildungen an Universitäten und Hochschulen wurden erst von einem Viertel genutzt. Sie werden jedoch immer wichtiger und die Anzahl und Vielfalt angebotener CAS (Certificate of Advanced Studies)- und MAS (Master of Advanced Studies)-Kurse nehmen zu und fördern das berufliche Weiterkommen.

Danksagung Ich gratuliere meinem Doktorvater Andreas Meier ganz herzlich zum 66. Geburtstag und ich wünsche ihm für sein weiteres akademisches, persönliches und künstlerisches Schaffen und Wirken alles Gute.

Ich bin Andreas bis heute zu grossem Dank verpflichtet. Denn ich verbrachte vom 2007 bis 2012 eine wunderbare Zeit am Lehrstuhl, die ich niemals missen möchte. Andreas gab mir die Möglichkeit und die grosse Freiheit und den Freiraum, mich eigenverantwortlich in Lehre und Forschung einzubringen und mich fachlich und persönlich weiterzuentwickeln. Bemerkenswert finde ich sein ganzheitliches Denken und sein interdisziplinäres Arbeiten und Wirken am Departement für Informatik und an der Wirtschafts- und Sozialwissenschaftlichen Fakultät der Universität Freiburg i. Ü. Er war immer sehr offen und tolerant gegenüber anderen Forschungsgruppen, Wissenschaften und Fakultäten. So habe ich mich als einer der wenigen Betriebswirtschaftler am interdisziplinären Lehrstuhl für Wirtschaftsinformatik und am Departement für Informatik immer sehr wohl und zugehörig gefühlt. Oder wie Andreas am 15. Mai 2006 an einer Disputatio Publica treffend formulierte: „Ich bin ein glücklicher Mensch! Ich bin deshalb ein glücklicher Mensch, weil ich in einem interfakultären Departement tätig bin. Interfakultarität ist ein Glücksfall." Er hat die interdisziplinären Schnittstellen immer (vor-)gelebt, in der Praxis beim Bankverein oder bei der CSS Versicherung, und als Professor an der Fachhochschule respektive an der Uni. Er ist für mich nicht nur eine hervorragende Führungskraft mit situativem Führungsstil und fachlicher Autorität, sondern eine authentische, eigene, spezielle und grosse Persönlichkeit mit vielen verschiedenen beruflichen und privaten Interessen. Er ist ein mutiger, kreativer und unkonventioneller Querdenker, und manchmal auch Querschläger.

Besonders gut in Erinnerung bleiben mir die Hunderte von gemeinsamen Mittagessen in der Mensa mit anschliessendem Kaffee im Café Villars, in der nahe gelegenen Schokoladenfabrik, wo uns Andreas immer zu Kaffee und Schokolade einlud und interessante Erfahrungen teilte.

Die Klausuren im Wallis, auf dem Monte Comino, am Schwarzsee und am Vierwaldstättersee bleiben ebenfalls äusserst positiv in meinem Gedächtnis. Die grosszügigen Fest- und Promotionsessen in Fribourgs Gourmet-Restaurants Auberge de la Cigogne, La Fleur des Lys, Au Sauvage und Pérolles sind für alle von uns legendär.

Beeindruckt bin ich bis heute von seinen regelmässigen Fahrradtouren vom Wohnort Luzern zu seinem Arbeitsort Fribourg und zurück sowie von seinen spannenden Reiseberichten mit dem Camper unterwegs durch ganz Europa oder zu den Herausgebersitzungen nach Heidelberg. Weiterhin gute Fahrt!

Literatur

Fasel D, Meier A (Hrsg) (2016) Big Data: Grundlagen, Systeme & Nutzungspotenziale. Springer, Berlin

Feloni R (2016) Zappos' CEO says this is the biggest misconception people have about his company's self-management system. Business Insider, 02.02.2016. http://www.businessinsider.com/zappos-ceo-tony-hsieh-on-misconception-about-holacracy-2016-2. Zugegriffen am 04.03.2017

Hassler M (2016) Digital und Web Analytics: Metriken auswerten, Besucherverhalten verstehen, Website optimieren. mitp, Frechen

Laloux F (2015) Reinventing organizations: Ein Leitfaden zur Gestaltung sinnstiftender Formen der Zusammenarbeit, 1. Aufl. Vahlen, München

Meier A (2016) Management by differentiation – how knowledge workers use fuzzy logic for decision-making processes. Proceedings of the 6th international conference on human resource & professional development in digital age (HRM&PD'16), 12–13 Dec 2016. Singapore

Meier A, Donzé L (Hrsg) (2012) Fuzzy methods for customer relationship management and marketing – applications and classifications. IGI Global, Hershey

Meier A, Stormer H (2012) eBusiness & eCommerce – Management der digitalen Wertschöpfungskette, 3. Aufl. Springer, Berlin

Meier A, Zumstein D (2012) Web analytics & web controlling – Webbasierte Business Intelligence zur Erfolgssicherung, 1. Aufl. dpunkt, Heidelberg

Meier A, Zumstein D (2014) Web Analytics – Ein Überblick, 2. Aufl. dpunkt, Heidelberg

Morgenthaler M (2016) Meine To-do-Liste wurde in der Firma zum Running Gag. Tages Anzeiger, 21.05.2016. http://blog.derbund.ch/berufung/index.php/35179/meine-to-do-liste-wurde-in-der-firma-zum-running-gag/. Zugegriffen am 04.03.2017

ResponsiveOrg (2017) Creating a fundamental shift in the way we work and organize in the 21st century. Manifesto. http://www.responsive.org/manifesto/. Zugegriffen am 04.03.2017

Robertson B (2016) Holacracy: the revolutionary management system that abolishes hierarchy. Portfolio Penguin, New York

Saheb A (2016) Arbeiten ohne Chef und Hierarchie. Neue Zürcher Zeitung, 05.04.2016. https://www.nzz.ch/wirtschaft/unternehmen/neue-firmenorganisation-arbeiten-ohne-chef-und-hierarchie-ld.11539. Zugegriffen am 04.03.2017

Zumstein D (2016) Data-driven Marketing – Wie Digital Analytics das Online Marketing veränderte. Online marketing conference (OMK16). Leuphana Universität, Lüneburg

Zumstein D (2017) Digitalytics – Daten als Teil und Treiber des Digital Business. In: Nappo M (Hrsg) Digital yea(h)rbook 2017. Center for Digital Business, HWZ, buch & netz, Zürich, S 237–250

Zumstein D, Gächter I (2016) Digital Analytics – Digitale Strategien umsetzen und mit KPIs überprüfen. In: Meier A, Zumstein D (Hrsg) Business analytics, 3. Aufl. Springer, Berlin, S 371–388

Zumstein D, Kunischewski D (2016) Design und Umsetzung eines Big Data Service im Zuge der digitalen Transformation eines Versicherungsunternehmens. In: Meier A, Fasel D (Hrsg) Big Data: Grundlagen, Systeme und Nutzungspotenziale. Springer, Berlin, S 35–48

8 Anwendungen von Design Science Research in der Praxis

Daniel Frauchiger

Zusammenfassung

Die Wirtschaftsinformatik gilt als junge Disziplin, ihre Wurzeln reichen jedoch in die fünfziger Jahre des vergangenen Jahrhunderts. Ihre bevorzugte Forschungsmethode beruht im Gegensatz zum inhaltlich verwandten angelsächsischen Information Research weitgehend auf dem konstruktionsorientierten Ansatz des Design Science Research. Diese Methode fusst auf den Ingenieurdisziplinen und den Sciences of the Artificial. Auch wenn Design Science Research auf die Wirtschaftswissenschaften ausgerichtet ist, lässt sie sich auf weitere designorientierte Disziplinen übertragen. An einem Umbauprojekt des Autors wird die Forschungsproblematik der Architektur gestreift und über die mit Design Science Research in der Architektur gemachten Erfahrungen berichtet.

Schlüsselwörter

Design Science Research • Design • Forschungsmethoden • Wirtschaftsinformatik • Architektur

8.1 Einführung

Das 1958 durch Ernst Peter Billeter gegründete *Institute pour Automation et recherches operationelles* (Institut für Automation und Unternehmensforschung IAUF) an der Universität Freiburg i. Ü. wird als erster Lehrstuhl der Wirtschaftsinformatik angesehen

D. Frauchiger (✉)
dafraud GmbH, Bangerten bei Worb, Schweiz
E-Mail: daniel.frauchiger@dafraud.ch

E. Portmann (Hrsg.), *Wirtschaftsinformatik in Theorie und Praxis*,
DOI 10.1007/978-3-658-17613-6_8

(Schauer 2007). 1959 wurde dort der Diplomlehrgang *Automation Administrative* eingeführt (Lutz et al. 2011). Weitere Institute entstanden in der Folge.[1] Es dauerte allerdings einige Jahre, bis die Wirtschaftsinformatik als eigenständige Disziplin anerkannt wurde. Ab wann sie die Selbstständigkeit erlangt hat, darüber herrscht keine Einigkeit, je nach Quelle geschah dies Anfang der 90er-Jahre (Lehner et al. 2008) oder bereits Anfang (Becker und Pfeiffer 2006) oder Mitte (Frank 1998) der 70er-Jahre.

Die Wirtschaftsinformatik hat bisher keine allgemein anerkannte Theorie hervorgebracht, ein Umstand, der ihrem kurzen Bestehen geschuldet ist (Lehner 2013; Frank 2007). Zum angelsächsischen Information Research gibt es inhaltliche Gemeinsamkeiten. Gleichzeitig unterscheiden sich die Forschungsansätze der beiden Disziplinen. Während letztere einen verhaltensorientierten Ansatz verfolgt (vgl. Schauer und Frank 2007; Wilde und Hess 2006; March und Smith 1995) und sich vorwiegend der empirischen positiven Forschung bedient, basieren die meisten Untersuchungen der Wirtschaftsinformatik auf einem konstruktionsorientierten Ansatz. Dieser Unterschied ist Gegenstand aktueller Diskussionen (vgl. Becker und Pfeiffer 2006; Wilde und Hess 2006; Laudon et al. 2009).[2]

Forschungsmethoden sind nach Lutz (1995) sowohl Methoden zur *Gewinnung* von Erkenntnis als auch Methoden zur *Überprüfung* von Erkenntnis. Sie bieten Unterstützung bei der Klärung von wissenschaftlichen Fragestellungen. Die Wahl einer Forschungsmethode wird massgeblich von der zugrunde liegenden Problemstellung bestimmt. Während das Untersuchungsobjekt der Wirtschaftswissenschaften real existiert, ist dies in der Wirtschaftsinformatik meist nicht der Fall, auch wenn sie mit ersteren eng verwandt ist: Das Untersuchungsobjekt wird erst konstruiert und anschliessend kritisch bewertet. Ein Vorgehensmodell, das diesen Umstand berücksichtigt, wird von March und Smith (1995) vorgeschlagen. Es basiert auf dem Design-Science-Paradigma, welches problemlösungsorientiert ausgerichtet ist und seine Wurzeln in den Ingenieurdisziplinen sowie den Sciences of the Artificial (Simon 1996) hat.

8.2 Design Science Research

Design Science besteht aus den zwei Basisaktivitäten *build* (zu deutsch etwa „bilden, errichten") und *evaluate* („bewerten, evaluieren"). Erstere ist der Prozess zur Errichtung eines Artefakts mit einem bestimmten Ziel, letztere der Prozess, die Leistung des Artefakts zu bestimmen (March und Smith 1995). Aus der Basisaktivität *build* resultieren die Ergebnisse *constructs* („Konstrukte"), *models* („Modelle"), *methods* („Methoden")

---

[1] Einen umfassenden Überblick über die Entstehung und Entwicklung der Wirtschaftsinformatik geben Lutz et al. (2011) und Laudon et al. (2009).

[2] Während Lutz (1995) für die Wirtschaftsinformatik einen überwiegend empirischen Ansatz fordert, gibt es im Information Systems Research Stimmen, die einen vermehrten Einsatz des Design Science Research vorschlagen (s. Laudon et al. 2009).

und *instantiations* („Instantiierungen, Instanzen, Implementierungen"), welche anschliessend mittels der Basisaktivität *evaluate* auf ihre Nützlichkeit hin untersucht werden. Damit ist die Konstruktion des Untersuchungsgegenstandes in Form eines Artefakts und dessen anschliessende kritische Würdigung abgedeckt. Zusätzlich nennen March und Smith (1995) als weitere Basisaktivitäten *theorize* und *justify*. Beide stammen aus dem naturwissenschaftlichen Umfeld. March und Smith (1995), Hevner und March (2003); Hevner et al. (2004) betonen die Nützlichkeit als Ziel des Design-Science-Paradigmas, welches gemäss Hevner und March (2003) versucht, „to create innovations, or artifacts, that embody the ideas, practices, technical capabilities, and products required to efficiently accomplish the analysis, design, implementation, and use of information systems."

Hevner und March (2003); Hevner et al. (2004) gehen einen Schritt weiter und kombinieren das behavioristische Paradigma mit dem des Design Science (ebenda). Auf Basis der Arbeiten von March und Smith (1995) stellen sie ein konzeptionelles Rahmenwerk für die Informationssystemforschung (s. Abb. 8.1) vor. Aufgrund seiner Ausrichtung auf wirtschaftswissenschaftliche Belange innerhalb eines abgesteckten Untersuchungsfeldes und seines Beitrags zur Wissensbasis für weitere Untersuchungen liefert das Rahmenwerk Hilfestellung bei der Beurteilung der jeweiligen Beiträge beider Paradigmen.

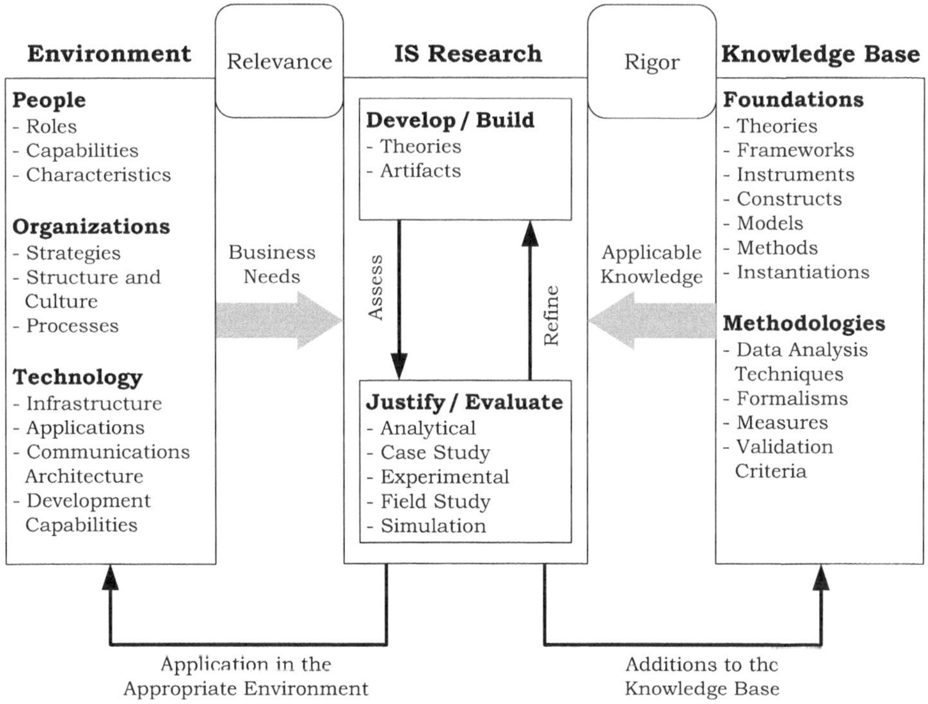

Abb. 8.1 Informationssystemrahmenwerk. (In Anlehnung an Hevner et al. (2004))

Hevner et al. (2004) geben dem Leser einen Leitfaden in Form von sieben konkreten Richtlinien in die Hand:[3]

1. Design as an Artifact: Design-Science-Forschung erzeugt ein realisierbares Artefakt in Form eines Konstrukts, Modells, einer Methode oder Instantiierung.
2. Problem Relevance: Ziel der Design-Science-Forschung ist es, technologiegestützte Lösungen zu bedeutenden Problemen aus der Wirtschaft zu entwickeln.
3. Design Evaluation: Die Nützlichkeit, Qualität und Effizienz eines Design-Artefakts wird mittels geeigneter Evaluation fundiert nachgewiesen.
4. Research Contributions: Wirksame Design-Science-Forschung liefert klare und nachweisbare Beiträge auf den Gebieten Design-Artefakte, Design-Grundlagen und/oder Design-Methode.
5. Research Rigor: Design-Science-Forschung beruht auf der Anwendung formaler Methoden hinsichtlich Konstruktion und Evaluation des Design-Artefakts.
6. Design as a Search Process: Die Suche nach einem zielführenden Artefakt setzt voraus, dass die vorhandenen Mittel zur Erreichung des gewünschten Ergebnisses unter Einhaltung der gegebenen Rahmenbedingungen im Problemumfeld eingesetzt werden.
7. Communication of Research: Design-Science-Forschung muss wirkungsvoll kommuniziert werden, und zwar sowohl gegenüber der technisch- wie der managementorientierten Interessensgruppe.

8.3 Design Science Research in der Forschung

Der Autor hatte das Glück, seine Lizentiatsarbeit an und seine Dissertation in der Forschungsgruppe Informationssysteme der Universität Freiburg i. Ue. zu verfassen. Glück deshalb, weil er Teil eines offenen und inspirierenden Teams sein durfte, welches dank seines Leiters über beste Voraussetzungen für die vielfältige Forschungsarbeit verfügt. Gleich zu Beginn wurde dem Lizenziatsanwärter klargemacht, dass seine Theorien zur Geschäftsprozessmodellbildung anhand eines Stücks Software auf deren Tauglichkeit hin zu untersuchen seien. Damit war die Wahl der Forschungsmethode naheliegend: Das Artefakt *Geschäftsprozessmodell* erstellen, es verfeinern, beurteilen und letztlich im praktischen Umfeld einsetzen und im Wissensumfeld als neue Methode etablieren – das entsprach exakt dem auf dem Design-Science-Paradigma basierenden, von March und Smith (1995) vorgeschlagenen Vorgehensmodell,[4] welches in der Lizentiatsarbeit implizit, in der Dissertation explizit angewandt wurde.

Das angestrebte Artefakt im Rahmenwerk nach Hevner et al. (2004) kann verschiedenartiger Natur sein, solange seine Entstehung formalen Methoden entspricht, seine

[3] Vgl. Frauchiger (2010). Die Beschreibung wurde vom Autor ins Deutsche übersetzt, die Bezeichnung aus Gründen der Genauigkeit in Englisch belassen.

[4] Und dem später von Hevner et al. (2004) veröffentlichten Informationssystemrahmenwerk.

Umsetzung möglich ist und es einer formalen Evaluierung bezüglich Gesamtnutzen zugänglich ist. Das Ergebnis soll nebst der angestrebten Problemlösung im Wirtschaftsumfeld seinen Beitrag zur Forschung leisten und im Umfeld der Interessensgruppen publiziert werden. Die Ausgestaltung der einzelnen Bereiche, wie die Erzeugung und die Auswertung des Artefakts, der Einsatz von Ressourcen und die Einspeisung in das nachfragende Umfeld und in die Wissensbasis, wird offengehalten, es wird lediglich ein Rahmen abgesteckt. Dies macht die Methode flexibel, und es besteht genügend Spielraum für Anpassungen an das jeweilige Forschungsvorhaben.

Design Science Research ist auf die praktische Forschung ausgerichtet, erkennbar an den anwendungsorientierten Forderungen und Zielsetzungen, wie der Realisierbarkeit des Artefakts, der Entwicklung technologiegestützter Lösungen, der Erwähnung einzusetzender Mittel oder der Erwähnung der Wirtschaft als Problemträger.

8.4 Design-Forschung

Die Erkenntnis, dass für viele Probleme nicht immer adäquate Lösungen bereitstehen, aus denen eine geeignete Auswahl getroffen werden kann, oder dass vorhandene Lösungen oftmals verbesserungswürdig sind, und die Tatsache, dass gemäss Simon (1996) angewandte Disziplinen designorientiert arbeiten („Schools of engineering, as well as schools of architecture, business, education, law, and medicine, are all centrally concerned with the process of design"), rückt zunehmend das Design selber in den Vordergrund,[5] und es gibt Bestrebungen, Design zu einer eigenständigen Disziplin zu erheben (vgl. Mareis 2011; Brandes et al. 2009). Die Anfänge von Design-Forschung gehen auf die 1966 gegründete Design Research Society zurück, inspiriert durch die 1962 abgehaltene Conference on Design Methods. Ziel der Design Research Society ist die Förderung der interdisziplinären Forschung, Lehre und Anwendung von Design.[6] Eine einheitliche Definition, was unter Design zu verstehen ist, besteht nicht, vielmehr ist eine zunehmende Verwendung des Begriffs für unterschiedliche Sachverhalte erkennbar. Götzendörfer (2014) etwa beklagt den inflationären Gebrauch und widmet der Begriffsklärung viele Seiten (ebenda), und auch die Anzahl an Definitionen nimmt stetig zu (vgl. Michlewski 2006).

Design wird vorwiegend als Prozess verstanden, Simon (1996) schreibt: „Everyone designs who devises courses of action aimed at changing existing situations into preferred ones". Betrachtet man Richtlinie 6 von Hevner et al. (2004) weiter oben, wird von Design

[5] Dazu trägt auch bei, dass von einer vermehrten Betrachtung auf Design zusätzliche Innovation erhofft wird. Als ein Beispiel sei das 1969 gegründete Bureau of European Design Associations (BEDA) erwähnt, welches sich dem Ziel verschrieben hat, „[to] promote design as a tool for industrial and societal innovation", s. http://www.beda.org/about-us.html. Zugegriffen am 27. Februar 2017. Weitere Arbeiten zum Thema Design als Innovator finden sich bei Amatullo (2015) und Götzendörfer (2014).

[6] s. http://www.designresearchsociety.org/index.php. Zugegriffen am 27.02.2017.

als einem Suchprozess gesprochen. Zusammen mit dem in Abb. 8.1 als *IS Research* bezeichneten Prozess darf vermutet werden, dass es sich hierbei um eine sich wiederholende Tätigkeit handelt. Wie ein solcher Suchprozess aussehen kann, wird von Boland Jr. und Collopy (2004) anhand eines architektonischen Entwurfsprozesses des Architekten Frank O. Gehry anschaulich beschrieben und unter dem Stichwort *Design Attitude* als Anregung für einen neuen Denkansatz im Management vorgeschlagen. Gehry versteht in seiner architektonischen Arbeit Modelle eher als Denkhilfe denn als Abbild der gesuchten Lösung. Erst in der Schlussphase der Planung werden seine Modelle konkret (ebenda).

8.5 Anwendung von Design Science Research am Beispiel Architektur

Design Science Research richtet sich an die Wirtschaftswissenschaften, um deren Probleme zu lösen. Die mittels Design Science Research gewonnenen Objekte der Wirtschaftsinformatik, wie Modelle, Daten, Prozesse, sind überwiegend abstrakter Natur. Akzeptiert man zusätzlich reale Objekte als Artefakt, und lässt man die Einschränkung auf wirtschaftliche Problemstellungen fallen, eröffnen sich zahlreiche weitere Anwendungsgebiete für Design Science Research. Diese Sicht wird auch von Vaishnavi und Kuechler (2004) vertreten. Im Folgenden wird auf die Architektur und ihre Eigenheiten innerhalb der Wissenschaft eingegangen, bevor an einer konkreten Aufgabenstellung beschrieben wird, wie die Anwendung von Design Science Research ausserhalb der Wirtschaftsinformatik aussehen kann und welche Ergebnisse damit erzielt wurden.

Die Architektur bewegt sich zwischen Kunst und Wissenschaft, zwischen Praxis und Theorie. Oft wird ihr die Wissenschaftlichkeit abgesprochen (s. Trautz 2012; Franck 2009; Schumacher 2001), was der Vielfältigkeit des Begriffs Architektur geschuldet sein muss. Versteht man unter Architektur die Beschäftigung mit der Vergangenheit zum Erkenntnisgewinn, unter dessen Einsatz Räume geschaffen und gestaltet werden, muss ihr sehr wohl die Wissenschaftlichkeit zugeschrieben werden. Damit stellt sich für die Architektur die Frage nach den anzuwendenden Forschungsmethoden. In einer 2012 von der European Association for Architectural Education verabschiedeten Charta[7] wird zwischen *Architectural Research* zum Erkenntnisgewinn auf Bestehendem und *Research by Design* zum Erkenntnisgewinn durch die Schaffung von Neuem unterschieden. In Ammon und Froschauer (2011) steht zum Thema Forschung und Entwurf in der Architektur: „Rechnung ist dabei dem besonderen Charakter des Entwerfens zu tragen, das nicht nur neue Artefakte hervorbringt, sondern zugleich neues Wissen erschliesst. Das Entwerfen kann damit einerseits Gegenstand der Forschung als auch Mittel der Erkenntnisgewinnung sein, was nach einem unterschiedlichen Untersuchungsinstrumentarium verlangt." Werden die weiter oben aufgeführten sieben Richtlinien von Hevner et al. (2004) betrachtet, fällt

[7] s. http://www.eaae.be/old/web_data/documents/research/120903EAAECharterArchitecturalResearch.pdf. Zugegriffen am 13.02.2017.

sofort auf, dass ihre quasi unveränderte Anwendung (abgesehen von den bereits erwähnten Einschränkungen bezüglich Konkretisierung des Artefakts und Sicht auf die Wirtschaft) auf die Belange der schaffenden/gestaltenden Architektur in Betracht gezogen werden kann. Wie das gelingen kann, soll an einem konkreten Beispiel, dem durch den Autor begleiteten Umbauprojekt seines Mehrfamilienhauses, gezeigt werden.

Das Objekt, ein 80-jähriges Mehrfamilienhaus mit Gewerbeteil, hatte hohen Sanierungsbedarf. Das aus Bruchsteinen aufgebaute Fundament war zu schwach, so dass eine Stabilisierung des Hauses notwendig war. Die bestehende Schmiede im Erdgeschoss sollte zu einer Werkstatt für die Herstellung von Unterhaltungselektronik, der als Abstellraum benutzte Dachboden in Wohnraum umgebaut werden. Die Erdsondenheizung hatte ihre Lebensdauer erreicht und musste ersetzt werden. Ein Abbruch und Neuaufbau hat gegenüber einer Sanierung den Vorteil der Planungssicherheit hinsichtlich Aufwand und Terminierung, kam jedoch aus verschiedenen Gründen nicht in Frage. Dies bedeutete eine gewisse Unsicherheit, da beim Umbauobjekt nebst den offensichtlichen auch mit versteckten Mängeln zu rechnen war. Gleichzeitig mit der Sanierung sollte gezeigt werden, dass mit zeitgemässer Kommunikationstechnik der Wohnkomfort bei fast gleichem Aufwand erheblich gesteigert werden kann und dass mit heutiger Heiz- und Solartechnik eine weitgehende, ökologische und ökonomische Unabhängigkeit von externen Energieversorgern möglich ist. Es war also ein Vorgehen zu finden, welches die Schaffung eines aufgrund der verschiedenen Gewerke komplexen Artefakts unterstützt, welcher auch und vor allem technischen Ansprüchen genügt und Spielraum für während des Umbaus auftretende Überraschungen bietet. Dieses Vorgehen wurde wie eingangs erwähnt im Design Science Research gefunden. Im Folgenden wird auf die Anwendung der Richtlinien nach Hevner et al. (2004) und auf die daraus resultierenden Ergebnisse eingegangen.

Der architektonische Teil des realisierbaren Artefakts gemäss Richtlinie 1 wurde während seiner Entstehung in der Startphase mittels handelsüblicher Lego-Bausteine modelliert. Die Einfachheit der Bauklötze unterstützte den gedanklichen Prozess in der Anfangsphase ungemein, die Konzentration war auf die eigenen Gedanken und deren Abbild in Form des entstehenden Modells gerichtet, es erfolgte keinerlei Ablenkung durch Fachanwendungen und damit einhergehende Technik.[8] Dies war ein unschätzbarer Vorteil. Zudem konnte dieses Modell gegenüber allen Interessensgruppen ohne grossen Aufwand kommuniziert werden, und ein reales, greifbares verkleinertes Abbild hat gegenüber technischen Skizzen und Zeichnungen den Vorteil, einfacher verstanden zu werden, Änderungen sind für alle jederzeit auf einfache Weise und ohne fachtechnische Kenntnisse machbar. Abb. 8.2 zeigt einen Modellausschnitt in einer frühen Phase, Abb. 8.3 die Realisierung, die im Kern gleichgeblieben ist, jedoch in der Ausgestaltung der einzelnen Elemente variiert.

Ferner wurden Überlegungen zur Stabilisierung des Fundaments angestellt und die Ausführung der einzelnen Gewerke definiert. Der technische Teil bestand zum einen darin, eine Lösung für die angestrebte weitgehende Energieautarkie zu finden. Dazu wurde ein Konzept entworfen, welches die auf dem Markt vorhandenen Teillösungen

[8] s. a. Boland Jr. und Collopy (2004).

Abb. 8.2 Das Modell in einer frühen Planungsphase

Abb. 8.3 Die Realisierung

evaluierte und zu einem Ganzen zusammenfügte und beurteilte. Zum anderen wurde eine Lösung gesucht, wie die unterschiedlichen Kommunikationskanäle, wie Audio, Video, Satelliten-TV, Telefon und Lichtsteuerung, vereinheitlicht werden können, so dass die Hausverkabelung erheblich vereinfacht wird und gleichzeitig diverse Geräte an einer universellen Dose angeschlossen werden können. Die Überführung in die einzelnen Ausführungspläne erfolgte in Abhängigkeit des aktuellen Wissensstandes und unterlag aufgrund der vielen Unsicherheiten und in der Ausführungsphase laufend zutage getretenen Überraschungen bezüglich Bausubstanz einem steten Verfeinerungsprozess, wie er in Abb. 8.1 ersichtlich ist. Dieser im Modell vorgesehene Verfeinerungsprozess war während der gesamten Bauphase von unschätzbarem Vorteil.

Die vielen unfachgemäss ausgeführten Arbeiten am Ursprungsobjekt waren auch architektonisch eine Herausforderung; es mussten immer wieder Lösungen angepasst oder gefunden werden, die jedoch vielfach zusätzlichen Nutzen brachten. Beispielsweise erwies sich die Decke vom Erdgeschoss zum Keller entgegen zuvor eingeholten Einschätzungen von Fachleuten als nicht mehr tragfähig und musste durch eine Betondecke ersetzt werden. Dies konnte so gestaltet werden, dass sie nebst ihrer eigentlichen Aufgabe zu einer statischen Stabilisierung des Hauses beitrug. Für den Ausbau im Dachgeschoss kamen neuartige Konstruktionselemente in Form von Leichtbauträgern aus Holz zur Anwendung. Weitere Lösungen sind die mittels IP-Protokoll vereinheitlichte Hauskommunikation, was maximale Flexibilität bei der Wohnungseinrichtung bietet, sowie die weitgehende Energieunabhängigkeit, realisiert mittels Erzeugung von Elektrizität durch Solarzellen und durch einen Generator im Heizkessel, deren Speicherung über Nacht mittels Batterie, Erzeugung von Wärme durch Verbrennung von Holzpellets.[9] Damit wird ein Beitrag zur Lösung der Probleme der Bauherren gemäss Richtlinie 2 geleistet.

Die Messkriterien zur Richtlinie 3 wurden vor und während der Planungsphase aufgestellt. Ihnen wurde bereits zu Beginn grosses Augenmerk geschenkt, da Änderungen nach der Realisierung mit grossem Aufwand verbunden sind. Quantitative Kriterien sind einfach messbar, dazu gehören beispielsweise der Autarkiegrad während einer bestimmten Periode, das Funktionieren der Haustechnik oder die für das Wohlbefinden entscheidende Raumakustik der Wohnräume. Qualitative Kriterien der Architektur können subjektiver Natur sein und sind teilweise schwer messbar. Sie wurden auf die künftigen Bewohner ausgerichtet, welche nach der Realisierung über den Erfolg entschieden.

Die Richtlinie 4 bezieht sich auf den Beitrag zur Wissensbasis. Hier sind die zur Richtlinie 2 oben erwähnten Punkte aufzugreifen und zu „theoretisieren". Aus der technischen Sicht erwähnenswert ist das Ergebnis, dass eine umweltverträgliche und wirtschaftliche Realisierung der Energieautarkie unter Einbezug der Holzverfeuerung zum heutigen Zeitpunkt möglich ist. Raum für weitere Untersuchungen ist vorhanden. So steht beispielsweise die Frage der Verfügbarkeit von Brennholz und die Sinnhaftigkeit

[9] Eine komplette Unabhängigkeit von externen Energieversorgern ist bei entsprechend ausgelegter Dimensionierung der Erzeuger zusammen mit geschickter Steuerung von zeitunkritischen Verbrauchern möglich und ist Inhalt eines künftigen Ausbauprojekts.

der Holzverbrennung in städtischen Gebieten beziehungsweise die Suche nach ökologisch verträglichen Alternativen zum Holzbrennstoff im Raum.

Bauen ohne formale Methoden wäre fahrlässig. Zu Statik, Heizbedarf, Brandschutz, Elektroinstallation usw. bestehen klare Vorgaben zur Ermittlung und Dimensionierung der einzelnen Parameter. Auch zu ästhetischen Gesichtspunkten gibt es Regeln zu Proportionen, Wiederholungen, Rhythmus, Farbgebung, Licht und Schatten u. w. Berechnungen wurden durch Ingenieure auf dem jeweiligen Sachgebiet durchgeführt und gesetzliche Vorgaben und Richtlinien studiert. Damit ist die Forderung von Richtlinie 5 nach formalen Methoden erfüllt.

Richtlinie 6 ist für ein Projekt entscheidend und war während der gesamten Bauphase aufgrund der bestehenden Bausubstanz immer wieder eine Herausforderung. Dank genügend eingeplanter, nicht voll ausgeschöpfter Reserven war es möglich, komfortsteigernde Zusatzleistungen zu realisieren.

Die in Richtlinie 7 geforderten Publikationen zum architektonischen und zum technischen Teil des Projekts sind in Vorbereitung.

8.6 Konklusion

Design Science Research muss sich nicht auf die Belange der Wirtschaftswissenschaften beschränken, sondern kann in weiteren Disziplinen, in welchen die Schaffung eines Artefaktes, sei dieser abstrakter oder konkreter Natur, im Zentrum steht, angewandt werden. Dies wurde anhand eines konkreten Beispiels gezeigt. Das hinter Design Science Research stehende Design erhält zunehmend Beachtung und verspricht, neue Impulse im Forschungsprozess und damit eine offenere Sichtweise auf die zu lösenden Probleme zu liefern.

Dass die in der Gruppe Informationssysteme der Universität Freiburg i. Ue. vermittelten Methoden Gültigkeit über die Wirtschaftsinformatik hinaus haben und in weiteren Disziplinen erfolgreich eingesetzt werden können, zeigt, dass die dort forschend und arbeitend zugebrachte Zeit eine wertvolle war. Der Autor greift in seiner heutigen Tätigkeit immer wieder auf das erworbene Rüstzeug zurück.

Literatur

Amatullo MV (2015) Design attitude and social innovation. Dissertation. Weatherhead School of Management

Ammon S, Froschauer EM (2011) Tagung Wissenschaft entwerfen. Vom forschenden Entwerfen zur Entwurfsforschung der Architektur. Programmheft. Eikones, Basel

Becker J, Pfeiffer D (2006) Beziehungen zwischen behavioristischer und konstruktionsorientierter Forschung in der Wirtschaftsinformatik. In: Zelewski S, Akca N (Hrsg) Fortschritt in den Wirtschaftswissenschaften. Wissenschaftstheoretische Grundlagen und exemplarische Anwendungen. Deutscher Universitäts-Verlag, Wiesbaden, Deutschland

Boland RJ Jr, Collopy F (2004) Design matters for management. In: Boland RJ Jr, Collopy F (Hrsg) Managing as designing. Stanford University Press, Stanford
Brandes U, Erlhoff M, Schemmann N (2009) Designtheorie und Designforschung. W. Fink, Stuttgart
Franck G (2009) Die Architektur: eine Wissenschaft? In: de Bruyn G, Thorwarth K (Hrsg) Architektur denken – 40 Jahre kritische Architekturtheorie, 13. Jg. Heft 2. März. http://www.cloud-cuckoo.net/journal1996-2013/inhalt/de/heft/2008-2.php, http://www.cloud-cuckoo.net/journal1996-2013/inhalt/de/heft/ausgaben/208/Franck/franck.pdf
Frank U (1998) Wissenschaftstheoretische Herausforderungen der Wirtschaftsinformatik. In: Gerum E (Hrsg) Innovation in der Betriebswirtschaftslehre. Gabler, Springer, Wiesbaden, Deutschland
Frank U (2007) Ein Vorschlag zur Konfiguration von Forschungsmethoden in der Wirtschaftsinformatik. In: Lehner F, Zelewski S (Hrsg) Wissenschaftstheoretische Fundierung und wissenschaftliche Orientierung der Wirtschaftsinformatik. Gito-Verlag, Berlin, Deutschland
Frauchiger D (2010) Ein auf Petri-Netzen basierendes Geschäftsprozessmodell und dessen Anwendung im E-Commerce. Dissertation. Universität Freiburg i. Ue
Götzendörfer M (2014) Untersuchung von Designprinzipien in Innovationsprojekten aus der Wissensperspektive. Dissertation. Technische Universität München
Hevner AR, March ST (2003) The information systems research cycle. Computer 36(11):111–113
Hevner AR, March ST, Park J, Ram S (2004) Design science in information systems research. MIS Q 28(1):75–105
Laudon KC, Laudon JP, Schoder D (2009) Wirtschaftsinformatik. Eine Einführung. Pearson Studium, Hallbergmoos, Deutschland
Lehner F (2013) Theoriebildung in der Wirtschaftsinformatik. In: Becker J, König W, Schütte R, Wendt O, Zelewski S (Hrsg) Wirtschaftsinformatik und Wissenschaftstheorie: Bestandsaufnahme und Perspektiven. Springer Gabler, Wiesbaden, Deutschland
Lehner F, Wildner S, Scholz M (2008) Wirtschaftsinformatik. Eine Einführung, 2. Aufl. Carl Hanser, München, Deutschland
Lutz JH (1995) Forschungsziele und Forschungsmethoden der Wirtschaftsinformatik. In: Wächter H (Hrsg) Selbstverständnis betriebswirtschaftlicher Forschung und Lehre. Tagung der Kommission Wissenschaftstheorie. Springer Gabler, Wiesbaden, Deutschland
Lutz JH et al (2011) Geschichte der Wirtschaftsinformatik: Entstehung und Entwicklung einer Wissenschaftsdisziplin. Springer, Berlin/Heidelberg
March ST, Smith GF (1995) Design and natural science research on information technology. Decis Support Syst 15(4):251–266
Mareis C (2011) Design als Wissenskultur. Interferenzen zwischen Design- und Wissensdiskursen seit 1960. Transcript, Bielefeld, Deutschland
Michlewski K (2006) Towards an understanding of the role the culture of designers can play in organisations. Dissertation. Northumbria University
Schauer C (2007) Rekonstruktion der historischen Entwicklung der Wirtschaftsinformatik. Mai. http://www.icb.uni-due.de/fileadmin/ICB/research/research_reports/ICBReport18.pdf. Zugegriffen am 20.02.2010
Schauer C, Frank U (2007) Wirtschaftsinformatik und Information Systems: Ein Vergleich aus wissenschaftstheoretischer Sicht. In: Lehner F, Zelewski S (Hrsg) Wissenschaftstheoretische Fundierung und wissenschaftliche Orientierung der Wirtschaftsinformatik. Gito-Verlag, Berlin, Deutschland
Schumacher C (2001) „Dogged by the model of science“: Ist Architektur Wissenschaft? Ein wissenschaftssoziologischer Beitrag zu einer hundertjährigen Debatte. Tec21 13(30):25–28, Zürich, Schweiz. https://www.espazium.ch/tec21/ueber-tec21
Simon HA (1996) The sciences of the artificial, 3. Aufl. The MIT Press, Cambridge, MA

Trautz M (2012) Architektur & Wissenschaft, 1. Aufl. Berichte aus der Rheinisch-Westfälischen Technischen Hochschule Aachen, Achen, Deutschland

Vaishnavi V, Kuechler W (2004) Design science research in information systems. http://desrist.org/desrist/content/design-science-research-in-information-systems.pdf. Zugegriffen am 28.02.2017

Wilde T, Hess T (2006) Methodenspektrum der Wirtschaftsinformatik: Überblick und Portfoliobildung. Arbeitsbericht Nr. 2/2006. Institut für Wirtschaftsinformatik und Neue Medien, Ludwig-Maximilians-Universität München

A Proposal for the Next Generation of Courier Delivery and Storage in the Shared Economy

9

Joël Vogt and Edy Portmann

Abstract

In the past few months we increasingly read and discussed about blockchain technologies, especially in conjunction with the Internet of Things. Among other things, we thereby asked the following questions: Why exactly do we need blockchain technologies? Which existing services can be improved with blockchain technologies and what are the limitations of blockchain technologies? Where does the blockchain fit in the Internet of Things technology stack? We set out to write this paper, and try to answer these questions by using the Internet of Postal Things as case study. Our focus is the smart mailbox, a general purpose mailbox, that can be shared, monitored, and monetized using Internet of Things and blockchain technologies. Blockchain technologies provide a distributed shared ledger in a heterogeneous environment and thus the link in the Internet of Things technology stack for proof and trust. However, blockchain technologies are not to render existing database and security solutions irrelevant. As we understand, blockchain technologies are another step, albeit a crucial one, in an ever more decentralized and democratic Internet of People and Things.

Keywords

Blockchain Technologies • Internet of Things • Postal Services • Shared Economy • Smart Cities

J. Vogt (✉)
EVRYTHNG, London, UK
E-Mail: joel.vogt@evrythng.com

E. Portmann
University of Bern, Bern, Switzerland
E-Mail: edy.portmann@iwi.unibe.ch

E. Portmann (Hrsg.), *Wirtschaftsinformatik in Theorie und Praxis*,
DOI 10.1007/978-3-658-17613-6_9

9.1 Introduction

We are at the dawn of the next industrial revolution, in which humans and machines collaborate on a much more equal and symbiotic basis and in which the way goods and services are produced and resources utilized, present a paradigm shift that has profound and lasting effect on our society and economy. What can the reader expect from this paper? Our aim is to explore how the Internet of Things and blockchain technologies could help postal services to improve existing infrastructures and leverage their unique position as physical and digital information platforms for new business models. As a use case, we take the mailbox and discuss three possible use cases for the smart mailbox in the Internet of Postal Things (Ducasse et al. 2015).

The authors of this chapter are information systems researchers with strong focus on building future digital infrastructure, thereby chaining physical with virtual spaces. In doing so, they research the imminent merger between Physical Web with the World Wide Web (for short Web) from different angles: on one hand, the main author is building Internet and Web of Things technology and services and tries to balance this with blockchain technology and, on the other hand, together with Swiss Post, the second author is focusing on developing novel socio-technical systems as smart city ecosystems, by following a design-science research approach (Hevner and Chatterjee 2010).

Design science research is distinguished by the ability to design artifacts and to analyse the use and/or the performance of these artifacts. The aim of this approach is to improve and understand the behavior of aspects of information systems (Vaishnavi and Kuechler 2015). Compared to explanatory science research, in design science research objects are seen more pragmatic. Design science research strives for a better understanding and improvement of human performance.

Applying this research method, in Sect. 9.2, we start by recapitulating recent technological and social changes that motivated this work. In Sect. 9.3, we propose a conceptual framework for an Internet of Things-based courier delivery system. Internet of Things and blockchain are hot topics; we will venture carefully in these domains and reflect on the choice of technology as each is introduced to support our work. In Sect. 9.4, concerning the conceptual architecture, we discuss a concrete use case and explain how this use case can be implemented. We conclude this paper with a discussion on the lessons learned in the course of this work and future work in Sect. 9.5.

9.2 Digital Transformation

The new industrial revolution was triggered by technological changes, today often described under the umbrella term Internet of Things, and by the democratization of technology, meaning that advanced technologies are now also accessible to non-technical users. The question arised: what is the Internet of Things, and it's related concept the Web of Things (Guinard and Trifa 2016; Guinard et al. 2010, 2011). From a technological perspective, it is quite simple: we describe the Internet of Things as the standardization of networking protocols and data standards to connect physical devices (digital or not) to the Internet. The current form of what is seen as the Internet of Things, still resembles a fractious of silos, rather than a truly global, decentralized and organically growing global network where each physical object has an identity. If we take the evolution of the Web (Portmann 2012) as a reference, we are somewhere in the late 80' or early 90'. Another emerging concept is the Web of Things (Guinard and Trifa 2016; Guinard et al. 2010, 2011). We see the Web of Things as the mediator between users and the Internet of Things. Again with reference to the evolution of the Web, only when Web technologies became accessible to non-technical users, did the Internet, and the Web, truly play a transformative role, from providing a platform for social change, to transforming supply chains. The Web of Things aims to use Web technologies and standards for users to write Internet of Things-enabled applications.

The evolution of the Web has also a great impact for postal services: in order to remain competitive, postal operators must, that is to say, adapt to the new situation and actively participate in the development and reorganization of the markets. As mentioned, Internet of Things and blockchain technologies could help postal services to improve existing infrastructures and leverage their unique position as physical and digital information platforms for new business models. Postal services are forced to cover a large area (nation-wide), service remote, sparsely populated regions as well as bustling cities. It is not surprising that postal services found it difficult to be profitable. Postal infrastructures are inherently distributed heterogeneous, highly information-driven, as well as deeply rooted in the physical and cultural realm.

In a business process context, the Internet of Things has the potential to act as mediator between the physical, social and digital realm. For example, a parcel with a URI encoded in barcode becomes an object in the Internet. This object can be delivered to any person. And the connection with the recipient can be made through the recipient's social profile. Mobile barcode scanner, embedded sensors, local services, etc. provide an ever more accurate representation of the physical world online, and with augmented reality (Höllerer et al. 1999; Azuma 1997; Azuma et al. 2001) (will Pokemon Go![1] someday deliver e-mails to my printer?), the digital world is gradually encroaching on the physical world. Wide area networks provider such as 4G, LoRa or SigFox provide an ever growing coverage of data networks. Regions without coverage or regions where high data throughput is required, postal services can provide ad-hoc connectivity, for example as part of the delivery service. At the micro-level, very low-power wireless networks (e.g., Bluetooth Low Energy, NRF24L01) connect low-power and low energy sensors to the wider Internet. The social or community dimension is a vital pillar (amongst data, things, and processes) in the Internet of Things. After all, the Internet is a massive information-sharing platform, given its reach across national, cultural and generational borders. The Internet of Things makes it possible to include the exchange of physical objects. Here local postal services have a considerable opportunity. Local postal offices are embedded in communities and can

[1] http://www.pokemongo.com.

accelerate and personalize digital services, such as mobile health and home care for the elderly.

The emergence of Internet of Things technologies and related concepts (e.g., Google's Physical Web (Want et al. 2015)) may well prove this diversity to be a competitive advantage as research in the Internet of Postal Things suggest (Ducasse et al. 2015; Portmann and Metzger 2016). Internet of Postal Things applications aim to improve the postal infrastructure and existing models, and explore new business models. The US postal Service believes the Internet of Things impacts four key areas, namely transportation and logistics, smarter buildings, enhanced mail and parcel services and neighborhood services (Ducasse et al. 2015).

Now the question arises how to provide adequate security mechanisms for the Internet of Postal Things? An obvious answer would be the postal service as an institution can be the trusted third party in their own ecosystem. However, that would impose a centralized component at a critical point of an inherently decentralized, loosely coupled and heterogeneous infrastructure. It would further require third parties to integrate into yet another information layer. But we do not have to go back far in history to be wary of attempts, just recall ill-fated projects (e.g., £11bn NHS-database failed projects (BBC News 2011)). The history of the Internet is in fact a tale of bottom-up over top-down (e.g., Portmann 2012; O'Reilly 2005; Brin and Page 1998). What the Internet of Things requires is therefore a decentralized security and safety platform, which is open to all participants on the Internet while still being highly reliable and secure.

Enter the blockchain (Nakamoto 2008). The introduction of blockchain technology presented a solution for a hitherto open challenge: how to conduct transactions secure between agents (i.e., people and machine) that do not trust each other and who do not rely on a central authority for that. Blockchain pioneer David Siegel provides an accessible description of blockchain technology (Siegel 2009): *"Blockchain technology is a shared ledger that everyone trusts to be accurate and permanent."*

Siegel adds that blockchain technology provide programmable assets, in the form of "smart contracts", that allow to precisely control the conditions under which a service is automatically executed. If the shared ledger is the database layer, smart contracts are the application layer. Nick Szabo first proposed smart contracts in 1994 (The Economist 2016; Szabo 1997), which inspired the creation of crypto secure smart contracts on the blockchain. Szabo had the idea to digitalize contracts in a machine understandable way. These contracts would be based on existing law, and would therefore make it possible to have automated contracts that are still embedded in existing legal frameworks (Szabo 1997). Smart contracts, or "programmable money" represent the second generation of blockchain applications (Swan 2015). Smart contracts are appealing for automated and billable service because they provide a machine-understandable way to describe a legal agreement and are executed by a machine. The smart contract is still in its infancy and important questions, such as amending or changing smart contracts, are yet to be resolved for a widespread use (The Economist 2015, 2016; Swan 2015).

9.3 Smart Mail Box

In the previous section, we discussed the Internet of Things and tried to establish the link between blockchain technology and semantics in the broader context of the Internet of Postal Things (Portmann and Metzger 2016). In this section, we apply trust and semantics to broaden the use case for the smart mailbox proposed by the US Postal Service for transportation and logistics and for neighborhood services (Ducasse et al. 2015). We will try to limit the scope of blockchain technologies to the smart mailbox, although obviously the blockchain encompasses most areas of the Internet of Postal Things. In addition to giving a smart mailbox an identity in the Internet of Postal Things and equipping it with sensors, we suggest to use the blockchain and smart contracts to make it an autonomous agent, that can be programmed to offer customizable services, online and in the physical space. We will also discuss smart contracts in the next section. Consider the following use cases to motivate the use of the smart mailbox.

Delivery When Absent John Doe is expecting a registered letter, which means he has to personally accept the letter, because his identity must be verified before the postal service hands over the letter. John Doe uses a new service, "trusted representative" that comes with the new smart mailbox. This service allows John Doe to transfer the right to accept the letter to his neighbor, using a crypto-secure token, which is stored on the blockchain. When postman approaches John Doe's mailbox, his mobile phone is notified that John Doe is not at home, and transmits the address of John Doe's neighbor. Before handing over the letter, John Doe's neighbor must sign receipt on the blockchain, using a mobile app.

Pickup Locations Jane Doe ordered the new book on the Internet of Things "Building the Web of Things". She is currently in London, and would like to have the book before flying back to the States. Jane uses her Internet of Postal Things mobile app to search for the nearest smart mailbox that she could rent and use as delivery address for her book. She finds a suitable mailbox in her neighborhood, and requests to use it for the delivery. Her app sends the profile of the book, to the smart mailbox. This profile is a semantic model, which describes properties such as weight and dimensions, and is also stored on the blockchain. The smart mailbox receives the request and automatically accepts it, in exchange for a small fee. The mailbox also sends a crypto-secure authentication token to the postman and to Jane Doe. When the postman approaches the mailbox, his phone will trigger a proximity alert and identify the mailbox. The postman then uses his mobile app to open the digital lock, deposit the book, and complete the transaction. Jane Doe is notified. When she approaches the mailbox, she opens the digital lock with her phone, takes the book and confirms receipt. Each step is recorded on the blockchain. Because the interaction is described in machine-understandable way, the owner of the smart mailbox was never involved in this specific business transaction. The owner described the sort of services the smart mailbox offers as smart contracts, which allow a machine to act on behalf of a person autonomously.

Cold Chain Cold chain is the transportation and delivery of temperature-sensitive goods, often medical supplies such as drugs. The cold chain breaks, when temperature conditions are not met for a given time. It is therefore imperative to know precisely which drug is being transported and the temperature exposures in the course of the delivery process. In this use case, a postal office in a small town decides to install refrigerated smart mailboxes in the post office. Each smart mailbox is also equipped with a digital lock, which accepts digital prescriptions. These prescriptions are codified as smart contracts, and contain who can access the smart mailbox, the environmental conditions (temperature) for the drug and how long the drug can be kept inside the smart mailbox. In this use case, Dr. Doe requests a monthly prescription to be delivered to an elderly patient. The digital prescription states that either the patient or a postman, who is trained in homecare duties, is allowed to pick up the drug. Once the drug is delivered, the postman receives a notification on the phone, accesses the smart mailbox and delivers the drug to the patient. When the patient digitally confirmed receipt, the health insurance is also automatically notified. Each step is recorded on the blockchain. We assume the process is successful; in this case Dr. Doe will not be involved.

9.4 Conceptual Architecture

The use cases above show how Internet of Things technologies, such as temperature sensors, unique identification, encoded as barcode or transmitted via a short-range wireless connectivity standard (e.g. RFID, Bluetooth low energy) and mobile devices can be used to adapt existing postal infrastructure to generalize or improve existing services and consider new service opportunities.

The blockchain helps to securely record every interaction with the mailbox, every temperature reading, and automated services that a smart mailbox can offer creates an immutable record on the blockchain. If the smart mailbox is connected, the smart mailbox could directly add the transaction. Alternatively, a user with a dedicated mobile app would record the interaction on blockchain, when interacting with the smart mailbox. We would also like to extend the smart mailbox to the shared economy (Ducasse et al. 2015; Portmann et al. 2017). The aim is that citizens can participate in the shared Internet of Postal Things as consumers as well as producers. Figure 9.1 shows activities in the Internet of Postal Things revolving around a blockchain. The blockchain provides secure and trusted data layer where all transactions are recorded.

This would require every citizen to obtain a secure digital identity online. Identity verification is a traditional service offered by postal services. We therefore propose to extend this service to the blockchain. To create an account and thus gain an identity in the Internet of Postal Things, a citizen visits a postal office in person. An employee at the postal office will conduct an identify verification (ID card, passport, etc.). Assuming the identity is correct, a new account and digital identity is created. An account contains private and public keys, which are required to interact with the blockchain. These keys are unique, and cannot be replaced. We therefore propose that postal offices provide the option to backup personal

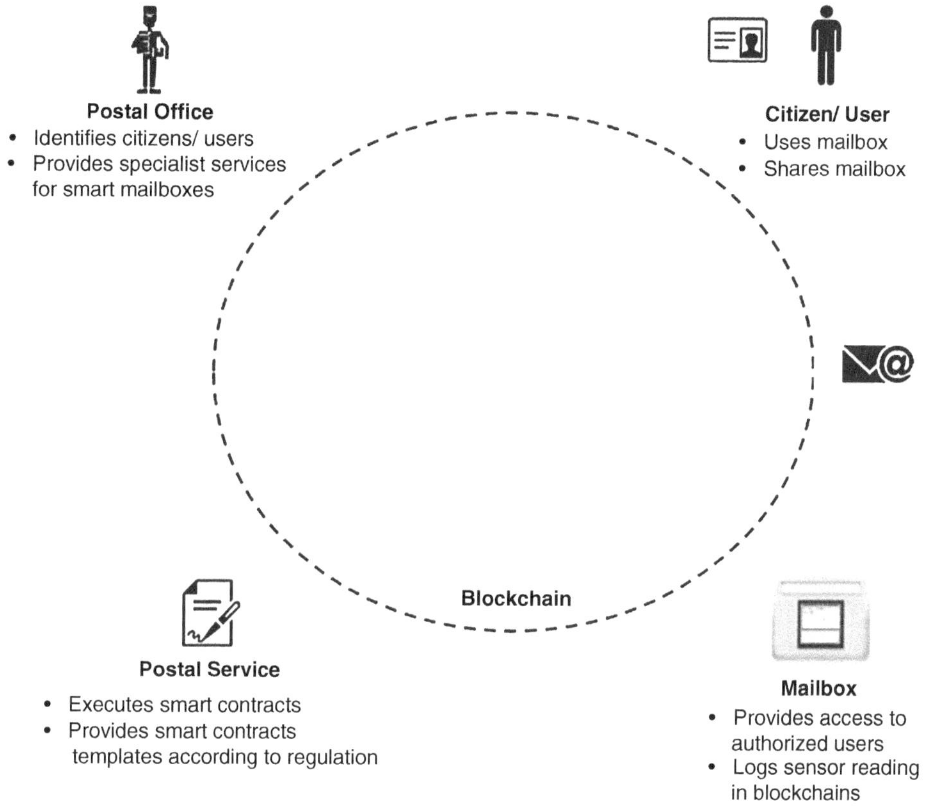

Fig. 9.1 A blockchain at the center of the Internet of Postal Things

accounts. Postal services are accustomed to dealing with highly sensitive information; such a service would fall well within their realm.

To participate in the Internet of Postal Things, a citizen needs to create an account, which acts as a proof of existence and which serves as wallet. Citizens that own smart mailboxes, also manage their mailboxes through their account.

The smart mailbox in the Internet of Postal Things is a generalization of the classic PO box. A PO box resides in a post office. It is a shareable mailbox that can be rented on demand. The PO box benefits from the physical security inside post office.

The smart mailbox uses Internet of Things technologies to enhance an ordinary mailbox with security features and the ability to share it with others. A control node that placed inside a mailbox and which manages a set of actuators and sensors. The smart mailbox provides a set of services, which are based on smart contracts. Smart contracts are stored on the blockchain, which means contracts cannot be tampered with. Smart contracts read from blockchain and in turn write every transaction back to the blockchain. Conceptually, smart contracts execute on the blockchain. The Ethereum project (Wood 2014; Haberkorn 2016) suggest that miners execute smart contracts, in exchange for a fee. In the context of the Internet of Postal Things, a postal service could use spare computing power, for example from idling workstations, to execute smart contracts (Kosba et al. 2016). The blockchain thus provides an opportunity to leverage underutilized capital. Smart contracts pose a technical (e.g., bugs, technical expertise) and regulatory (i.e., is the contract valid?) challenges (The Economist 2015, 2016; Swan 2015). We believe a postal service is ideally placed to help citizens in both areas.

9.5 Discussion and Conclusion

While writing this paper, we were often faced with the questions "why blockchain?" and "why Internet of Things?", when problems seemed to be easily solvable with current technologies. In this section, we would like to share our lessons learnt as a set of recommendations for the use of blockchain technologies in a distributed information system. We will mainly focus on blockchain, because we believe that blockchain technologies (or its successors) are the key to the Internet of Things, and its subsystems, such as the Internet of Postal Things.

Consider for example the Semantic Web Stack (Fig. 9.2). Trust and proof are the layers between the user's interface and the Semantic Web (Richardson et al. 2003). When Tim Berners-Lee first coined and described the Semantic Web in 2001 (Berners-Lee et al. 2001), the missing building blocks were technologies to provide trust and proof in inherently decentralized, open-world system. Until blockchain technologies changed that in 2008 (Davidson et al. 2016). The other key components of the Semantic Web are of course formal semantics. And while the Semantic Web or the Web 3.0 hasn't replicated the success of the Web 1.0 and Web 2.0, advances in artificial intelligence (for semantics) and blockchain technologies provide us with the tools for the Internet of Things (Davidson et al. 2016; Swan 2015). For the Internet of Things to become a reality, individual Internet of Things platforms must be seamlessly integrated, not only at the protocol level and data format level, Internet and Web technologies already do this well, but also at the semantic level and, this is where the blockchain comes in, at the trust and proof level.

Blockchain technology promises to revolutionize business and social models. At present, the blockchain is being taken seriously by established companies that are the most likely to face disruption by blockchain technologies, such as banks and insurances, as well as a number of startups, which are at different levels of maturity (Jentzsch 2016). Blockchain technology still faces many technical hurdles too; smart contracts are experimental, and writing to a shared ledger can be surprisingly slow. Also participating in the blockchain requires computational power, all factors that speak against embedded devices from directly interacting with a shared ledger.

However, there still remains the option of a mixed initiative approach, for example by using proxy services for low-power and low memory devices. Another all too familiar challenge that emerges even before blockchain technologies are becoming mainstream is interoperability between different blockchain environments. Will existing information

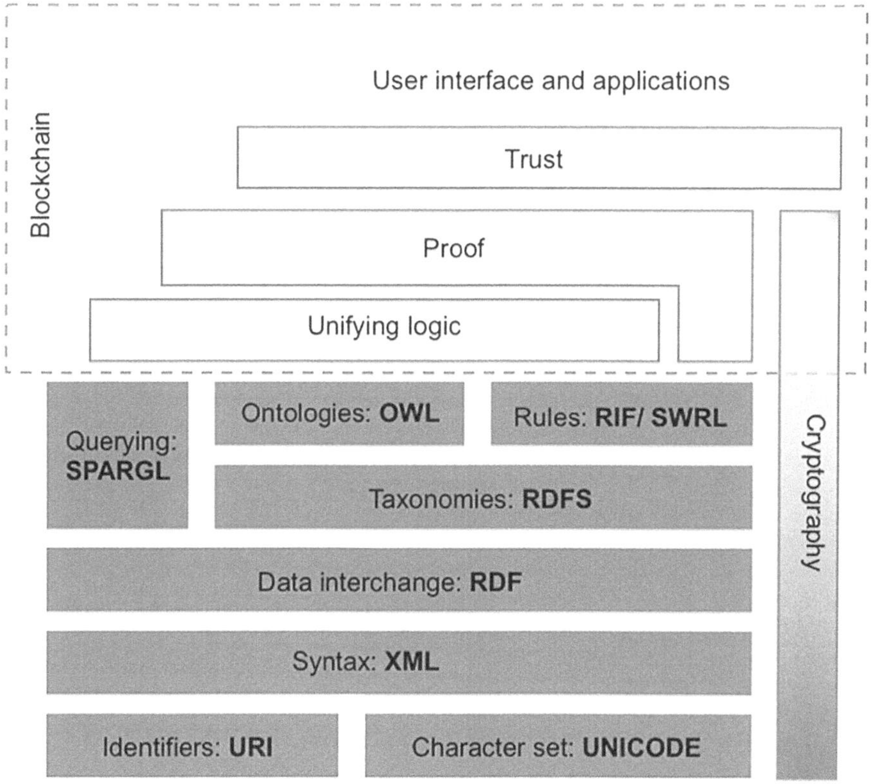

Fig. 9.2 Blockchain technology providing trust and proof in the Semantic Web Stack

systems require a mapping API that interfaces between internal transactions and equivalent other blockchains? On the other hand, it is encouraging to see how shared ledgers, for example the Bitcoin blockchain, are used for applications other than their initial service, which is to trade Bitcoins. The future will show whether blockchain technology can keep their promises to revolutionize business and social models or not.

Acknowledgement Following a design-science research approach, the authors bother all these questions, to build future digital infrastructure. Thereby they do not research these important questions all alone, but in a consortium of like-minded researchers and practitioners. This is why the authors, at this final point, like to thank Dom Guinard from the leading Web of Things Company EVRYTHNG and Stefan Metzger from Swiss Post for their valuable input. Many thanks!

References

Azuma RT (1997) A survey of augmented reality. Presence Teleop Virt 6(4):355–385

Azuma R, Baillot Y, Behringer R, Feiner S, Julier S, MacIntyre B (2001) Recent advances in augmented reality. IEEE Comput Graph Appl 21(6):34–47

BBC News (2011) NHS to overhaul £11bn IT project. Retrieved 10.03.2017 http://www.bbc.co.uk/news/uk-15014288
Berners-Lee T, Hendler J, Lassila O (2001) The semantic web. Sci Am 284(5):28–37
Brin S, Page L (1998) The anatomy of a large-scale hypertextual web search engine. Comput Netw ISDN Syst 30(1):107–117
Davidson S, De Filippi P, Potts J (2016) Economics of blockchain. https://ssrn.com/abstract=2744751. Zugegriffen am 16.05.2017
Ducasse J-P, Piscioneri P, Raines (2015) The Internet of Postal Things. United States Postal Service, Office of Inspector General. Report Number: RARC-WP-15-013
Guinard D, Trifa V (2016) Building the web of things. Manning, Shelter Island
Guinard D, Trifa V, Wilde E (2010) A resource oriented architecture for the web of things. In: Internet of Things. IEEE, pp 1–8
Guinard D, Trifa V, Mattern F, Wilde E (2011) From the Internet of Things to the web of things: resource-oriented architecture and best practices. In: Architecting the Internet of Things. Springer, Berlin/Heidelberg, pp 97–129
Haberkorn N (2016) Das disruptive Potential der Blockchain-Technologie. Das Projekt Ethereum
Hevner A, Chatterjee S (2010) Design research in information systems: theory and practice, vol 22. Springer, Berlin
Höllerer T, Feiner S, Terauchi T, Rashid G, Hallaway D (1999) Exploring MARS: developing indoor and outdoor user interfaces to a mobile augmented reality system. Comput Graph 23(6):779–785
Jentzsch N (2016) Blockchain: Revolution der Finanzwelt? DIW-Wochenbericht 83(29):656
Kosba A, Miller A, Shi E, Wen Z, Papamanthou C (2016) Hawk: the blockchain model of cryptography and privacy-preserving smart contracts. In: Security and privacy (SP), 2016 IEEE symposium on. IEEE, pp 839–858
Nakamoto S (2008) Bitcoin: a peer-to-peer electronic cash system. https://bitcoin.org/bitcoin.pdf. Zugegriffen am 17.05.2017
O'Reilly T (2005) What is web 2.0
Portmann E (2012) The FORA framework: a fuzzy grassroots ontology for online reputation management. Springer, Berlin/Heidelberg
Portmann E, Metzger S (2016) PostGrid: Das smarte Netzwerk der Schweizerischen Post für eine intelligentere Stadt. Informatik-Spektrum 40(1):88–99. Springer
Portmann E, D'Onofrio S, Kohoutek S, Müggler M, Bögli M, Cueni R (2017) Sharing-Konzepte in Smart Cities: Praxisbeispiele der PostAuto Schweiz AG. HMD Praxis Der Wirtschaftsinformatik, 1–14
Richardson M, Agrawal R, Domingos P (2003) Trust management for the semantic web. In: International semantic web conference. Springer, Berlin/Heidelberg, pp 351–368
Siegel D (2009) Pull: the power of the semantic web to transform your business. Penguin
Swan M (2015) Blockchain thinking: the brain as a DAC (decentralized autonomous organization). In: Texas Bitcoin conference, pp 27–29
Szabo N (1997) Formalizing and securing relationships on public networks. First Monday 2(9)
The Economist (2015) Blockchains. The great chain of being sure about things. Retrieved 12.03.2017 http://www.economist.com/news/briefing/21677228-technology-behind-bitcoin-lets-people-who-do-not-know-or-trust-each-other-build-dependable
The Economist (2016) Schumpeter. Not-so-clever contracts. Retrieved 11.03.2017 http://www.economist.com/news/business/21702758-time-being-least-human-judgment-still-better-bet-cold-hearted
Vaishnavi VK, Kuechler W (2015) Design science research methods and patterns: innovating information and communication technology. CRC Press, Boca Raton
Want R, Schilit BN, Jenson S (2015) Enabling the Internet of Things. Computer 48(1):28–35
Wood G (2014) Ethereum: a secure decentralised generalised transaction ledger. Ethereum Project Yellow Paper, 151

Teil III

Projekte

Online-/Offline Shopping 10

Henrik Stormer

Zusammenfassung
Der Artikel beschreibt die Möglichkeiten, die sich durch den Einsatz von Online-Dienstleistungen für Offline-Händler ergeben. Insbesondere Händler, die gleichzeitig einen Online-Shop wie ein grosses Filialnetz besitzen, profitieren von diesen Ansätzen.

Schlüsselwörter
Online-Shop • Offline-Handel • Beacons • M-Payment • Empfehlungssysteme

10.1 Einführung

In den letzten Jahren hat der Online-Handel vermehrt Marktanteile gewonnen. Etablierte Marktteilnehmer haben gegenüber der Online-Konkurrenz trotz eines großen Filialnetzes Schwierigkeiten und verlieren teilweise Marktanteile. Der klassische Offline-Handel, im englischen „Brick-and-Mortar" Store genannt, spürt die Konkurrenz mehr und mehr.

Die Vorteile des Online-Shoppings sind die ständige Verfügbarkeit, umfassende Produktinformations- und Vergleichsmöglichkeiten, der schnelle Kauf sowie die unkomplizierte Zahlung und Lieferung. Wesentliche Nachteile sind die relativ lange Wartezeit, bis das Produkt eintrifft sowie die fehlende Möglichkeit, das Produkt vor dem Kauf auszuprobieren.

H. Stormer (✉)
ZHAW School of Engineering, Winterthur, Schweiz
E-Mail: henrik.stormer@zhaw.ch

E. Portmann (Hrsg.), *Wirtschaftsinformatik in Theorie und Praxis*,
DOI 10.1007/978-3-658-17613-6_10

In den vergangenen Jahren hat sich der Offline-Handel, auch unter dem Druck des Online-Shoppings, verändert. Durch Integration von Online-Dienstleistungen entsteht eine interessante Symbiose, welche neue Möglichkeiten für eine bessere Kundenbindung schafft. Die Verknüpfung zwischen Online- und Offline-Handel erfolgt normalerweise über ein Smartphone. Laut einer aktuellen Studie besitzen 78 Prozent aller Schweizer ein Smartphone (Comparis.ch 2016). In Deutschland liegt dieser Wert laut einer Studie der Bitkom bei 75 Prozent (Bitkom.org 2016). Für mehr als 60 Prozent ist ein Leben ohne das Smartphone nicht mehr vorstellbar.

Online- und Offline-Handel können auf zwei Arten verknüpft werden. Entweder integriert der Online-Shop Informationen vom Offline-Handel oder der Offline-Handel bekommt Online-Dienstleistungen. Wesentlich ist, dass die Integration funktioniert und der Kunde die sich daraus ergebenen Vorteile nutzen kann (Herhausen et al. 2015).

Dieser Artikel stellt aktuelle Entwicklungen der Verknüpfungsmöglichkeiten von Online- und Offline-Handel vor, welche das Einkaufserlebnis der Kunden verbessern können. Insbesondere etablierte Marktteilnehmer mit einem großen Filialnetz können sich damit Vorteile gegenüber reinen Online-Händlern schaffen.

10.2 Rückblick: Der klassische Online-Shop-Prozess

Der klassische Online-Shop ist ein webbasiertes Softwaresystem, welcher Produkte aller Art (physische wie digitale) anbietet, Bestellungen von Kunden entgegennimmt und den Lieferungsprozess abwickelt (Frauchiger et al. 2004). Er besteht aus zwei Teilen:

- Im Storefront werden die angebotenen Produkte dem Kunden präsentiert. Kunden können sich über die angebotenen Produkte informieren, sie vergleichen, bestellen und bezahlen.
- Im Storeback können der oder die Administratoren des Shops die angebotenen Produkte verwalten, Bestellungen einsehen und Kundenkonten administrieren.

Abb. 10.1 zeigt die Teile Storefront und Storeback. Viele Online-Shops arbeiten im Storefront zweistufig. Der Kunde kann, zumeist auch ohne Registrierung/Anmeldung, die angebotenen Produkte ansehen, vergleichen und in einen virtuellen Warenkorb legen (1. Stufe). Über Suchbegriffe oder Kategorien lassen sich Produkte schnell und einfach finden. Nachdem er die zu kaufenden Produkte im Warenkorb abgelegt hat, erfolgt der Check-out (2. Stufe). Für den Check-out muss sich der Kunde anmelden. Hier muss er die Lieferungs- und Zahlungsbedingungen angeben und den Kauf abschliessen.

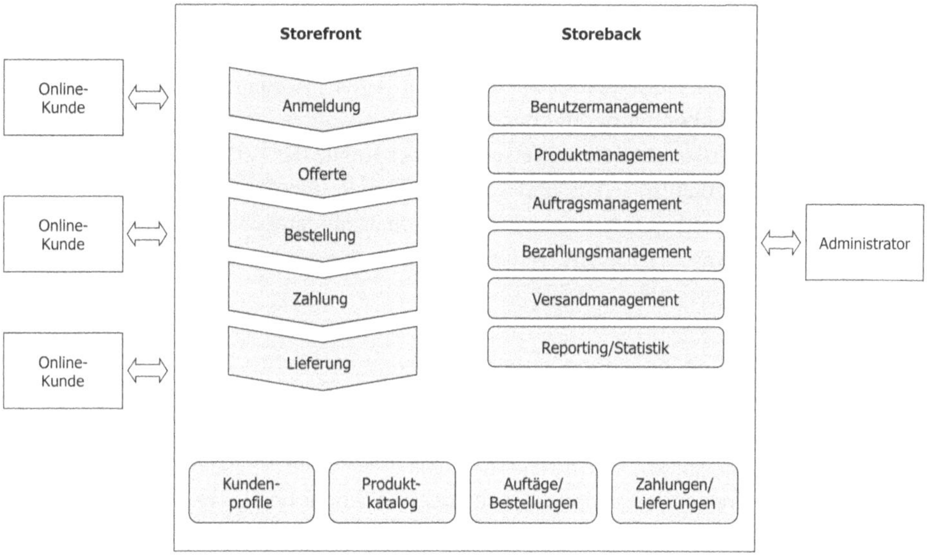

Abb. 10.1 Aufbau eines klassischen Online-Shops

10.3 Elektronische Geräte für Kundeninformationen

Ein grosser Vorteil von Online-Shops ist die Möglichkeit, umfangreiche Produktinformation zur Verfügung zu stellen. Durch Terminals lässt sich dieses auch im Offline-Handel realisieren.

10.3.1 Terminals

Viele Händler erlauben ihren Kunden, durch Terminals mehr Informationen zu einem Produkt anzuschauen. Bekannt ist das als Kiosk bezeichnete iPad mit Produktinformationen, welches Apple in seinen eigenen Stores neben andere Produkte legt. Auf diesem werden weitere Informationen zu einem Produkt sowie Vergleiche mit anderen Produkten angezeigt. Der Kunde hat damit die Möglichkeit, sich genauer über ein Produkt zu informieren, ohne zunächst einen Kundenberater suchen zu müssen. Studien haben gezeigt, dass Terminals das Beratungsgespräch ergänzen können (Glushko und Tabas 2009).

10.3.2 Produktkonfiguratoren

Einige Läden stellen den Kunden Produktkonfiguratoren (Stormer 2007) bereit, so dass diese Produkte online konfigurieren können. Die auszuwählenden Komponenten können direkt angeschaut werden. Auf diese Weise erhält der Kunde die Vorteile beider Welten. Er hat das haptische Verkaufserlebnis und kann die Farben und Strukturen eines Produkts sehen, gleichzeitig kann er das Produkt dynamisch verändern und anpassen. Ein gutes Beispiel für diesen Ansatz ist IKEA, welche ihren Kunden die Konfiguration von Schränken erlaubt.

10.4 Beacons im Offline-Handel

Beacons sind kleine Sender, die in regelmäßigen Intervallen Signale senden (Newman 2014). Ein entsprechend konfiguriertes Gerät, etwa ein Smartphone, welches sich in Reichweite befindet, kann die Signale empfangen. Typischerweise lassen sich mit Beacons zwei Informationen ermitteln: Eine eindeutige ID des Beacons sowie die Signalstärke, worüber sich die Entfernung vom Sender zum Empfänger ermitteln lässt (Bouchard et al. 2016). Beacons sind insbesondere für den Offline-Handel interessant, da sie das Smartphone des Kunden erreichen können. Beacons können den Kunden während des gesamten Kaufprozesses im Offline-Handel unterstützen. Voraussetzung ist in jedem Fall die Installation einer entsprechenden mobilen App, im Folgenden Händler-App genannt, welche den Empfang der Beacon-Signale implementiert und die jeweilige Funktionalität bereitstellt. Abb. 10.2 zeigt Beispieltexte, die die Händler-App dem Kunden anzeigen kann.

10.4.1 Beacons für die individuelle Begrüssung und Verabschiedung

Bewegt sich ein Kunde außerhalb des Ladens, kann eine individuelle Begrüssung auf dem Smartphone angezeigt werden. Das Smartphone empfängt das Signal des Beacons und leitet es an die Händler-App weiter. Anhand der eindeutigen ID des Beacons kann die App eine genaue Lokalisierung des Kunden durchführen. Neben der Begrüssung können auf dem Smartphone aktuelle Angebote des Geschäfts angezeigt werden, damit der Kunde den Laden betritt. Nachdem der Kunde seine Einkäufe getätigt hat, kann er individuell verabschiedet werden. Da die App zu diesem Zeitpunkt bereits weiss, ob der Kunde etwa eines der vorgeschlagenen Angebote gekauft hat, lässt sich der Text anpassen.

10.4.2 Beacons für die dynamische Angebotsanzeige

Über Beacons lässt sich ermitteln, ob sich der Kunde im Geschäft in der Nähe eines für ihn interessanten Angebots befindet. Der Kunde erhält, wenn gewünscht, auf seinem Smartphone

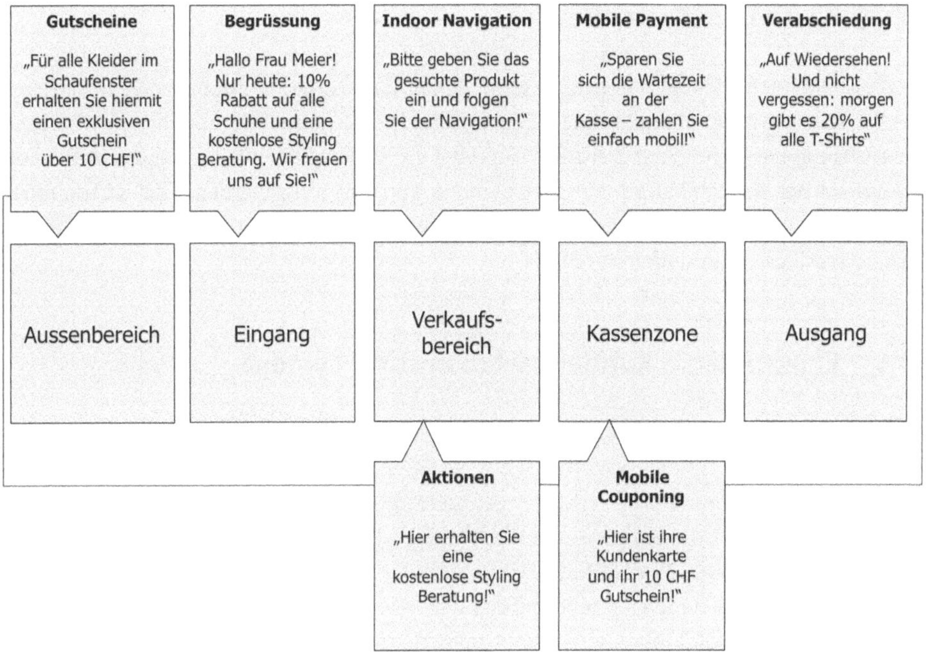

Abb. 10.2 Beispieltexte für Lösungen mit Beacons

eine Meldung mit diesem Angebot. Befindet sich der Kunde beispielsweise in einem Supermarkt in der Obst- und Gemüseabteilung können Mitteilungen wie „Heute sind Tomaten im Angebot" angezeigt werden.

10.4.3 Beacons für die Lokalisierung von Produkten

Bei größeren Läden haben viele Kunden Schwierigkeiten, die gewünschten Produkte zu finden. Mit Beacons lässt sich der aktuelle Standort innerhalb eines Gebäudes ermitteln (Faragher und Harle 2015). Dadurch können Offline-Händler Dienste anbieten, die es ihren Kunden erlauben, nach einem Produkt online zu suchen und sich dann in einem Geschäft zu diesem navigieren zu lassen.

10.4.4 Beacons für den Serviceruf

Ein Kundenberater kann Kunden helfen und Fragen zu einem Produkt beantworten. Wenn ein Kunde einen Berater benötigt, reicht ein Klick auf dem Smartphone. Da durch Beacons der aktuelle Standort des Kunden bekannt ist, kann ein Kundenberater zu diesem Ort gesendet werden.

10.4.5 Beacons im Kassenbereich

Im Kassenbereich möchte der Kunde seine gekauften Waren möglichst schnell und einfach bezahlen. Eventuell hat er eine elektronische Kundenkarte oder möchte eine M-Payment-Lösung nutzen (siehe nächster Abschnitt). In beiden Fällen kann durch ein Beacon das Öffnen der Kundenkarten oder M-Payment-App ausgelöst werden. Der Kunde muss in diesem Fall nicht mehr auf seinem Smartphone die richtige App suchen und starten, sondern hat diese unmittelbar zur Hand.

10.5 Elektronische Kundenkarten und M-Payment

10.5.1 Mobile Kundenkarten im Offline-Handel

Kundenkarten werden heute von vielen Anbietern bereits für das Smartphone angeboten. Diese Form hat für Kunden diverse Vorteile. Klassische Kundenkarten sind statisch und enthalten im Normalfall nur eine eindeutige Kunden-ID, mit dem sich ein Einkauf mit einem Kunden verbinden lässt. Elektronische Auswertungen ermöglichen dem Anbieter Rückschlüsse auf das Kaufverhalten. Kunden profitieren von Kundenkarten in erster Linie in Form von Rabatten. Da klassische Kundenkarten über keine Übersicht der bereits getätigten Käufe verfügen, werden diese zumeist monatlich vom Anbieter per klassischer Briefpost oder E-Mail versendet. Hier spielen mobile Kundenkarten ihr Potenzial aus: Da sich diese auf einem Smartphone anzeigen lassen, haben Kunden eine bessere Übersicht und können etwa Rabattcoupons einfacher einlösen (Chen et al. 2016).

10.5.2 Mobile Payment im Offline-Handel

Eine weitere Verzahnung von Online und Offline findet sich im Mobile Payment. Diese Anwendung, bei der der Kunde seinen Kauf mit dem mobilen Gerät zahlen kann, wird schon seit vielen Jahren diskutiert; in den letzten zwei Jahren gibt es zunehmend auch praxisrelevante Lösungen. Mit Google und Apple haben die zwei Schwergewichte auf dem Smartphone-Markt ihre eigenen Lösungen vorgestellt und es deutet sich bereits an, dass sowohl die Google-Lösung Android Pay als auch das Apple Pay in der Zukunft relevante Marktanteile erhalten werden. Beide Lösungen sind relativ ähnlich. Bei Apple Pay muss sich der Kunde mit seinem Fingerabdruck authentifizieren, dieses ist bei Android Pay nicht notwendig. Anschließend erfolgt die Zahlung über den Standard NFC, der in mehreren ISO-Dokumenten spezifiziert ist (ISO/IEC 2010a, b, c, d). Der Betrag wird einer hinterlegten Kreditkarte belastet, die Kreditkartendaten werden in beiden Lösungen nicht an den Händler weitergereicht. Stattdessen wird ein Token generiert, welcher den Zahlungsvorgang repräsentiert. Beide Lösungen erlauben es dem Kunden, die getätigten Transaktionen anzuschauen.

10.6 Ergänzungen des Online-Shoppings

Die Kombination des Online-Kaufprozesses mit Offline-Dienstleistungen lässt sich auf unterschiedliche Weise erreichen (Micha und Koppers 2016). Allen Fällen ist gemein, dass ein Teil des Prozesses online und ein anderer Teil offline vollzogen wird.

10.6.1 Online-Zugriff auf das Warensystem des lokalen Handels

Ein grosses Problem beim Online-Handel sind die Versandkosten. Für kleinere Einkäufe fallen meist überproportionale Gebühren an. Sperrige Produkte sind nur mit grossem Aufwand zu versenden. Mehr und mehr Anbieter gehen deshalb dazu über, die internen Filiallieferungen auch für Online-Bestellungen zu nutzen. Für den Kunden ergibt sich dadurch der Vorteil, dass er das online gekaufte Produkt günstiger (zumeist sogar gratis) in einer Filiale abholen kann.

Einige Händler gehen noch einen Schritt weiter und erlauben es dem Kunden, den aktuellen Warenbestand einer Filiale online einzusehen. Ist dies der Fall kann der Kunde das Produkt online reservieren, die Filiale aufsuchen und das reservierte Produkt kaufen, ohne auf eine Lieferung warten zu müssen.

10.6.2 Offline-Wartung und Support für online gekaufte Produkte

Der Offline-Handel erlaubt es, den Kunden auch nach dem Kauf des Produkts zu unterstützen. Unterstützung bei der Inbetriebnahme des Produkts erhält der Kunde für sein online erworbenes Produkt in einer lokalen Filiale. Im Falle eines Gewährleistungsanspruchs, einer Reparatur oder Wartung kann er sich ebenfalls an diese wenden. Der Kunde muss das Produkt nicht zurücksenden, sondern erhält schnell und direkt Hilfe. Der Händler wiederum muss die entstehenden Versandkosten nicht tragen, kann den Kunden beraten und damit die Kundenbindung erhöhen.

10.7 Empfehlungssysteme im Offline-Handel

Empfehlungssysteme werden für die Berechnung von Produktempfehlungen für Kunden eingesetzt. Basis ist ein Benutzerprofil, welches das Empfehlungssystem nutzt, um die Vorlieben eines Kunden zu ermitteln. Im Benutzerprofil sind im Normalfall die bereits angesehenen oder gekauften Produkte abgelegt. Falls verfügbar, finden sich auch weitere Informationen über den Kunden. Für die Berechnung können verschiedene Ansätze zum Einsatz kommen, etwa das Collaborative Filtering (Herlocker et al. 2004) oder das Content Based Filtering (Lops et al. 2010). Abb. 10.3 zeigt das Beispiel eines Benutzerprofils und mögliche Datenquellen, aus denen das Profil gebildet wird.

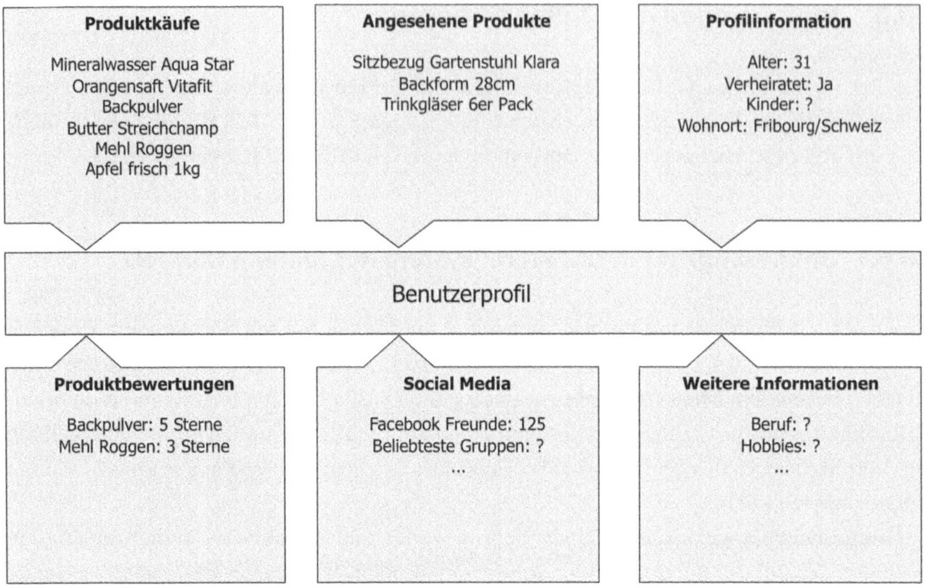

Abb. 10.3 Datenquellen für ein Benutzerprofil

Empfehlungssysteme sind einer der wesentlichen Erfolgsfaktoren von Online-Shops. Kunden können dadurch neue Produkte finden, die sie ohne das System nicht oder nur schwer entdeckt hätten. Im klassischen Offline-Handel finden sich Empfehlungssysteme bislang nicht. Empfehlungen werden entweder durch den Kundenberater oder durch das Zusammenstellen von passenden Produkten erreicht. Traditionell werden gleichartige Produkte zusammengestellt, in einem Supermarkt findet man beispielsweise ein Regal mit allen angebotenen Fruchtsäften. Mittlerweile gehen jedoch einige Märkte dazu über, Produkte zusammenzustellen, die sich gemeinsam nutzen lassen, etwa die passenden Plastikgläser zu den Fruchtsäften.

Die oben erwähnten Ansätze funktionieren auf die gleiche Art. Content Based Filtering findet gleichartige Produkte, Collaborative Filtering findet Produkte, die zusammenpassen oder sich gemeinsam nutzen lassen. Besonders letztere sind als Empfehlung interessant, da sie das Cross-Selling unterstützen. Deshalb arbeiten die meisten Online-Shops heute mit Collaborative Filtering-Techniken.

Das Empfehlungssystem generiert durch ein detailliertes Benutzerprofil bessere Ergebnisse. Aus diesem Grund ist es wichtig, möglichst viel über einen Kunden zu kennen. Die vom Kunden online und offline gesehenen und gekauften Produkte sollten mindestens gemeinsam gespeichert werden.

10.7.1 Berechnete Empfehlungen über Terminals oder Kundenberater

Terminals wurden bereits als Möglichkeit der besseren Produktbeschreibung vorgestellt. Eine weitere Möglichkeit besteht darin, ähnliche Produkte anzuzeigen. Da Terminals nicht personalisiert sind, können die Empfehlungen allerdings nur aus einem allgemeinen Benutzerprofil berechnet werden. Interessant ist auch die Integration eines Empfehlungssystems in einen Produktkonfigurator, selbst wenn der Konfigurator nicht personalisiert arbeitet, können die für die meisten Nutzer besten Optionen ermittelt und angezeigt werden (Stormer 2009).

Besteht für Kundenberater die Möglichkeit, allgemeine Empfehlungen einzusehen, können sie ihr Verkaufsgespräch verbessern. Gerade neue Mitarbeiter mit wenig Erfahrung profitieren von diesem Ansatz.

10.7.2 Empfehlungen auf dem Smartphone des Kunden

Es wurden bereits einige Ansätze vorgestellt, die über das Smartphone des Kunden mit diesem im Offline-Handel kommunizieren, beispielsweise im Abschnitt über Beacons. Durch die Berechnung persönlicher Empfehlungen kann das Ergebnis verbessert werden. Über ein Empfehlungssystem lässt sich beispielsweise das für einen Kunden beste Angebot aus der aktuellen Liste ermitteln. Auf diese Weise sieht der Kunde keine Angebote zu Produkten, die ihn nicht interessieren.

10.8 Zusammenfassung und Ausblick

Durch die Verknüpfung von Online-Diensten im Offline-Handel ergeben sich neue Möglichkeiten, die Händlern mit grossem Filialnetz gegenüber der reinen Online-Konkurrenz Vorteile bringen. Nachdem viele klassische Offline-Händler bereits seit längerer Zeit einen Online-Shop betreiben, gibt es mittlerweile auch einige wenige reine Online-Shop-Betreiber, die ein eigenes Filialnetz aufbauen. Beispiele sind der Schweizer Elektronikversender Digitec (www.digitec.ch) oder der deutsche Händler MyMüsli (www.mymuesli.de), die beide mittlerweile eine Vielzahl von Filialen besitzen. Selbst der größte Online-Händler Amazon (www.amazon.com) hat in Seattle 2015 die erste Filiale eröffnet.

Aktuelle Studien zeigen, dass Kunden mehr und mehr bereit sind, zwischen Online- und Offline-Angeboten des gleichen Händlers dynamisch zu wechseln (Verhoef et al. 2015). Wenn gewisse Qualitätskriterien eingehalten werden, gewinnt die Kundenzufriedenheit (Hammerschmidt et al. 2015). Da Offline-Händler von dieser Entwicklung profitieren und der Aufwand, mindestens für einige der vorgestellten Ansätze, vergleichsweise gering ist, sollte eine Integration von Online und Offline ein wichtiger Teil der Geschäftsstrategie werden.

Literatur

Bitkom.org (2016) Umsatz mit Smartphones knackt 10-Milliarden-Marke. https://www.bitkom.org/Presse/Presseinformation/Umsatz-mit-Smartphones-knackt-10-Milliarden-Marke.html. Zugegriffen am 14.02.2017

Bouchard K, Ramezani R, Naeim A (2016) Features based proximity localization with Bluetooth emitters. In: Ubiquitous computing electronics & mobile communication conference (UEMCON) IEEE annual, New York, NY, USA, S 1–5

Chen LY, Guo C-S, Gondwe T (2016) The effects of E-cash coupons value and consumer involvement on behavioral intentions. Int J Innov Sci Eng Technol 3(5):105–112

Comparis.ch (2016) Drei von vier Schweizern sind smart unterwegs. https://www.comparis.ch/comparis/press/medienmitteilungen/artikel/2016/telecom/smartphone-studie-2016/smartphone-verbreitungsstudie-2016.aspx. Zugegriffen am 14.02.2017

Faragher R, Harle R (2015) Location fingerprinting with Bluetooth low energy beacons. IEEE J Sel Areas Commun 33(11):2418

Frauchiger D, Meier A, Stormer H, Werro N (2004) Zur Entwicklung des Strutsbasierten Webshops eSarine. HMD, Praxis der Wirtschaftsinformatik 238(8):62–71

Glushko RJ, Tabas L (2009) Designing service systems by bridging the ‚front stage' and ‚back stage'. Inf Syst E-Bus Manag 7(4):407

Hammerschmidt M, Falk T, Weijters B (2015) Channels in the mirror: an alignable model for assessing customer satisfaction in concurrent channel systems. J Serv Res 19(1):88

Herhausen D, Binder J, Schoegel M, Herrmann A (2015) Integrating bricks with clicks: retailer-level and channel-level outcomes of online–offline channel integration. J Retail 91(2):309

Herlocker JL, Konstan JA, Terveen LG, Riedl JT (2004) Evaluating collaborative filtering recommender systems. ACM Trans Inf Syst (TOIS) 22(1):5

ISO/IEC (2010a) Identification cards – contactless integrated circuit(s) cards – proximity cards – part 1: physical characteristics, IEC_14443

ISO/IEC (2010b) Identification cards – contactless integrated circuit(s) cards – proximity cards – part 2: radio frequency power and signal interface, IEC_14443

ISO/IEC (2010c) Identification cards – contactless integrated circuit(s) cards – proximity cards – part 3: initialization and anticollision, IEC_14443

ISO/IEC (2010d) Identification cards – contactless integrated circuit(s) cards – proximity cards – part 4: transmission protocol, IEC_14443

Lops P, de Gemmis M, Semeraro G (2010) Content-based recommender systems: state of The art and trends. Recommender Systems Handbook. Springer, New York, USA

Micha MA, Koppers S (2016) Digital Adoption Retail – Hat der Offline-Handel eine Vision? In: Heinemann G, Gehrckens HM, Wolters UJ, droup GmbH (Hrsg) Digitale Transformation oder digitale Disruption im Handel. Springer Fachmedien Wiesbaden

Newman N (2014) Apple iBeacon technology briefing. J Direct Data Digit Mark Pract 15(3):222

Stormer H (2007) Aktuelles Schlagwort: Kundenbasierte Produktkonfiguration. Informatik Spektrum 5:322–326

Stormer H (2009) Improving product configurators by means of a collaborative recommender system. Int J Mass Cust 3(2):165

Verhoef PC, Kannan PK, Jeffrey Inman J (2015) From multi-channel retailing to omni-channel retailing: introduction to the special issue on multi-channel retailing? J Retail 91(2):174

Differentiated User Privacy Support in the Digital Society

11

Aigul Kaskina

Abstract

By rapidly moving towards the digital society, humans nowadays face with new forms of participation, better transparency and a flow of creative innovations. The concept of *"the information and knowledge society"*, described by Meier (eDemocracy & eGovernment: stages of a democratic knowledge society. Springer, 2012), is a constitutional part of the digital society development. Related topics like Cognitive Cities (Portmann and Finger, Towards cognitive cities. Studies in systems, decision and control, vol 63. Springer, 2016), Smart Democratic Participation (Teran, SmartParticipation: a fuzzy-based recommender system for political community-building. Springer, 2014), and Granular Knowledge Cube (Wehrle et al, Developing initial state fuzzy cognitive maps with self-organizing maps. In: AIC, pp 104–115, 2015; Denzler et al, World Acad Sci Eng Technol 9(6):334–340, 2015) among others have been addressed and developed within Information Systems Research Group. Those projects by applying fuzzy logic approaches such as fuzzy clustering, fuzzy databases, fuzzy cognitive maps, and others assisted to unveil the existence of the differentiated nature in the development process of the digital society. However, on the path towards it, a signification attention must be paid to citizens' privacy and the will of personal disclosure. Following the design science research methodology, this chapter proposes the concept of the differentiated user privacy framework which uses fuzzy inference system to create an adaptive support for digital citizens in their privacy decision-making processes.

A. Kaskina (✉)
Universität Freiburg i.Ü., Freiburg, Switzerland
E-Mail: aigul.kaskina@unifr.ch

E. Portmann (Hrsg.), *Wirtschaftsinformatik in Theorie und Praxis*,
DOI 10.1007/978-3-658-17613-6_11

Keywords
Fuzzy logic • Digital society • Privacy • Design Science • Voting Advice Application

11.1 Introduction

This work follows the cognition process of the design science research described by Vaishnavi and Keuchler in (2004). The research began with the *awareness of a problem* of a citizen's privacy in the digital society. Back in 1968 A. Westin (1968) defined the individual's privacy right as when "each individual is continually engaged in a personal adjustment process in which he balances the desire for privacy with the desire for disclosure and communication of himself to others, in light of the environmental conditions and social norms set by the society in which he lives". After decades this definition is a still vivid reality. However, the major difference nowadays is that social norms are set by digital societies, and the personal desire for disclosure expressed via privacy controls designed by service providers. Therefore the awareness of a problem of this research is focused on how to construct an adaptive user-tailored privacy support system, in order to decrease citizens' privacy threats in online environments.

This research considered *suggestions* on solving this problem provided by existing work and previous studies, that showed that there exist gaps in the user's privacy controls tools developed by service providers and the accuracy in the citizens' disclosure behaviour. In the digitalised world every piece of personal information might become sensitive information. From one hand, there are plenty of online information systems that are ready to collect citizens' personal data, but on the other hand, citizens, though having a control over personal information, are more and more exposing the data themselves. The fact is that people's actual privacy behaviours most often diverge with their inner privacy attitudes. Such inconsistent behaviour has been named as a "privacy paradox". Even if people are saying that they want privacy, their actions are saying otherwise. They can easily give up their personal data, for instance, for the alimentary rewards by neglecting associated privacy risks.

Yet, the privacy attitudes of people could differ from person to person and may be different depending on the personal motives. As an example, people could choose to explicitly disclose or share information about themselves, their opinions, and their activities as means of declaring their loyalties or differentiating themselves from others (Palen and Dourish 2003). Thereby, researches heavily focus on analysing people's disclosure behavior in online environment, how to quantify their privacy attitudes and other factors which might impact their desire of disclosure. To this end, according to the *development* phase of the design science research cognition process, this work presents a differentiated user privacy support framework. *The evaluation and the conclusions* of the framework are discussed in the final part of this chapter. Thus, the chapter is organised as follows: first, the Sect. 11.2 give a literature review related to the user privacy behaviours in online platforms. Then the Sect. 11.3 explains the concept of the differentiated user privacy framework, followed by the Sect. 11.4 where the prototype and implementation of the "user privacy profile" part of the framework is presented. Finally, the Sect. 11.5 discusses concluding remarks and outlook for the future work.

11.2 Literature Review

Emerging realm of personalised privacy controls is gaining popularity among researchers. The need of intelligent privacy controls is caused by several reasons. Firstly, users' disclosure behaviour can be captured through defined privacy settings. However, privacy controls provided by online platforms are underexploited by users. Previous research showed that users are less likely to change default privacy settings (Gross and Acquisti 2005), and tend to share a major content with these settings, which is exposed to all Facebook users. Only 20% of default privacy settings stated as desired settings (Liu et al. 2011). Different factors distance users from changing their default privacy settings. One of the issues is the complexity of privacy controls, so that users are having troubles correctly configuring their privacy settings. For example, the lack of a user-friendly design indicated to be a major problem in making privacy controls work, and demonstrated that "users are overtaxed with existing privacy schemes" (Reinhardt et al. 2015).

Secondly, besides of aforementioned drawbacks of privacy controls that can be addressed to service providers, an existing privacy and utility trade-off has also influence on users' disclosure behaviour. Given that, Knijnenburg et al. (2013) examined that fine-grained privacy options trigger additional user decision strategies such as sharing for benefits. This trade-off stands close to the "personalisation paradox", which states that consumers who value information transparency more are less likely to participate in a personalisation, and vice versa. Awad and Krishnan (2006) examined if the consumer's perceived information transparency is associated with his/her willingness to be profiled online. They showed that in the case, where benefit is more apparent to consumers, the potential benefit of the personalised service outweighs the potential risk of privacy invasions.

Thirdly, precedent to a disclosure act itself, users are faced with a burden of privacy decision-making process. Some users do not tend to recognise the implications of what they are revealing online, but others do realise ensuing consequences, which brings them hesitation and uncertainty in their decision-making. Researchers were focused on developing tools that are user-friendly and automatically assist users in their privacy decisions. For instance, the tool presented by Fang and LeFevre (2010), called privacy "wizard", automatically configures a user's privacy settings, thus reducing the user effort. Rasmussen and Dara (2014) used an ontology engine for analysing privacy policy statements, privacy settings and user's privacy behaviour. The aim was to empower users by producing context-aware recommendations related to managing user's privacy.

However, the privacy research field should not only focus on techniques that decrease the complexity of privacy controls and improve user-friendly interface. Prior to its' implementation, it is needed to analyse users' cognition towards personal privacy deeper, thus to understand better the necessary strategies to consider in the design of smart privacy controls. To this, "privacy by design" philosophy (Cavoukian 2010) articulates that privacy aspects must be assured early in the design and development stages of an information system. Moreover, a nascent approach of "user-tailored privacy by design" (Knijnenburg 2015) proposes a design methodology that combines multiple privacy features due to differentiated nature of users in the privacy management strategies. Such intelligent privacy controls must be able to support users by relieving some of the burden of the privacy decision-making and providing the right privacy-related information to the right extent of privacy control (Knijnenburg 2015).

11.3 Concept: Differentiated User Privacy Support Framework

This section presents the author's vision on the intelligent privacy support which will handle the inclination of users to different privacy behaviours. Thus, a proposed *Differentiated User Privacy Support Framework* (DUPSF) displayed in Fig. 11.1 intends to support citizens in their privacy decision-making in a adaptive and personalised manner. DUPSF consists of three operational blocks: user privacy profile, fuzzy inference system, and user decision.

11.3.1 User Privacy Profile (UPP)

The development of the *user privacy profile* (UPP) represents a major part of the framework, as it learns the user disclosure behaviour before sending defined parameters to the Fuzzy Inference System. As shown in Fig. 11.1, the UPP consists of two parts, namely "Audience" and "Data types", which are a core data source of the user privacy profile.

Currently, researchers' attempts to estimate the disclosure behaviour are used for classification of users to further integrate a derived class label into algorithms of smart privacy controls. Furthermore, a specific representative of user's social network (recipient of the disclosed information) is also plays an important role in the citizen's privacy decision-making. Along with the data context, the underlying disclosure behaviour alters with the norms of the corresponding context of the audience. In digital environment citizens' social interactions, content sharing, and general privacy are commonly scoped either by binary social relationships represented as "friend"/"not friend", either by a highly granular set of social circles as "close friends", "family", "colleagues", etc.

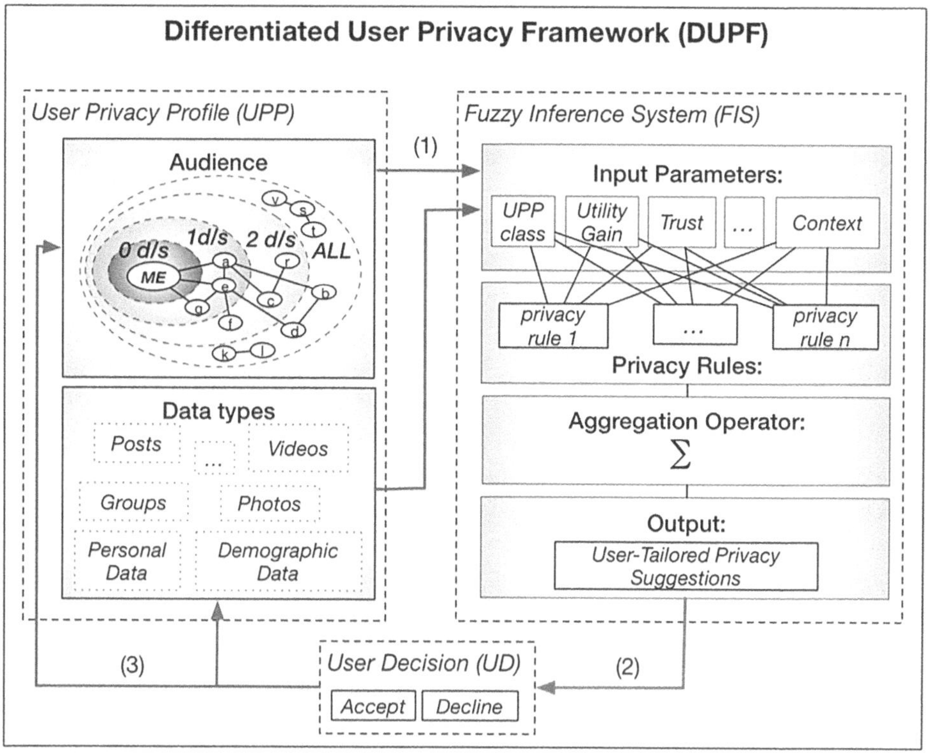

Fig. 11.1 DUPSF framework

11.3.2 Fuzzy Inference System (FIS)

The *fuzzy inference system* (FIS) analyses the input obtained from the UPP block and generates the privacy suggestion. The FIS input parameters depend on the output of UPP. According to Kasabov (1996), the design of FIS should be as following:

1. *Specification of the problem.* The intended FIS serves as a "privacy adviser". Privacy conceptualisation in fuzzy terms can improve the user privacy decision-making, because an accuracy of binary privacy recommendations is not enough to handle the complexity of privacy settings structure, as well as the differentiated nature of user privacy behaviours.
2. *Define the input and output variables, and membership function.* After the input/output variables are identified, they should be also accordingly fuzzy-quantised. Defined membership functions of fuzzy values for every input and output is learned from the data.

3. *Develop the set of fuzzy rules.* Privacy rules can be inferred in two different ways, either by interviewing an expert in the field, or deriving rules from methods of machine-learning algorithms, for example, fuzzy clustering algorithm.
4. *Choosing the fuzzy inference method.* To do so, some experiments with input data and validation of results should be done, and if necessary, to change the rules or membership function, or both will be needed.
5. *Derive the goal function* between an input variable and output fuzzy variables, and validation of results.

11.3.3 User Decision (UD)

Initially, DUPSF intends to support user privacy decision-making. Therefore, the generated privacy suggestion from the FIS is passed to the *user decision* (UD). User-tailored privacy suggestion interface plays an essential role on the outcome whether the user accepts or declines the calculate privacy suggestions. Therefore, the adaptation of the user's privacy profile is effectuated through differentiated user privacy preferences that are derived in UPP and used in FIS parts of the framework. Finally, the user's social relationships and privacy attitudes may change over the time; therefore, the dynamics of DUPSF may be observed, for example, by changed positions of data recipients in the social network of the user (e.g., a colleague became a close friend), so FIS recalculates the corresponding parameter, and finally the privacy suggestion is updated.

11.4 Prototype: Voting Advice Application

This section presents the implementation of the *differentiated user privacy framework*, in particular, the *user privacy profile* part. The UPP (Fig. 11.1) is implemented for the Voting Advice Application (VAA). VAA was developed for the presidential election processes in Ecuador during the period of December 2016 – April 2017 (Teran et al. 2017). There are three user roles in the platform: admin, political candidate, and citizen (user). A short overview of the types of the data generated in the platform:

1. *Social Network*: unidirectional "follow" relations (social network of followers), bidirectional "friend" relation (social network of friends), creation of thematic groups.
2. *Static Data*: personal information (name, date of birth, gender, province of voting, level of interest in politics, etc.), questions (user's question to the community).
3. *Dynamic Data*: activity in the platform (collective number of points), explicit ratings on topic interest (economy 9 stars, well-being 5 stars, etc.), articles (user creates article placed on her/his wall), answers to VAA questionnaire, attitudes on published data (comments, reactions).

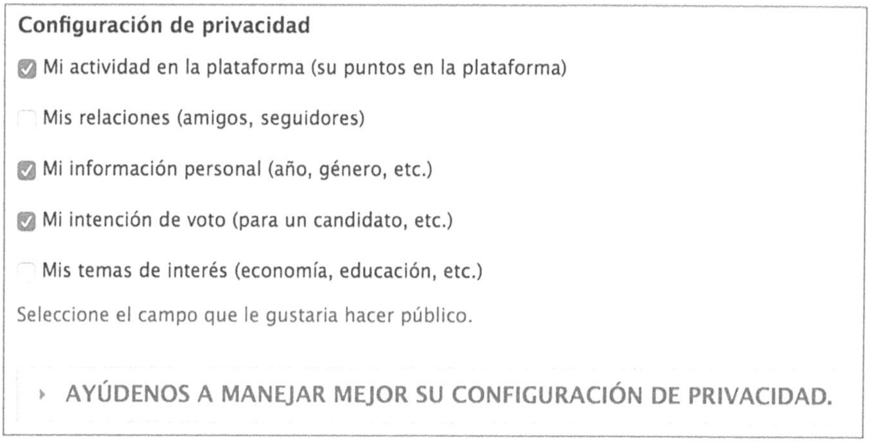

Fig. 11.2 Privacy settings (visibility)

It is evident that a high amount of diverse personal data can be generated by participating in the platform. Following the DUPSF structure a privacy control tool was designed for the political platform. It consists of three main parts: information disclosure, social network management and sharing techniques.

11.4.1 Information Disclosure

The privacy control tool allows users to share their personal information. According to the UPP, user decides which data (static/dynamic data) can be seen by other users in the platform. By hiding or publishing a particular data a user defines her/his profile visibility settings. The visibility is defined to which audience the intended data is visible or not. The audience is derived from the user's social network. The visibility preference can be set up to the following levels: 0 – me, 1 – friends, 2 – friends of friends, and ALL – visible to public space (Figs. 11.2 and 11.3).

11.4.2 Social Network Management

An indispensable part of the user's privacy decision relies on the audience, whether the data is visible to particular audience or not. To build up a social network two types of relations are defined: friend and follower relations (Figs. 11.4 and 11.5). This is important in order to build up the graph of the user's social network.

To be able to measure the degree of the defined relations, it is proposed to have the reputation management of the users, as well as the functionality to block users. Additionally, the organic groups functionality is implemented in order to build the communities of interest, and thus user's privacy decision will also include the management of the data within the groups.

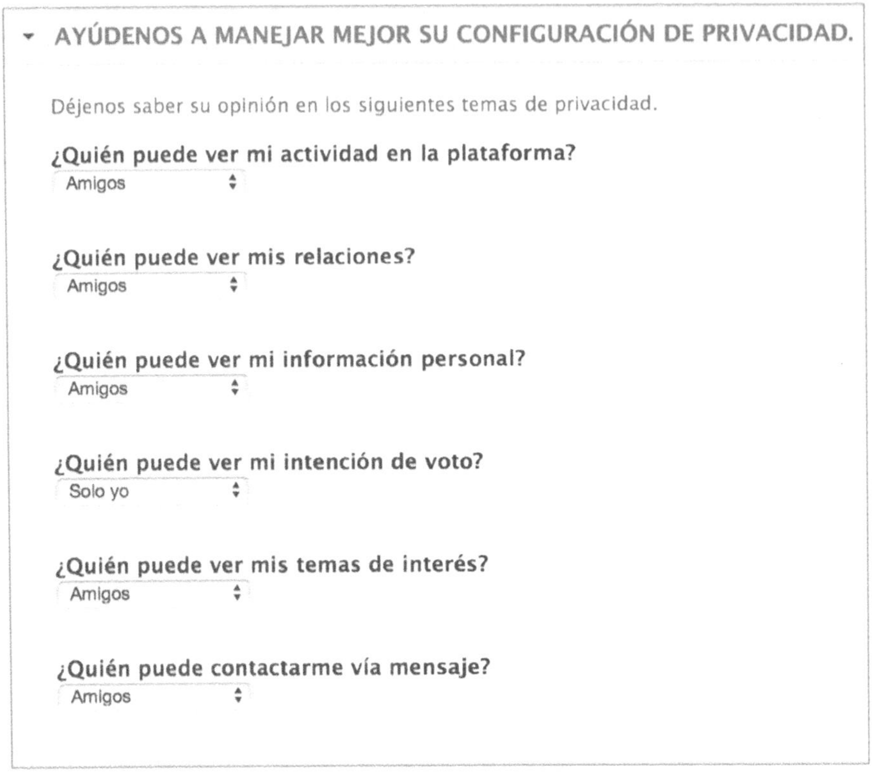

Fig. 11.3 Audience selection

11.4.3 Sharing Techniques

It is worth to note the difference between sharing techniques and information disclosure. Firstly, the information disclosure requires users to decide on their data visibility settings at the registration of a user new account, as well as users can change it while using the platform. Secondly, the privacy decisions matters the disclosure of the profile fields predefined in the system such as date of birth, education, answers to VAAs questionnaire and others.

Thirdly, in contrast to information disclosure, sharing techniques are related to the user's generated content (data) while using the platform. More precisely, when a user generates a new article (text, image, video), it is going to be posted on her/his wall. In this case, with the sharing techniques functionality (Figs. 11.6 and 11.7) a user can select to which audience this post can be seen, or s/he can decide to hide this article. In addition, a user has the opportunity to share her/his data via different social media such as Facebook, Twitter.

Fig. 11.4 Add a friend/follower

Fig. 11.5 Friend/follower relations

Fig. 11.6 Create a post

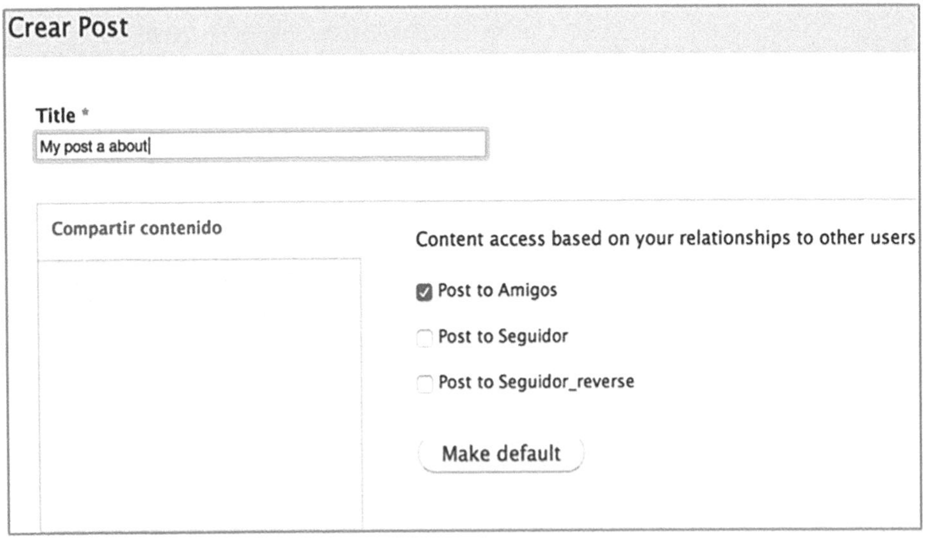

Fig. 11.7 Create a group

11.5 Conclusions

Different amount of information can be controlled within user privacy profile's functionalities. First is a control of information disclosure, in particular control over the static data of the user profile, such as a province of voting, a level of interest in politics, etc. Second is the social network management functionality, which allows users to manage their social relations such as friends or followers. Third is the sharing techniques with which users have control over their dynamic data such as posts, activities in the system, creation of groups.

The implementation of the user privacy profile in the VAA presented as a first step of the DUPSF development. Having the blueprint of the UPP in the system, citizens are able to set their privacy settings, thus expressing their privacy behaviours. According to DUPSF, the next step is to collect user privacy profiles and send it to the fuzzy inference system that will analyse the differentiated privacy behaviour of each user and thereof provide a user-tailored privacy suggestion. Kaskina and Meier (2016) previously explored the multidimensionality and inherent fuzzy nature of user privacy behaviours. They showed that complexity of user privacy profiles is reflected in variance of privacy decision per different data item in accordance with an audience representative. Moreover, with the help of fuzzy clustering, it was detected that a user privacy profile at once can be associated with different privacy behaviour classes.

Revisiting the design science research process, the *differentiated user privacy support framework* represents the development stage, and as a construct needs a further evaluation. Therefore, considering aforementioned aspects, the future work will imply the data collection of citizens UPP's and implementing the FIS module to generate user-tailored privacy decision-making suggestions. Based on that the evaluation framework will be developed, that will allow to execute necessary evaluation experiments, and derive the conclusions regarding the development of DUPSF.

Acknowledgment The author would like to thank Prof. Andreas Meier and the members of Information System Research Group at the University of Fribourg (diuf.unifr.ch/is) for a continuous support and contribution with valuable feedbacks and comments during the research process.

References

Awad NF, Krishnan MS (2006) The personalization privacy paradox: an empirical evaluation of information transparency and the willingness to be profiled online for personalization. MIS Q 30:13–28

Cavoukian A (2010) Privacy by design. Information and Privacy Commissioner of Ontario, Canada, Toronto

Fang L, LeFevre K (2010) Privacy wizards for social networking sites. In: Proceedings of the 19th international conference on World Wide Web, ACM, pp 351–360, Raleigh, NC, USA

Gross R, Acquisti A (2005) Information revelation and privacy in online social networks. In: Proceedings of the 2005 ACM workshop on privacy in the electronic society, ACM, pp 71–80, Alexandria, VA, USA

Kasabov NK (1996) Foundations of neural networks, fuzzy systems, and knowledge engineering. MIT Press, Cambridge, MA
Kaskina A, Meier A (2016) Integrating privacy and trust in voting advice applications. In: eDemocracy and eGovernment (ICEDEG), 2016 third international conference on, IEEE, pp 20–25, Sangolqui, Ecuador
Knijnenburg BP (2015) A user-tailored approach to privacy decision support. PhD thesis, University of California, Irvine
Knijnenburg BP, Kobsa A, Jin H (2013) Preference-based location sharing: are more privacy options really better? In: Proceedings of the SIGCHI conference on human factors in computing systems, ACM, pp 2667–2676, Paris, France
Liu Y, Gummadi KP, Krishnamurthy B, Mislove A (2011) Analyzing Facebook privacy settings: user expectations vs. reality. In: Proceedings of the 2011 ACM SIGCOMM conference on Internet measurement conference, ACM, pp 61–70, Berlin, Germany
Palen L, Dourish P (2003) Unpacking privacy for a networked world. In: Proceedings of the SIGCHI conference on human factors in computing systems, ACM, pp 129–136, Ft. Lauderdale, Florida, USA
Rasmussen C, Dara R (2014) Empowering users through privacy management recommender systems. In: Humanitarian technology conference-(IHTC), 2014 IEEE Canada international, IEEE, pp 1–5, Montreal, Canada
Reinhardt D, Engelmann F, Hollick M (2015) Can I help you setting your privacy? A survey-based exploration of users' attitudes towards privacy suggestions. In: Proceedings of the 13th international conference on advances in mobile computing and multimedia, ACM, pp 347–356, Brussels, Belgium
Teran L, Balda A, Mendez F, Puyosa I, Rivera I, Baquerizo G, Pastor D, Illingworth A, Vaca C, Mendieta J, Recalde L (2017) Participa Ingeligente. Plataforma de Discussion y Participacion Ciudadana. [Online]. Available at https://participacioninteligente.org/. Accessed 23 Feb 2017
Vaishnavi V, Keuchler W (2004) Design science research in information systems. Last updated: 15 Nov 2015. http://www.desrist.org/design-research-in-information-systems/
Westin AF (1968) Privacy and freedom. Washington Lee Law Rev 25(1):166

Applying Dynamic Profiles on Voting Advice Applications

12

The Case of National Elections in Ecuador

Luis Terán and José Mancera

Abstract

In the context of elections, Information Systems (IS) open new and promising possibilities for parties and candidates looking for a better political strategy and visibility. In this way they can also organize their election campaign to gather funds, to mobilize support, and to enter into a direct dialogue with the electorate. This chapter presents an ongoing research of recommender systems applied on e-government, particularly it is an extension of so-called *voting advice applications* (VAA's). VAA's are Web applications that support voters, providing relevant information on candidates and political parties by comparing their political interests with parties or candidates on different political issues. Traditional VAA's provide recommendations of political parties and candidates focusing on static profiles of users. The goal of this work is to develop a candidate profile based on different parameters, such as the perspective of voters, social network activities, and expert opinions, to construct a more accurate dynamic profile of candidates. Understanding the elements that compose a candidate profile will help citizens in the decision-making process when facing a lack of information related to the behavior and thinking of future public authorities. Then, a fuzzy-based visualization approach for a VAA design is given using as a case study the National Elections of Ecuador in 2013. At the end of this work, an existing Web-based application so-called *Participa Inteligente* is presented. It was developed for stimulating citizens participation in the context of the Ecuador National Elections 2017. It applies the concepts of Dynamic Profiles presented in this work.

L. Terán (✉) • J. Mancera
Universität Freiburg i.Ü., Freiburg, Switzerland
E-Mail: luis.teran@unifr.ch; josealberto.manceraandrade@unifr.ch

E. Portmann (Hrsg.), *Wirtschaftsinformatik in Theorie und Praxis*,
DOI 10.1007/978-3-658-17613-6_12

Keywords
recommender systems • dynamic profiles • voting advice applications • fuzzy logic • sentiment analysis

12.1 Introduction

Voting advice applications (VAA's) are Web-based applications that provide information about parties or candidates running in elections. They aim to help voters find out which party or candidate is close to their political orientation.

VAA's are increasingly used in election campaigns worldwide; thus, their design and methodology deserve closer attention, especially taking into consideration that the recommendations provided can affect voters' decision-making. In the Netherlands, about 10% of voters reported that they adjusted their electoral decision due to the recommendation received from the application (Kleinnijenhuis and Hoof 2008). In Germany, 6% of participants indicated that they changed their vote choice to another party (Marschall 2005), while 3% did so in Finland (Mykkänen and Moring 2006). In Switzerland, substantial amount of participants stated that the voting recommendation affected their voting behavior. Around 70% of survey participants indicated that the voting recommendation influenced their decisions on the ballot, with most of them voting for different candidates because of the ranking list that they received from the VAA. A smaller but still substantial part of users indicated that they changed their party choice as a consequence of the VAA output (Fivaz and Nadig 2010; Ladner et al. 2010a, b; Ladner and Fivaz 2012). Although more studies in this field have to be done, all these previous studies reflect evidence that VAA's have a strong influence to persuade changes in voters' decisions.

This work uses the guidelines for design science in Information Systems research proposed by Hevner et al. (2004). Design science is a problem-solving-based information technology research methodology that offers specific guidelines for evaluation and iteration within research projects. It focuses on the development and performance of artifacts with the explicit intention of improving the functional performance of the artifact. Design science research is typically applied to categories of artifacts including algorithms, human/computer interfaces, and design methodologies, among others. Since the main objective of this work is to develop a Web application to enhance citizens' participation, the design science approach gives the necessary framework for its implementation and development.

This chapter is structured as follows: First, Sect. 12.2 describes the state of the art on VAA's. Then, Sect. 12.3 describes the profile generation methods. Section 12.4 presents the different datasets, pre-processing and processing. Then, Sect. 12.5 gives brief details on the use of dynamic profiles for the design of VAA's. Section 12.6 provides an analysis and evaluation of the methodology used for dynamic profile generation. Then, Sect. 12.7 describes the method for candidate vector integration. In Sect. 12.8, a current implementation of the dynamic profile generation proposed for this project is presented. Finally, concluding remarks and outlooks are presented in Sect. 12.9.

12.2 State of the Art on VAA's

The use of recommender systems (RSs) on *e-government* is a research area intended to reduce information overload on *e-government* services and enhance the interaction among public administrations, citizens, and the private sector. Two types of RSs were identified: The first one corresponds to VAA's, which are online tools that match the preferences of citizens with respect to political parties or candidates. These applications are mainly used on electoral campaigns. In the work of Ladner et al. (2010b), the author concludes with the increasing popularity of VAA's. The second type of RSs for *e-government* are social voting advice applications (SVAA), which were proposed in the work of Katakis et al. (2014). The authors defined SVAA's as an extension of VAA's by providing community-based recommendations, a comparison of users' political opinions, and a channel of user communication.

The RS presented in this chapter extends the profile generation procedures used in VAA's and SVAA's, where the profiles are mainly generated on the basis of a standardized questionnaire that includes a number of questions on political issues. As an example, the *Smartvote* project (2003) (VAA for communal, cantonal, and national elections in Switzerland based on a profile comparison between candidates and voters) generates the users' profiles from a set of 30–75 questions on 11 political issues (e.g., welfare, family, and health; migration and integration; economy and work; others). In the work of Terán and Drobnjak (2013), the authors conclude that one of the main limitations of VAA's is that these applications are mainly used during voting or elections and are no longer used when these processes end.

In the classical VAA 1.0, neither candidates nor voters can generate content (i.e. questions) but in the VAA 2.0. both: candidates and voters can create different types of content. With the inclusion of so-called dynamic profiles and allowing users to become content generators (Terán and Kaskina 2016), the RS approach presented in this work intends to improve the profile generation of candidates which in most of the cases does not answer the questionnaires proposed by VAA's but has to be constructed based on expert opinions. An example of a VAA that was able to include the answers of candidates is the *Smartvote* project (2003). In the study presented in this work, the profiles of candidates were constructed based on the opinions of journalists and political scientists for the National Elections in Ecuador in 2013 and used in the VAA. *EcuadorVota.*[1] The design of party coding is presented in details in the work of (Geminis et al. 2014) by using the 'Delphi' iterative expert survey.

12.3 Profiling Candidates

This study considers that the pillar of the VAA's design should be based on a resistant or resilient candidate profile model that can tolerate the answer or user manipulations in order to represent the most accurate information, ideas, and political orientation of candidates or political parties. The definition of a candidate profile model is crucial during

[1] http://www.ecuadorvota.com.

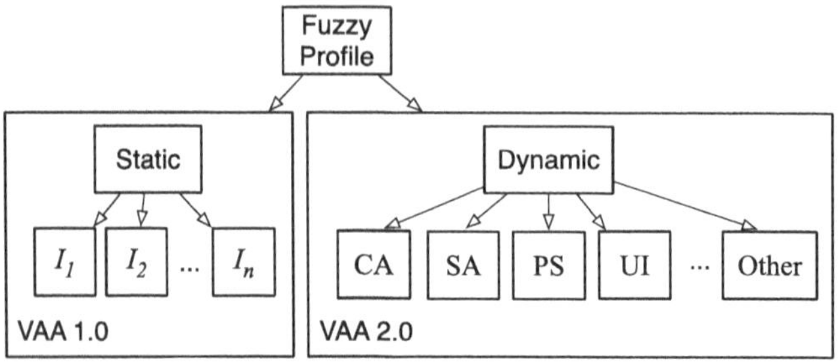

Fig. 12.1 User Profile (Adapted from Terán and Kaskina (2016))

elections. It reflects the political party orientation and their goals as a whole. This section has the aim to define the different elements that can define a candidate profile and explain the criteria behind all these characteristics.

The work of Terán and Kaskina (2016) includes two components of a profile generation for VAA's, static and dynamic. Figure 12.1 shows both types of profile components with the main difference being that the static profile is generated when the voter signs up in the VAA and includes a fixed definition of preferences, whereas the dynamic profile is generated with other sources of information such as social media. The authors include the possibility of voters and candidates to actively participating in the system by providing comments, discussion, content, etc.

Based on all the elements and the context in which a candidate can have a public figure, this study considers the difference and defines two main parameter categories:

- **Static Profiles.** These are mainly used on VAA's and are generated when the voter subscribes to the system and includes a general overview of his/her preferences. Static profiles are defined by the administrators and correspond to answers on a number of questions of political issues ($I_1,\ldots,I_n$) (see Fig. 12.1). In this chapter, these types of profiles are defined for a so-called VAA 1.0 (this term refers to the Web 1.0), which includes static profiles that are the only source of information from users.
- **Dynamic Profiles.** This type of profile can enhance voters' participation and improve profile generation. Unlike VAA's 1.0, dynamic profiles allow users to become content generators. The dynamic profile is created on the basis of the activity as well as the different content types created by the voters via a Web interface. These types of profiles are defined in this chapter for a so-called VAA 2.0 (this term refers to the Web 2.0), which includes dynamic profiles as an additional source of information from users. The proposed dynamic profile includes a number of block modules, such as context-awareness (CA), privacy settings (PS), voter interaction (UI), and sentiment analysis (SA), among other possible modules depending on the features developed to extend the profiles and recommendations to users (see Fig. 12.1). This work focus on the implementation of SA in dynamic profiles.

The combination of both categories is a good basis for a candidate profile template that can represent all the factors involved in the candidate political environment.

Based on the elections datasets provided by the project *PreferenceMatcher*[2] for the National Elections in Ecuador in 2013 (PreferenceMatcher 2016), it is possible to consider the six main social topic categories given by the VAA *EcuadorVota*, which are economy, international policy, national policy, security, welfare state, and society. It is important to consider that the priority of these categories can change according to the situation in the country. For instance, a deep economic recession will give more importance to the economy than to societal issues.

12.3.1 Vector Profile of Candidates

As mentioned above, the candidate model has two main parameter categories, static and dynamic. In addition, each social category will have a weight assigned in the final candidates' vector by an importance vector. Figure 12.2 shows the construction of a vector profile of candidates by correlating all the parameters.

The social topic categories are mapped into three vectors of 30 elements or dimensions each. The size of the vectors is based on the original surveys provided by the datasets of *PreferenceMatcher* (PreferenceMatcher 2016), and each dimension is represented by one question. The expert vector represents the opinions of journalists and political scientists. Afterwards, an average is taken between the static and dynamic elements. Then the weight, which is related to a current social topic context, is represented by an importance factor vector $(\alpha_1,\ldots,\alpha_6)$, that will determine which dimensions of the vector become more important in a certain period of time. The importance factor vector of α values has a scale for each value from 0 to 1, where 0 represents low importance and 1 represents high importance and/or relevance. For instance, an economic crisis during the time of elections, the social topic of Economy should be weighted with a $\alpha_1 = 1$ with a major importance and perhaps the rest of the social topics $(\alpha_2,\ldots,\alpha_6)$ with 0.5. This will make that the tweets from the economy topic will have more influence in the candidate's vector.

As a first setup in our model analysis, the weight factor α has a default setup of 1 for all the social topic, thus all of them are considered equally important. In the subsequent sections, more details are provided in order to understand the construction and uses of this vector in our analysis.

Static Candidate's Profile Vector

Figure 12.2 shows a static expert vector. This vector is provided by *EcuadorVota*, and it represents the opinion of experts with respect to the topic categories. In other cases, this vector is provided directly from the candidates who represent the ideology of the party. Nevertheless, by the analysis and the results shown in the work of Mancera and Bossard (2015), this vector is the most biased among all the different elements in the model since

[2] http://www.preferencematcher.org.

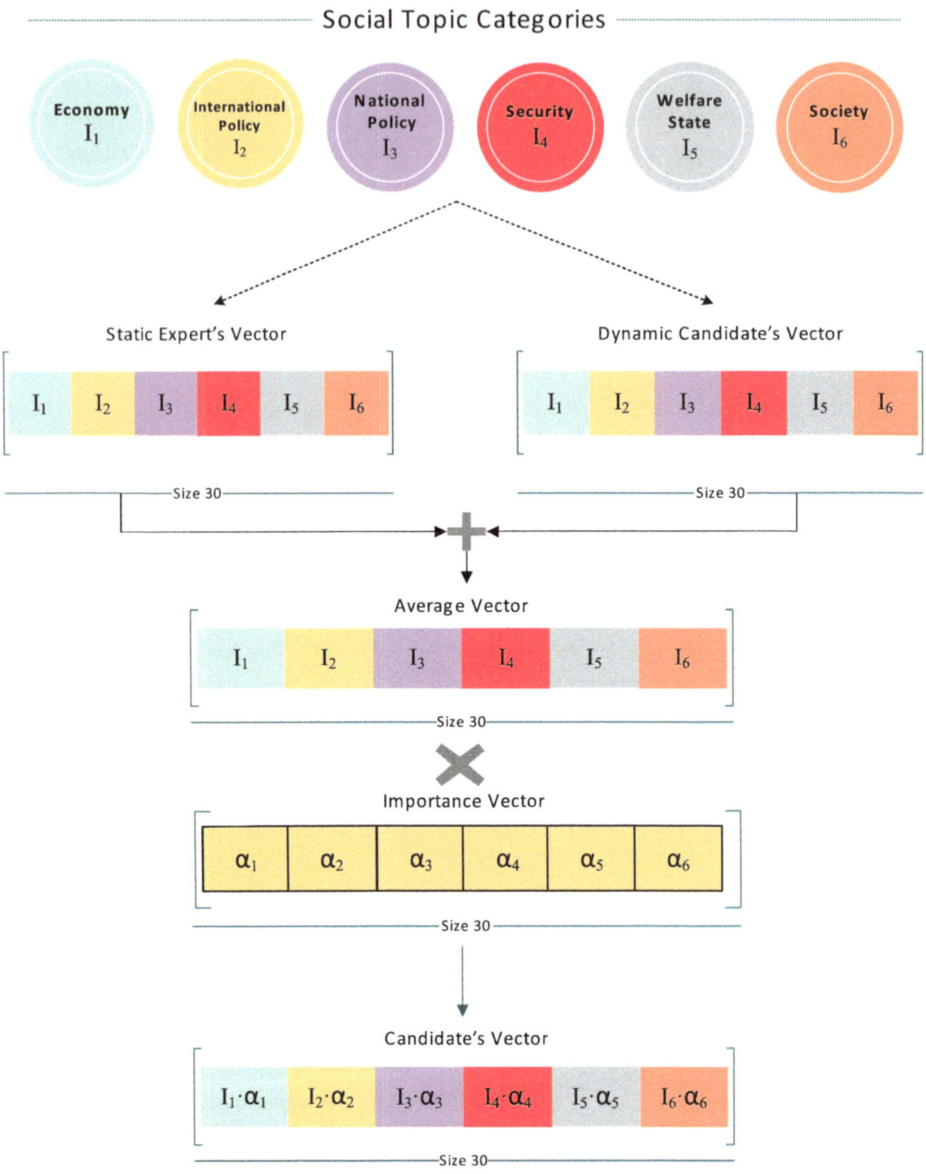

Fig. 12.2 Vector profile of candidates construction

the political interests play an important role. Therefore the candidate or expert tries to answer to get the maximum opportunity to earn popularity or influence the candidate perception, regardless of whether his or her answers or opinions represent the real ideals or thoughts of the candidate. For this reason, the expert candidate profile is not considered to be the only source for the profile generation in our analysis.

Dynamic Candidate's Profile Vector

The dynamic candidate vector is not automatically given by a political party, experts, or candidate. It requires extra pre-processing from the perspective of sentiment analysis. Figure 12.3 shows the steps taken to obtain the dynamic part.

The preliminary dynamic candidate's vector is the result of a sentiment analysis in a vector of 30 dimensions. The sentiment analysis can be applied not only to one social network, but also many of them. In this work, the sentiment analysis is based on the postings of candidates given in the social network *Twitter*. It is important to notice that in Fig. 12.3, all related tweets to I_1 (Economy) will be filtered for each candidate.

12.4 Datasets

The datasets used in this work include the following: datasets (CVS), dataset codebook, expert vector, and candidates' *Twitter* activity (available in the work of Mancera (2016)). The datasets contain several categories and answers provided by voters (users of VAA). Nevertheless, in order to clean the dataset, it is necessary to identify the relevant information. The datasets are structured in two big blocks: the superior questions block (i.e., age, educational level, vote intention, favorite political party, etc.) and the social topic questions.

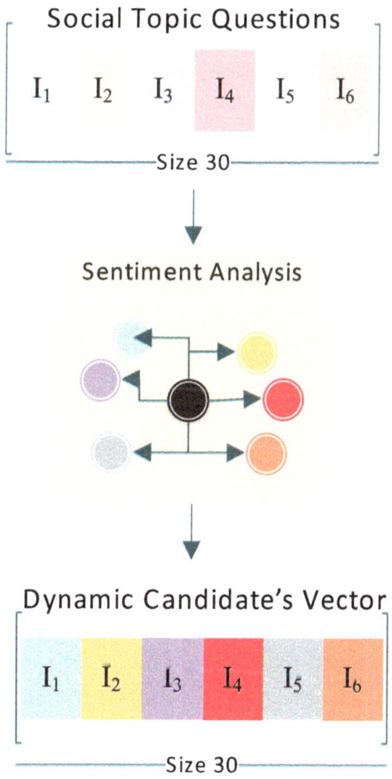

Fig. 12.3 Dynamic candidate's vector

For analysis and comparison purposes, the supreme question "vote intention" is considered only from the superior questions block. The rest of the supreme questions are ignored for this study, but they may become relevant in the case that more granularities are needed (i.e., perception in different educational levels). The second reason not to consider a deeper level of granularity in this work is to avoid increasing the complexity of the sentiment analysis. If more parameters (more granules) are considered, the same parameters in other different elements will be needed to be taken into account, adding complexity into the model and eventually the analysis.

However, considering only one supreme question does not compromise the quality and outcome, it will be shown in further sections that the selected supreme question will be a good reference point later to observe how other elements affect the voting preferences of the voters.

Lastly, the block with social topic questions is considered entirely for this study. The description of the social topic questions can be found directly on the Website of *Ecuador-Vota*.

12.4.1 Dataset Pre-Processing

In the case of National Elections in Ecuador 2013, there are no party alliances. The assumption at this point is that each candidate represents the ideologies of their party. Nevertheless, three candidates in the dataset does not have enough vote intention data, which represents a problem with the size of the dataset. The following parties and candidates are analyzed in this work: Rafael Correa (Movimiento Alianza PAIS), Guillermo Lasso (CREO), Lucio Gutiérrez (Partido Sociedad Patriótica), Mauricio Rodas (SUMA), Alvaro Noboa (PRIAN), Alberto Acosta (Unidad Plurinacional de las Izquierdas), Norman Wray (Ruptura 25), and Nelson Zavala (PRE).

An important consideration is to analyze the data in terms of completeness, which means to consider the voters who have answered all the questions in the survey. In order to clean the dataset and remain with a proper set of voters, it is needed to reduce the dataset size and provide fairness in terms of the amount of voters per candidate due to the nature of the fuzzy algorithm that will be used later during the evaluation, described in Sect. 12.7.1. The dataset reduction is performed in four steps:

- **Step 1:** The analysis only consider voters who fully answered all 30 issue statements, (i.e., any user that had at least one "99" value was exclude from the analysis). The reason for this is that the research model in this work is designed to only use fully answered questionnaires.
- **Step 2:** The aim of this step was to downsize the datasets with users who also gave a clear statement about their vote intention. Users who answered "other," "none," or "did not supply information" were excluded from the dataset.

- **Step 3:** In this step, the dataset reduction is based on the voter's amount per candidate. The equal distribution of the number of users per candidate is important to balance the entries of each profile. Otherwise, the fuzzy c-mean algorithm would give preference to the candidate who has more voters. Then, both datasets were reduced in order to have an equal amount of voters among candidates (424 voters per candidate).
- **Step 4:** The last step is related to the dimensionality reduction of the dataset. Originally, the experts' vector contained 30 issue questions. To get a clearer image of the political landscape, only fully answered issue questions by the candidates must be taken into account for later analysis. Then, based on the 30 social topic questions of the experts' answers, an elimination of incomplete answers with no opinion was done in the dataset as well.

12.4.2 Sentiment Analysis Elements

The social media platform considered in this study to perform sentiment analysis is *Twitter*, which is a micro-blog social networking service that enables users to publish and read short 140-character messages. The advantage of this social media platform is that all the posts are public and it is possible to recall them via an API. Figure 12.4 shows the categories to be considered as part of the sentiment analysis architecture and their connection among each other. The sentiment analysis considers two main categories involved in the construction of the dynamic part of the candidate's profile:

- **Candidate Posts:** Messages that a candidate re-tweets or writes personally on his/her account.
- **Candidate Tags:** This represents the comments from other *Twitter* users (voters) where the candidate may be related.

The dynamic candidate's vector is built by the sum of two main categories (candidate tags and candidate posts), which are mapped between the *tweets* and social categories. Equation 1 represents the calculation of the dynamic candidate's vector, where the variable a is a fraction between 0 and 1. For instance, if $a = 0.3$, then the candidate posts have 30% importance, and the tags from the users 70%. This creates a more realistic scenario to create a vector that represents the voters' candidate perception. However, the value of a can be changed in further studies in order to give more or equal importance to the vectors involved.

$$\sum_i A_i IV_i a + B_i IV_i (1-a) \tag{1}$$

The tweet's capture is performed with python in order to read and count the words in the *tweets* of each candidate. Later in the absence of a Spanish sentiment analysis dictionary, a human analysis will be needed in order to classify the words by topic and assign a value in the vectors.

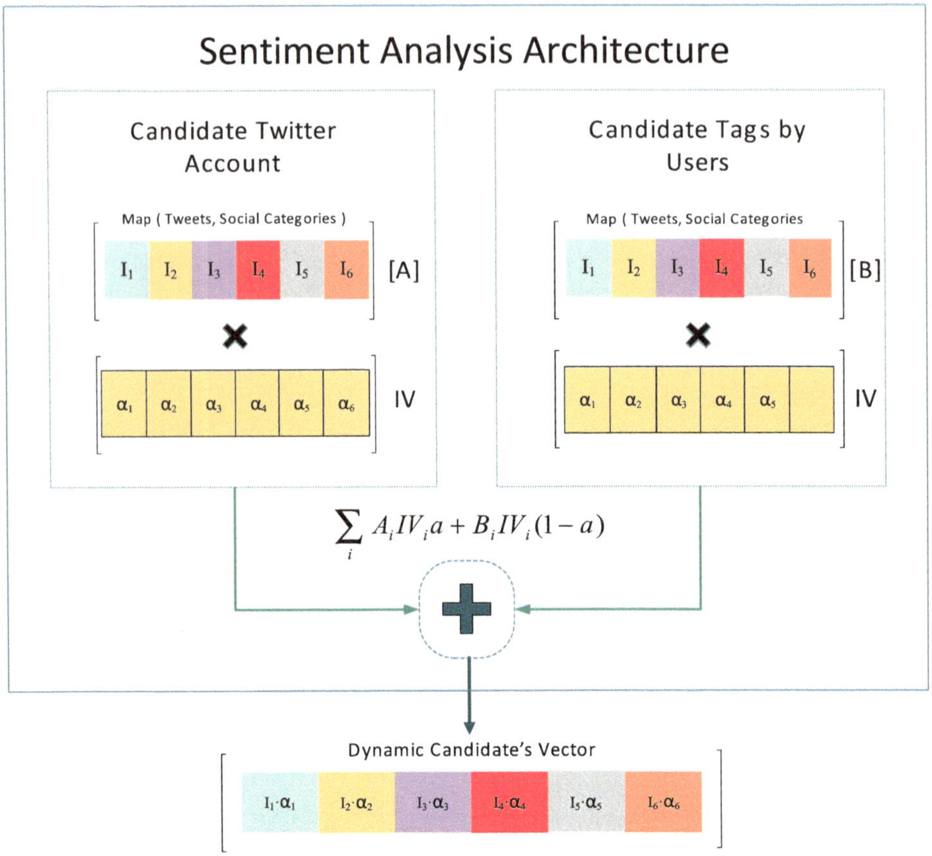

Fig. 12.4 Sentiment analysis architecture

As it was mentioned before, the value of a ensures that the two main categories do not have the same relevance. For instance, the candidate posts may be fictitious or manipulated in order to keep a good self-image, so it can be biased by the candidate. However, the posts or *tweets* in which the candidate has been tagged are more representative, but there might be still the problem of several external users working cooperatively to affect the public image of a candidate by posting compromising messages or an Internet bot.

At the end, the sentiment analysis model considers whether users who tagged a candidate are authentic by observing his or her number of followers. It is assumed that most of the Internet bots do not have followers because the accounts are fake and automatically created. However, it is out of the scope of this work to find an ideal method to avoid this potential bias. Once the Internet bot detector is considered, the model by default takes into account an importance vector, which gives more relevance to the *tweets* that come from the *Twitter* users rather than the ones from the candidate. On the other hand, this study presents in the analysis section the level of candidate popularity in social networks by counting the number of followers.

Finally, the dynamic vector can be calculated more often, and it can help users since it represents a more spontaneous candidate perception. In terms of a campaign strategy, it reflects the strengths and weaknesses of the candidate. It may be improved during a political campaign.

12.5 VAA Design

Knowing all the parts that compose the candidate profile model, it is time to explain the algorithms in which our candidate model can be used and analyzed. The methods or algorithms used to calculate the policy congruence in different studies and papers previously consulted showed that there is not a standard algorithm to apply because all of them differ substantially between VAA's. While some use Euclidian distance to find the closest match, others use the *city block* model. These two mathematical approaches for calculating distances between objects of interest (Louwerse and Rosema 2014) affect the results of the matching procedure and therefore the voting recommendation of the VAA. VAA designs are currently under intense scientific scrutiny, especially in terms of the matching algorithms they employ (Gemenis 2012). Last but not least, the presentation of results varies between VAA's, with various procedures on how to visualize several issue positions in a reduced form. VAA's are increasingly used in election campaigns worldwide, thus their design and methodology deserve closer attention, especially because the outputs they produce seem to affect those who use them.

In this work and for the purposes of our study, two algorithms are considered, Euclidian distance and a fuzzy c-means as it was proposed by Terán (2014). The system architecture proposed by Terán and Kaskina (2016) includes two types of profiles: static and dynamic. Figure 12.5 shows both types of profiles with the main difference being that the static profile is generated when the user signs up in the system and includes a fixed definition of preferences, whereas the dynamic profile is generated when the user participates in different blogs, discussions, comments, etc.

12.6 Analysis and Evaluation

The analysis in this section is based on a comparison between two main scenarios: with and without sentiment analysis to build the candidate's vector. The first subsection starts with the construction of the dynamic vector with the use of sentiment analysis. Later, the candidate vector is created and integrated in the dataset. Finally, the data is computed with the fuzzy c-mean algorithm in order to obtain the degrees of membership per voter – in other words, the affinity percentage that user has among all the candidates.

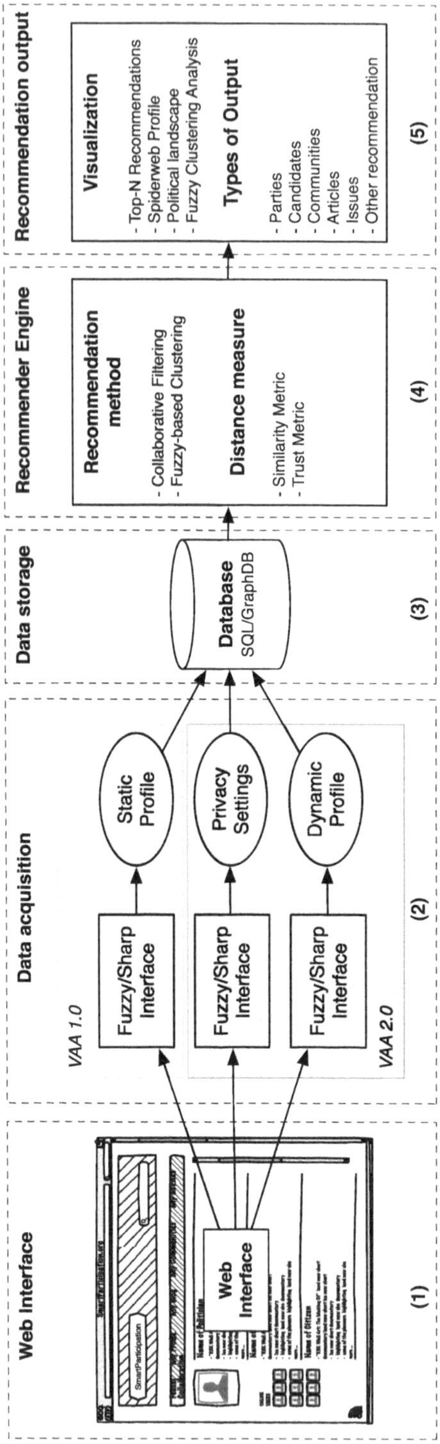

Fig. 12.5 VAA architecture (Adapted from Terán and Kaskina (2016))

12.6.1 Sentiment Analysis

This section focuses in the description of the methodology and explains relevant statistics for the dynamic part of the candidate's profile.

Statistics of Twitter Accounts

There are several statistics or *altmetrics* that can be calculated and obtained by analyzing the data of *Twitter* users, particularly the presence of the candidates in the social network *Twitter*. The next *altmetrics* helped the study to determine which candidates should be considered for the opinion mining. It will be explained later that some candidates do not have enough information or present an absence of information to perform a sentiment analysis and eventually later the VAA algorithms as will be observed in the case of Ecuador.

The Case of Ecuador

During the study, it was possible to obtain the number of followers and the amount of *tweets* that each candidate has had since the creation of their accounts. This will help to grasp an idea about their Internet activity. The number of followers is presented in Fig. 12.6. The top candidate is Rafael Correa with 2,732,483 followers; this represents a huge gap with the other candidates, especially with Nelson Zavala, who barely has followers (842).

Another relevant altmetric is the number of *tweets* that each candidate has published. Figure 12.7 shows who is more active on *Twitter*. It is not necessary for the one who has more followers. These *altmetrics* are just the overview of several options. It is also possible to get more granularity, such as with the classification of followers by sex, location, etc.

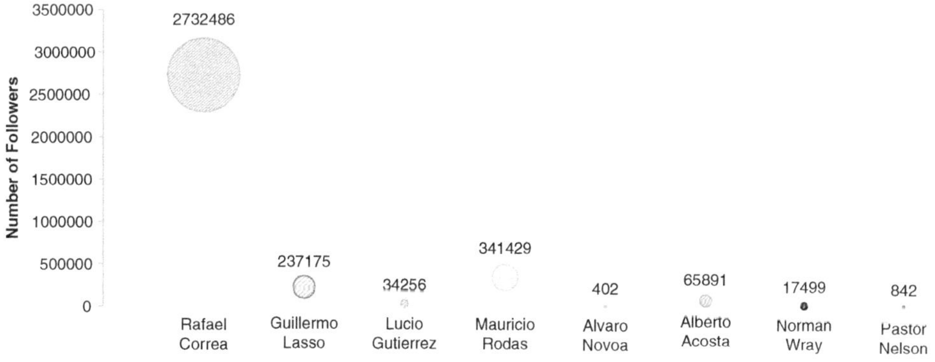

Fig. 12.6 Followers of candidates, Ecuador 2013

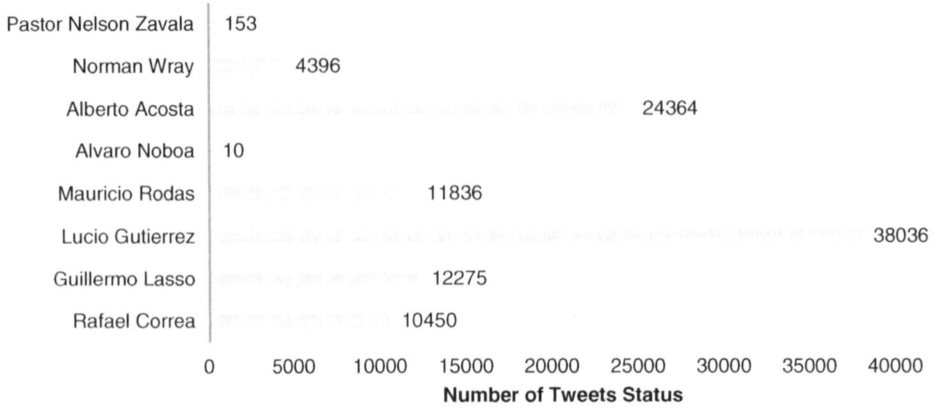

Fig. 12.7 Number of tweet of candidates, Ecuador 2013

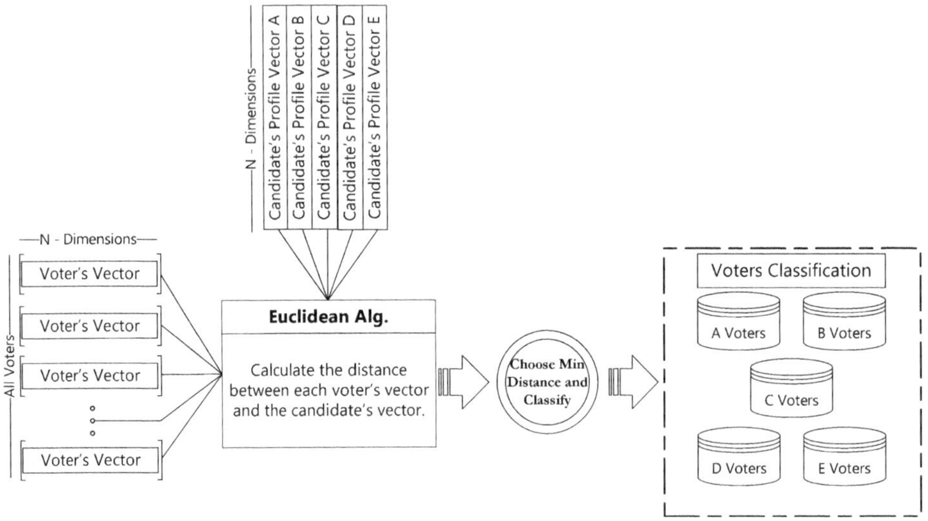

Fig. 12.8 Euclidian distance process

12.6.2 Euclidian Distance

The most often used algorithm and encountered space in several VAA's recommender systems is Euclidean distance. Distance computation has been widely used in several studies to provide a quick comparison between users or to provide recommendations. The smaller the value of the distance, the greater the similarity between two elements. In our case, every question represents a dimension, and all the dimensions are represented by a vector; in other words, the length of the vector denotes the number of dimensions. In this section, the analysis is based on people who answered the supreme questions about vote intention. It then measures the euclidian distance between the voter and classifies it into a candidate's set. Figure 12.8 shows the process of the algorithm performed in this study.

For the purposes of this study and based on the *Twitter* datasets collected as well as the data cleaning of the dataset, it is only possible to classify voters from the datasets in the pre-processing phase by this method. It contains most of the candidates, and the provided static candidates' profiles can be compared with the supreme questions.

Based on the *altmetrics*, three candidates in the social networks do not have enough activity, so it was only possible to compute the top five candidates. The results and comparisons of this method are explained in more detail in the work of Mancera (2016). In resume it is possible to observe that the vote intention of voters changes with time, and the voters' positions with respect to a candidate are not fixed. Nevertheless, Euclidean distance is only a fast comparison method that cannot tell us what causes that preference change in the users, for instance.

12.7 Candidate Vector Integration

As briefly mentioned before, Euclidean distance is limited to providing some answers or details about the voters and candidates. In this part, Scenario A (without sentiment analysis) and Scenario B (with sentiment analysis) are shown in Figs. 12.9 and 12.10, respectively. In this section, we present what the data from candidates and voters looks like before the use of the fuzzy c-means algorithm, which computes the final center of clusters. At this point, it is possible to appreciate some differences already.

Figure 12.9 shows the initial position of the candidates without a profile that includes sentiment analysis. Based on the 30 social questions, the principal component analysis (PCA)

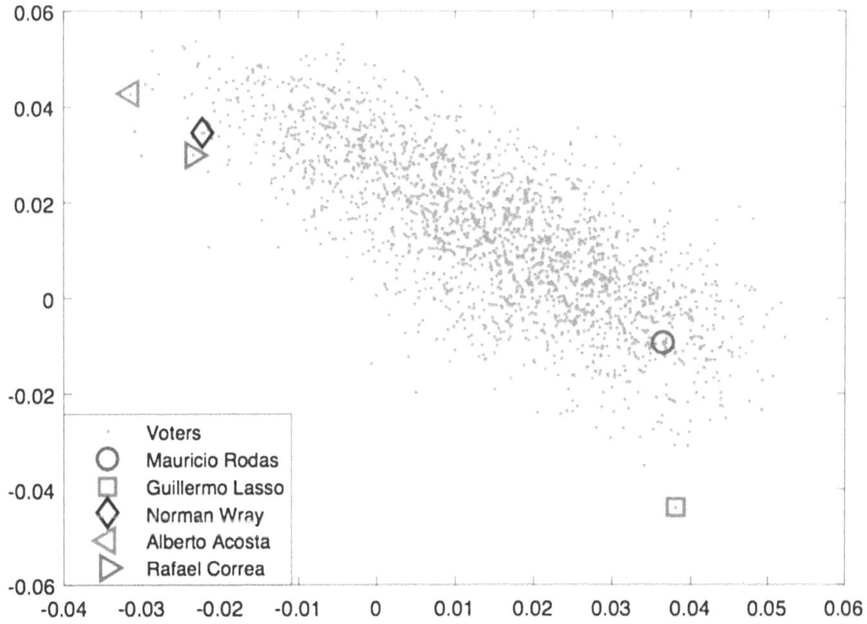

Fig. 12.9 Candidate profiles from experts

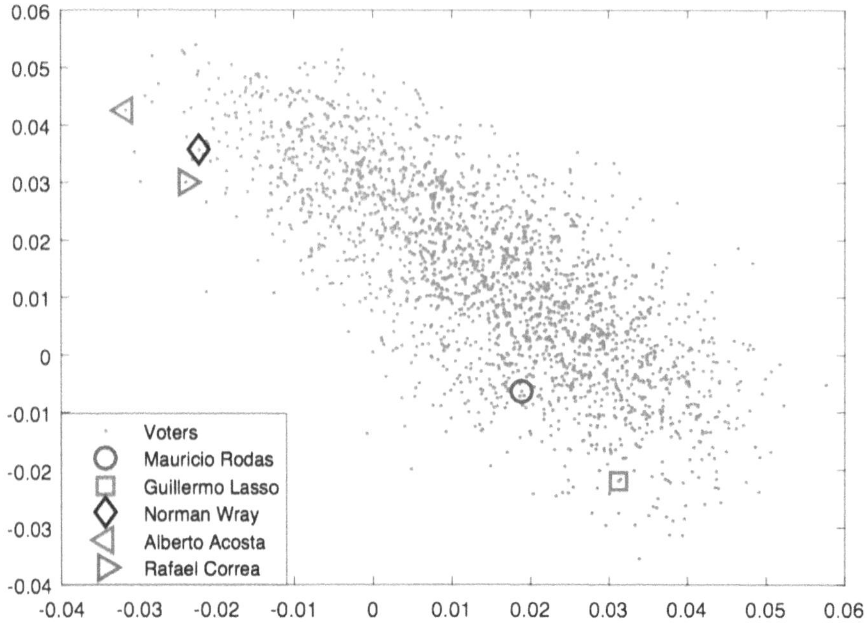

Fig. 12.10 Candidate profiles with sentiment analysis

algorithm was applied for dimensionality reduction to present the data points in a bi-dimensional map. In addition, the voters are also plotted in this map.

In contrast, Fig. 12.10 shows the initial position of each candidate, this time with the proposed candidate profile. Apparently the candidate's position seems the same in the superior part of the figure, so candidates such as Alberto Acosta, Rafael Correa, and Norman Wray remain in the same position. Meanwhile, Guillermo Lasso and Mauricio Rodas have a different initial centers than in Figure 12.9 without sentiment analysis.

This indicates that in the period of time after the experts analyzed each candidate to define the candidates' profiles, their answers and opinions changed or no longer correspond with their answers provided during the survey. In other words, in the meantime, they could have either changed their ideology or simply influenced their opinions in order to favor some candidates to obtain more electoral supporters.

12.7.1 Fuzzy-Based VAA

Figure 12.11 provides the results of the final candidates' clusters. These final clusters will determine the degree of membership of each voter and the voter classification later.

Figures 12.11 and 12.12 are considered the same for the calculation of the final centers. The final center positions remain almost equal, and the sentiment changes do not have a big

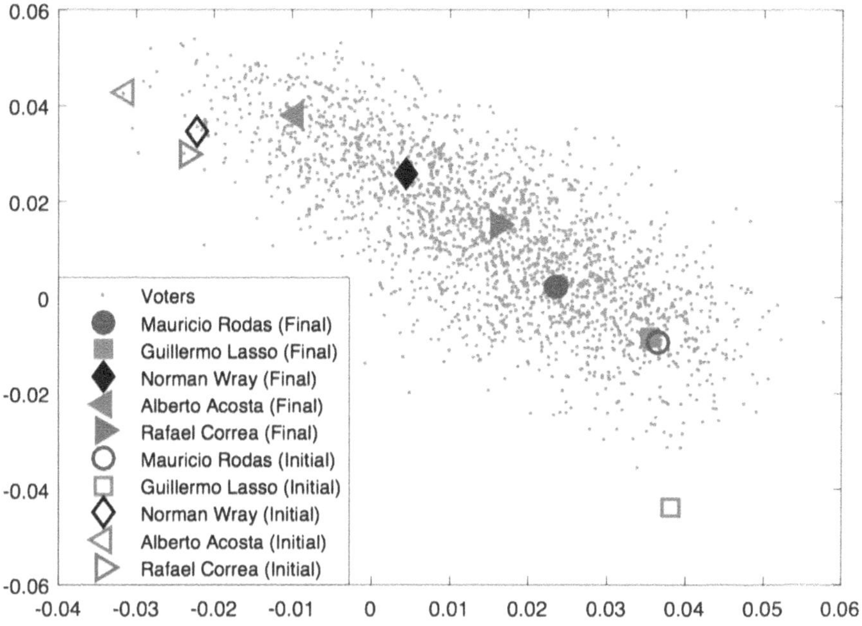

Fig. 12.11 Initial and final candidate profiles without sentiment analysis

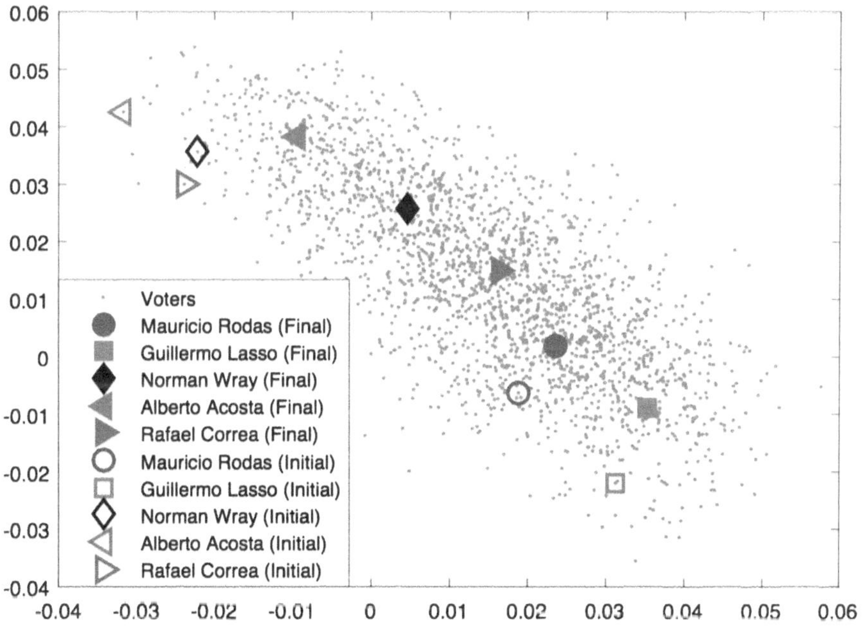

Fig. 12.12 Initial and final candidate profiles with sentiment analysis

impact on the voters' cluster classification. However, more details about the membership degree by voter will be presented further in order to compare numerically and to appreciate in more detail their differences.

12.7.2 Dynamic VAA Visualization

It this work, we could observe that in the case of Ecuador, there is an influence from social media on the Internet. Notice how the preferences of the candidates have changed. The degrees of membership from the fuzzy cluster algorithm provide the levels of membership among voters, which help to compare the differences among the final centers suggested by the algorithm. As was mentioned before, the case of Ecuador did not bring drastic changes in the final clusters in terms of voters' classification, but it shows a membership difference for a particular voter, assigned with number 200 in the dataset. This voter (200) was selected from the dataset because her represents the case when a voter is deciding his/her vote between two different candidates.

In Figs. 12.13 and 12.14, it is possible to compare the same voter (200) between the case with and without sentiment analysis. As was mentioned before, it is possible to observe that the voter (200) is between two candidates, Mauricio Rodas and Guillermo Lasso. Although it is assumed that he or she could choose the candidate with major affinity (higher percentage), it is possible to recognize that the voter has increased his affinity with Mauricio Rodas rather than with Guillermo Lasso.

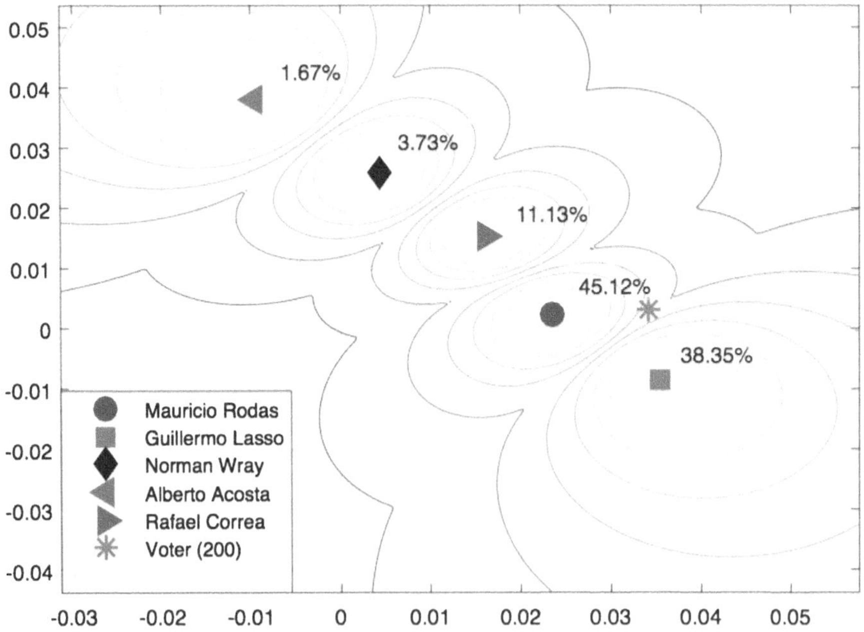

Fig. 12.13 VAA visualization without sentiment analysis

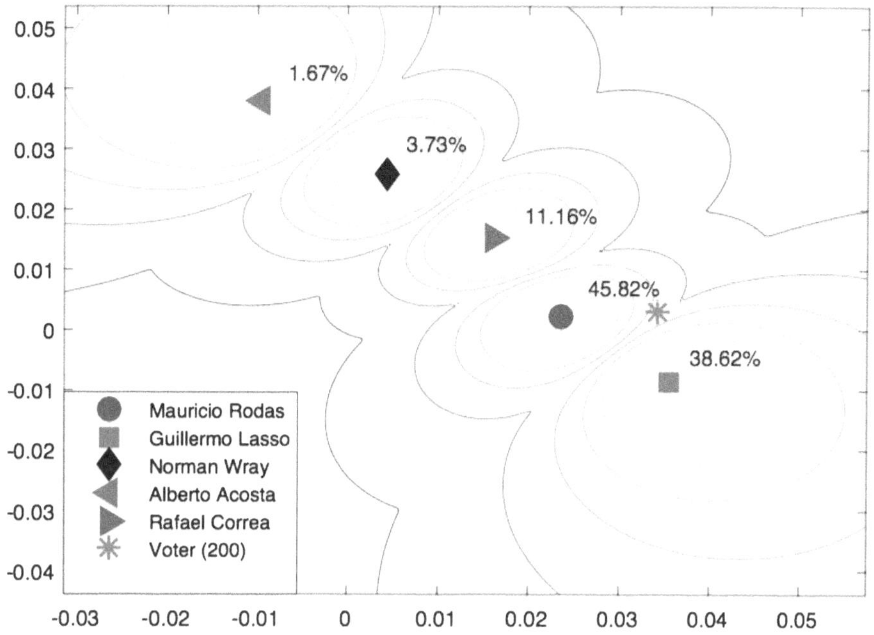

Fig. 12.14 VAA visualization with sentiment analysis

These small changes show that even if there is not a big distortion in the candidate's ideology with sentiment analysis, the users are dynamic and tend to change their perception of the candidate. There is also an impact from what a candidate says and does in their social networks, which opens many different questions for different studies in this field.

12.8 Current Implementation

An existing project that includes the dynamic VAA approach proposed in this chapter is *Participa Inteligente* (Terán et al. 2017). It is a research project introduced in the context of the general elections of Ecuador 2017 as an alternative for citizens/voters to discuss public policy issues. *Participa Inteligente* provides recommendations of candidates (VAA), registered users, thematic groups, and articles, among others. The VAA presented in *Participa Inteligente* includes three components for the generation of profiles: (1) answers of candidates to the questionnaire, (2) expert opinions, and (3) twitter feeds from candidates. Figure 12.15 shows an example of visualization of the dynamic VAA designed for the project (Terán et al. 2017).

Participa Inteligente is an academic project that arises from the concern for citizen misinformation about policy statements and allows citizens to generate spaces for discussion and participation in topics of interest to the society. This platform, developed and endorsed by several local and foreign universities, seeks to enhance civic participation and

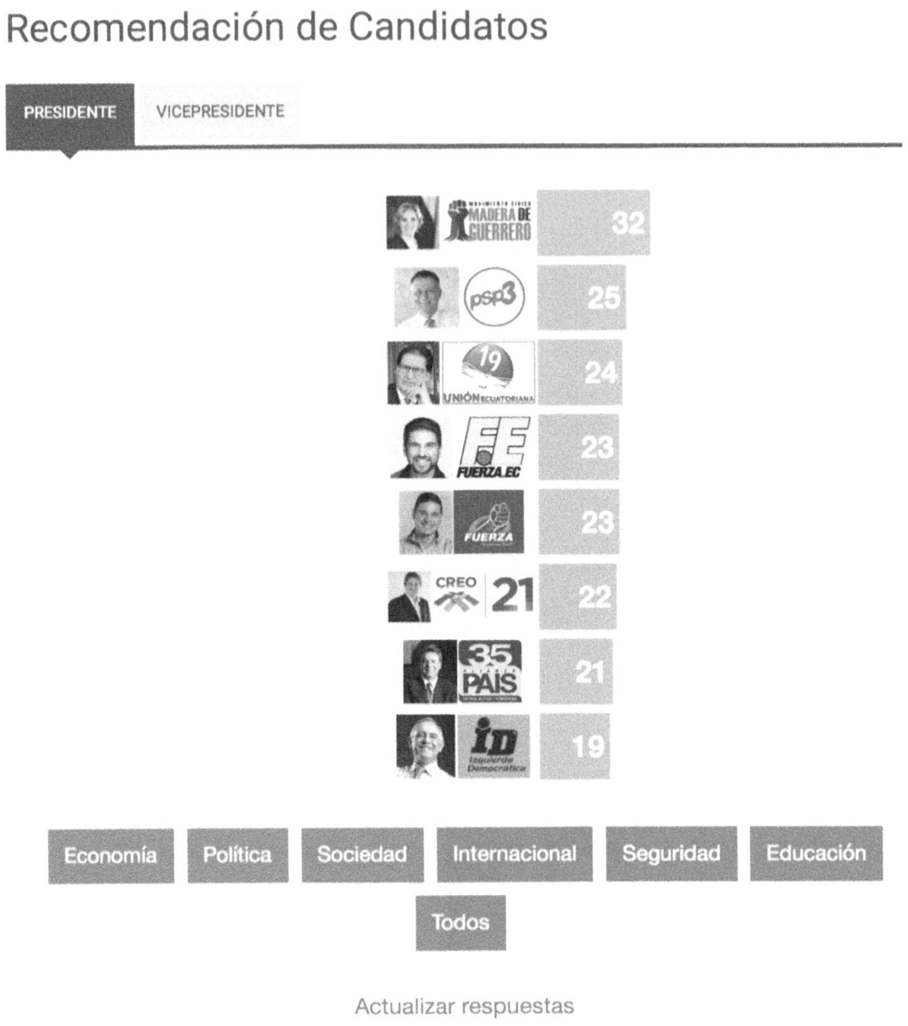

Fig. 12.15 Dynamic VAA approach presented at Terán et al. (2017)

empowerment. Participa Inteligente learns from users profiles and their interaction. It identifies which topics, groups, articles, and users, among others, are the closest to their preferences and generate different types of recommendations according to the users needs.

As part of the profile generation, *Participa Inteligente* collects Twitter feeds from candidates to the general elections, as well as feeds from registered users (non-candidates). It allows users to identify each the candidates for president or vice president, and includes a filter for each of the topics proposed which are: economy, public policies, society, international policies, security, and education. This project expects to impact on citizen decision-making. First helping people giving them more information and resources to debate and think over their choice and take a better decision. And then in government actions through informed knowledge, all this in the idea of strengthening democracy using more and more the new technologies. The expected social impact would be measured using several indicators:

- How many people visited the platform.
- How many people used the information obtained on the platform to make a decision about the election.
- Comparison of usability by age, gender, and territory rank
- Segmentation of interests contrasted with variables of age, gender, and territory

Some of expected results of this project are listed as follows:

- Baseline to be able to contrast the penetration of the tool in each of the electoral processes where it is used.
- Comparative analysis of usability and penetration of the same in the different countries where it is made available.
- Comparative analysis of Natural Language Processing between political users and common citizens.

There are two perspectives for scaling the project *Participa Inteligente*. The first one is technological and it includes: implementation of mobile applications, enhancement of existing modules, visualizations, among other tools, as well as to increase the processing capacity of our servers. The second perspective is regional. The second perspective for scaling is regional which includes running the platform in different countries. It involves cooperation with other research groups interested in using *Participa Inteligente* platform.

Low levels of digital literacy might be seen as a challenge to adopt such tools. However, in Latin America, the millennials have made so popular the use of tablets and other type of electronic devices that currently a great percentage of families, even poor families, have access to the Internet through these devices. A challenge faced by online apps managers in our context is that people have limited access to the Internet through Wi-Fi networks. With the development of a *Participa Inteligente* App will store the data given by the user offline and it will be synchronized once the Internet connection is available. This is a great opportunity to scale-up this project and reach-out more users.

12.9 Conclusions

This study represents the first of this type to compare two different complex scenarios with and without sentiment analysis for VAA's recommendation design. It shows good insights that sentiment analysis is an element nowadays that must be included as a part of any VAA study.

It also implements an innovative fuzzy clustering algorithm that presents rich information in the results, especially for classifying voters and their level of membership compared to candidate profiles. Fuzzy clustering algorithms are more complex to calculate, and they do not classify sharply; they assign a certain level of affinity or membership among the candidates and the voters, which can be later interpreted easily by people. At the end, voters do not always agree 100% with a candidate; they may still like other ideologies from other candidates, but the power of fuzzy algorithms can be lied upon to understand the amount of affinity one has for a certain candidate or ideology.

Although this algorithm presents many advantages, it also has the disadvantage that if a candidate does not have enough users or supporters who provide information to be considered by the fuzzy algorithm, then the final recommendation will be poor in that other candidates with more information will be privileged in a recommendation. Therefore, the more information the voters and candidates can provide, the better the final recommendation will be.

This work offers meaningful results and new insights between the relationship of voters and candidates. Nevertheless, new questions are raised that can be part of future studies: What is the right level of granularity for survey questions? How sentiment analysis can be more effective if more parameters are considered? What are the potential changes in perception when adding more elements to the candidate profile?

Finally, this work provides an ideal basis for future research in terms of fuzzy-based VAA recommender systems with sentiment analysis for the creation of dynamic profiles, and it motivates further inquiries in the field of VAA's.

Acknowledgements The authors of this work would like to thank the Information System Research Group at the University of Fribourg (http://diuf.unifr.ch/is) for contributing with valuable thoughts and comments and the members of the *PreferenceMatcher* project (http://www.preferencematcher.org) for providing the datasets to conduct this study. Special thanks to Fernando Mendez for his support in the analysis of datasets. Additionally, the authors would like to thank the team of *Participa Inteligente* (https://participacioninteligente.org) for their support in the implementation, communication, etc. of this project.

References

Fivaz J, Nadig G (2010) Impact of voting advice applications (VAAs) on voter turnout and their potential use for civic education. Policy Internet 2(4):167–200

Gemenis K (2012) A new approach for estimating parties' positions in voting advice applications. In: Italian Political Science Association congress, Rome, 13–15 Sept 2012

Gemenis K, Mendez F, Wheatley J (2014) Euvox 2014: party coding instructions. University of Zurich, University of Twente and Cyprus University of Technology

Hevner AR, March ST, Park J, Ram S (2004) Design science in information systems research. MIS Q 28(1):75–105

Katakis I, Tsapatsoulis N, Mendez F, Triga V, Djouvas C (2014) Social voting advice applications-definitions, challenges, datasets and evaluation. IEEE Trans Cybern 44(7):1039–1052

Kleinnijenhuis J, van Hoof A (2008) The influence of Internet consultants. In: Proceedings of the international communication association conference

Ladner A, Fivaz J (2012) Voting advice applications. In: Electronic democracy. The world of political science – the development of the discipline book series. Barbara Budrich Publischer, pp 177–198

Ladner A, Felder G, Fivaz J (2010a) More than toys? A first assessment of voting advice applications in Switzerland. In: Voting advice applications in Europe. The state of the art. pp 91–123. ScriptaWeb, Napoli

Ladner A, Fivaz J, Pianzola J (2010b) Impact of voting advice applications on voters' decision-making. In: "Internet, Politics, Policy 2010: An Impact Assessment" September 16–17 at the Oxford Internet Institute (OII), University of Oxford

Louwerse T, Rosema M (2014) The design effects of voting advice applications: comparing methods of calculating matches. Acta Politica 49(3):286–312

Mancera J (2016) Candidate's profile parameters definition for VAAs-matching algorithms. Master's thesis, University of Fribourg

Mancera J, Bosshard P (2015) Analysis of matching voters' and candidates' preferences applying two VAA matching algorithms: a case study based on Peruvian Presidential Elections 2011. Technical report, University of Fribourg

Marschall S (2005) Idee und wirkung des wahl-o-mat. Aus Politik Zeitgeschichte 51(52):41–46

Mykkänen J, Moring T (2006) Dealigned politics comes of age? The effects of online candidate selectors on Finnish voters. In: Conference of politics on the Internet: new forms of media for political action, vol 25

PreferenceMatcher (2016) Datasets. Retrieved 1 May 2016 from http://www.preferencematcher.org/?page_id=18

Smartvote (2003) Voting advice application [Online]. Available at: http://smartvote.ch. Accessed 22 June 2015

Terán L (2014) SmartParticipation: a fuzzy-based recommender system for political community-building. Fuzzy management methods. Springer International Publishing, Cham, Switzerland

Terán L, Drobnjak A (2013) An evaluation framework for eParticipation: the VAAs case study. World Acad Sci Eng Technol Int Sci Index 73 7(1):315–324

Terán L, Kaskina A (2016) Enhancing voting advice applications with dynamic profiles. In: Proceedings of the 9th international conference on theory and practice of electronic governance, ACM

Terán L, Balda A, Mendez F, Puyosa I, Rivera I, Baquerizo G, Pastor D, Illingworth A, Vaca C, Mendieta J, Recalde L (2017) Participa Ingeligente. Plataforma de Discusión y Participación Ciudadana [Online]. Available at https://participacioninteligente.org/. Accessed 26 Jan 2017

Information Technology and Knowledge Transfer in Vietnam's IT Companies

13

Pham Thi Bich Ngoc

Abstract

The recognition of knowledge as a critical organizational resource that provides competitive advantage has led to the increasing practice of knowledge management in business organizations as well as information technology companies. Information technologies (IT) that have improved the efficiency and effectiveness of knowledge transfer process in previous researches. However, most of the previous are conducted in developed countries. Limited numbers of studies on the role of information technologies in knowledge transfer have been conducted in developing countries like Vietnam. The purpose of this paper is to contribute to the limited previous research on knowledge transfer, by examining the relationship between information technology and process of knowledge transfer within an organization. A survey of 218 individuals in 36 IT companies that belongs to VINASA in Hanoi and HCMC was conducted. The study findings indicated that ease of use of information technology tools, perceived usefulness of information technology tools were significantly associate with frequency of using IT tools for knowledge transfer; and frequency of using IT tools positively related to knowledge transfer in IT companies.

Keywords

Information technology • Knowledge transfer • IT companies • Survey • Empirical Study

P.T.B. Ngoc (✉)
National Economics University, Ha Noi, Vietnam
E-Mail: ngocpb@yahoo.com

E. Portmann (Hrsg.), *Wirtschaftsinformatik in Theorie und Praxis*,
DOI 10.1007/978-3-658-17613-6_13

13.1 Introduction

In today's knowledge driven economy, knowledge is recognized as a major source of organizational value of firms (Kankanhalli et al. 2005; Alavi and Leidner 2002). However, knowledge itself or holding knowledge does not necessarily lead to a competitive advantage of an organization. Only effective use of the knowledge, for example, efficient integration of knowledge or combining new and existing knowledge may lead to a best practice (Grant 1996). The role of knowledge transfer and the need to foster knowledge transfer are acknowledged by many researchers (Anwar and Prasad 2011). Knowledge transfer may enable firms to capitalize on best practices and create advantages such as strengthening of the organizational knowledge base and better flexibility in responding to the firm's environment (Argote and Ingram 2000) and achieving organizational competitiveness (Rhodes et al. 2008). Knowledge flows also enable the transmission of unique solutions from one unit to others, the coordination of various connected units, and the collaboration among them. As a result, knowledge flows enable global managers to seize a larger scope of opportunities more quickly and more efficiently. Although there are many benefits associated with knowledge transfer, the organizational and individual enablers of knowledge transfer are not sufficiently clarified. In addition, knowledge resides within individuals (Nonaka and Konno 1998), people do not share their knowledge under all circumstances and the movement of knowledge across individual is ultimately dependent on employees' knowledge sharing behaviors. Thus, it is needed to find ways to motivate knowledge sharing within an organization.

Along with the international integration process of Vietnam, IT industry has emerged and gained a lot of attentions and supports of the government. Despite of its importance and high potential, most of IT companies in Vietnam are newly established, and have faced a lot of challenges in a highly competitive business environment. In order to play in international market and compete against foreign firms in local market, Vietnam's IT companies have to develop their own strategies and to effectively utilize its own workforce's intellectual capital by facilitating the process of transferring expertise and experiences among employees inside the company. In knowledge-driven organizations like IT companies, encouraging people to share what they know is an issue that managers are often confronted. Thus, facilitating knowledge transfer appears an important topic of interest for not only academics but also practitioners.

Traditionally, knowledge can be transferred within an organization via various means such as face-to-face interaction, mentoring, job rotation and staff development. However, as market and organizations become more global, these means may prove to be less effective and in need of supplementation by more efficient electronic methods (Alavi and Leidner 2002, cited in Barnes 2002). Nowadays, information technology is recognized as an important enabler for knowledge transfer (Tsui 2005). IT plays an important role in breaking down infrastructure boundaries that inhibit the interaction between individuals within an organization. It offers organizations the ability to be flexible and respond more quickly to changing market conditions. Information technology can be a useful tool for transferring explicit knowledge between the people with the full sense and meaning rather than for transferring tacit knowledge (Hislop 2002). The critical role of IT is its ability to support communication, collaboration and the search for knowledge, and to enable collaborative learning. However, many aspects of the relationship between information technology and knowledge transfer are poorly understood (Hendriks 2001). Thus, this paper aims to proposing and testing a model linking information technology tools and intra-organizational knowledge transfer process in the context of IT companies in Vietnam.

The rest of the article proceeds as follows. First, literature review on knowledge transfer, information technology and relationship between information technology and knowledge transfer is performed. Based on the literature review, a conceptual model is proposed. Then, data collection and characteristics of the sample are described. Next, main results about frequency of using information technology tools, knowledge transfer within IT firms and the relationship between the two are presented. The final part of the article is devoted for a discussion of the main results, managerial implications, limitations of the research and future research direction.

13.2 Literature Review and Conceptual Model

13.2.1 Knowledge

The review of the literature has resulted in several definitions of knowledge. For example, knowledge is described as "justified beliefs", "information combined with experience, context, interpretation and reflection", and "valuable information in action" (Davenport et al. 1998). Knowledge is not absolute, but dynamic in nature and context specific.

For the purpose of this study, the concept of knowledge developed by Davenport and Prusak (1998) is adopted because it is quite complete and reflects the contextual and personal aspects of knowledge:

> Knowledge is a fluid mix of framed experience, values, contextual information, and expert insight that provides a framework for evaluating and incorporating new experiences and information. It originates and is applied in the minds of knower. In organizations, it often becomes embedded not only in documents or repositories but also in organizational routines, processes, practices, and norms.

Regarding to the attribute of knowledge, most knowledge experts agree that knowledge is either explicit or tacit (Nonaka and Takeuchi 1995; Steward 1999). Tacit knowledge is personal, intuitions, insights; context-sensitive, dynamically created and experienced-based, subjective and experiential (Nonaka et al. 2000), and resides within the minds of people (Steward 1999), so that it is hard to formalize and communicate to others. By contrast, explicit knowledge is what is written or recorded in manuals, patents, reports, documents, assessments, and databases. It can be readily codified, articulated and captured. This suggests that explicit knowledge can be transferred through more technology-driven, structured processes such as information systems (Martensson 2000).

13.2.2 Knowledge Transfer

The simplest approach to knowledge transfer is that some researchers considered knowledge transfer is knowledge sharing among people (Dyer and Nobeoka 2000; Anwar and Prasad 2011). Knowledge sharing implies the giving and taking of information. Since the source and the recipient may different in their prior knowledge, their identities, so they may have different perceptions and interpretations of the same information. The knowledge received by the recipient is not identical with one of the source. Thus, the knowledge sharing implies generation of knowledge in the recipient.

Some researchers view knowledge transfer as a process through which knowledge moves between a source and a recipient where knowledge is applied and used. Within an organization, knowledge can be transferred among individuals, between different levels in the organizational hierarchy, between different units and departments. Szulanski (1996) defines knowledge transfer as "dyadic exchanges of knowledge between a source and a recipient in which the identity of the recipient matters". The level of knowledge transfer is defined by the level of knowledge integrated in operation of individual and the level of satisfaction with transferred knowledge expressed by the recipient.

Others focus on the resulting changes to the recipient by seeing knowledge transfer as the process through which one unit is affected by the experience of another (Argote et al. 2000). Similarly, Davenport and Prusak (1998) suggested that knowledge transfer process involves two actions: transmission of knowledge to potential recipient and absorption of the knowledge by that recipient that could eventually lead to changes in behavior or the development of new knowledge.

Given the various definitions of knowledge transfer, key aspects of knowledge transfer are knowledge movement and its application by the recipient that could lead to creation of new knowledge or changes in behaviors. In this research, the author takes both the process view and the outcome view on knowledge transfer by emphasizing three key dimensions of knowledge transfer, that is the volume of knowledge movement, the extent to which individuals incorporated acquired knowledge in their works within an organization, and the changes in behavior and/or performance of a recipient as a results of knowledge transfer process.

13.2.3 Information Technology (IT)

Information technologies are classified by different ways in earlier literature. Researchers classify information technologies either by technological functions or by their support for critical knowledge management activities and strategies.

Huber (1990) defines advanced information technology including computer-assisted communication technologies (e.g., email, video conferencing, electronic bulletin boards) and computer-assisted decision-aiding technologies (e.g., decision support systems, expert systems). This classification has received broad acceptance, for it captures the core functions of different information technologies and provides a good conceptual theory for conducting empirical work (Song et al. 2001).

From broader view of information technology, Kendall (1997) proposes a classification that includes production-oriented technologies, coordination-oriented technologies, and organizational-oriented technologies. This system of classification provides comprehensive coverage of a wide range of technologies. Typical elements of production-oriented technologies are speech recognition and expert systems, which can improve user interaction with decision models, make data entry more efficient and effectively organize and retrieve information. Coordination-oriented technologies (e.g., email, video conferencing, group support system, wiki) provide ways to enable, intensify, or expand the interactions of multiple agents in the execution of a decision. The technologies can be used to help reduce geographical and/or time constraints and result in better coordination of distributed business activities (Greiner et al. 2007). Organizational-oriented technologies include support functions that allow individuals and organizations to accomplish typical office tasks more efficiently and effectively.

In this study, information technology is categorized according to its functions and its support for the knowledge transfer process within an organization. Several key communication-aiding technologies and decision-aiding technologies that are commonly used to support knowledge transfer are Collaboration Support Systems, Intranet, Internet, Electronic Bulletin Board, Blog, Wiki, Enterprise Information Portal, Groupware, Knowledge Repository, Video-Conferencing, Decision Support Systems.

13.2.4 Information Technology and Knowledge Transfer

Communication-aiding technologies are expected to foster knowledge transfer by efficiently alleviating factors leading to the difficulty of transfer knowledge. Firstly, this kind of technology flattens business structures, hence allowing faster communication across vertical boundaries. It helps to overcome barriers of time or space, lower temporal and spatial barriers between knowledge workers and improve access to information about knowledge (Marvick 2001; Kim and Trimi 2007). Moreover, communication-aiding technologies promote positive relational communication and coordination between people, thus easing the "arduous relationship" that may prevent effective knowledge dissemination. It can increase knowledge transfer by extending the individual's reach beyond formal communication lines. Computer networks, electronic bulletin boards, and discussion groups create a forum that facilitates contact between the person seeking knowledge and those who may have access to the knowledge (Karlsen and Gottschalk 2004). Email, intranet and Internet were rated as the most currently used and the most effective tools supporting knowledge management in 16 organizations in UK Shaw and Edwards (2005) in 340 organizations in Australia (Zhou and Fink 2003) and in 115 management consulting firms in USA (Kim and Trimi 2007). Phang and Foong (2010) added that information technologies applications facilitate all modes of knowledge sharing among professional accountants in Malaysia. Through email, the Internet, and intranet, groupware computer networks navigate professionals to owners of knowledge and connect people who need to share knowledge over distance. The databases and network capabilities of IT have eliminated management levels and structures that have inadvertently stifled information flow between employees in an organization. Moreover, this kind of technology can foster knowledge transfer by creating new relationships with organization members through "weak tie" (Levin and Cross 2004).

Decision-aiding technologies usually require standard forms of input, procedures and standard reports that are readily understandable to users. In addition, the anonymity associated with general decision-aiding technologies allows users to participate freely in discussion without considering status and personality, thus alleviating common problems such as conformity of thought. The increased diversity of opinion often leads to generation of new knowledge. Moreover, information technologies are found to support the knowledge transfer process via enhancing the interactions between individuals, groups and organizations as well as easing the decision making process in an organization (Alavi and Leidner 2001).

The discussion above suggests that availability of information technology tools is necessary for facilitating a flow of knowledge within an organization since they can provide the technical infrastructure support for collaborative work systems (Disterer 2003; Qureshi and Evans 2014).

However, the more important issue relating to information technology is how to make people aware of those technologies, to recognize their usefulness, and to have positive attitudes towards IT, and then actually use those technologies for knowledge transfer. Money and Turner (2005) surveyed a target group of 35 employees in two Northeastern US metropolitan areas and found that perceived usefulness and the ease of use of IT tools was significantly related to the behavioral intention to use IT tools. Kim and Lee (2006) studied the impact of organizational context and IT on employees' perception of knowledge sharing. Research showed that social networks, centralization of organization structure, performance based reward systems, employee usage of IT applications and user friendly IT systems significantly affect employee knowledge sharing capabilities in both public and private sector. Kim and Trimi (2007) added that the most comfortable IT tools are usually used in transferring tacit knowledge in management consulting companies in USA since they are easy and inexpensive to acquire. Furthermore, the result of an empirical study in 73 law firms in Norway indicated that the greater the extent of IT use by people in an organization, the greater the extent of information technology use in supporting knowledge management (Gottschalk 2000). Similarly, Taylor (2004) in a survey of 212 software developers in one large information system organization, confirmed that there is a strong association between knowledge management system usage levels and perceived usefulness and that email is the application that is most frequently used by respondents to acquire and share knowledge. In a similar vein, Staples and Jarvenpaa (2000) empirically found that task interdependence, computer comfort and characteristics of computer-based information were significantly positively related to use of electronic media. This leads to their suggestion that managers could potentially stimulate the use of electronic media by increasing positive perceptions of computer based information, ensuring employees are comfortable using the technology available, and making technology available that fits the employees' task needs. Thus, we can hypothesize that:

Hypothesis 1a (H1a): The ease of use of information technology tools will positively relate to the frequency of using them for knowledge transfer

Hypothesis 1b (H1b): Perceived usefulness of information technology tools will positively relate to the frequency of using them for knowledge transfer

As well as the positive relationship between information technologies and effective knowledge transfer found in the literature, some researchers argue that information technologies cannot be effective tools for transfer tacit knowledge in an organization. Efforts to use advanced technologies to support tacit knowledge sharing, however, have been viewed as problematic (Flanagin 2002). Although groupware technologies, videoconferencing, expert databases, and synchronous collaboration tools have been proposed in this regard, many contend that tacit knowledge can only be transferred successfully through demonstration, facilitated by face-to-face contact. Because the accumulation of tacit knowledge depends on shared experiences, a consistent claim has been that technologies are more suited to the transfer of highly codified and standardized knowledge, and less appropriate for the transfer of tacit knowledge. Robert (2000) gives evidence to demonstrate the importance of socialization and face-to-face contact in the process of knowledge transfer and the failure of information technologies to provide a perfect substitute for this interaction. He suggests that the issues of control and power need to be taken into account since they shape social interactions among individuals and therefore influence the process of knowledge transfer. Ras et al. (2005) further add that although information technology tools can facilitate collaborative work and enable the knowledge transfer process, they are usually applied for transferring explicit knowledge rather than transferring tacit knowledge.

In summary, information technologies play very important role in fostering knowledge transfer. The current development of information technologies is now about increasing opportunities as knowledge can be captured, codified and stored in repositories, where it can be easily shared, accessed and used by anyone in the organization. However, this does not guarantee that the investment in information technologies will lead to more effective knowledge transfer, and the real value of technology in supporting knowledge transfer has not yet fully understood. The effective support of information technologies on knowledge transfer depends on the technology itself (availability, ease of use) and the level of usefulness of those technologies perceived by users, as well as the frequency of use of those technologies for exchange of knowledge inside an organization.

Because of that, the supportive role of IT for knowledge transfer is still questionable and need to be more examined. Thus, we can hypothesize that:

Hypothesis 2 (H2): The frequency of using IT tools will positively relate to the knowledge transfer

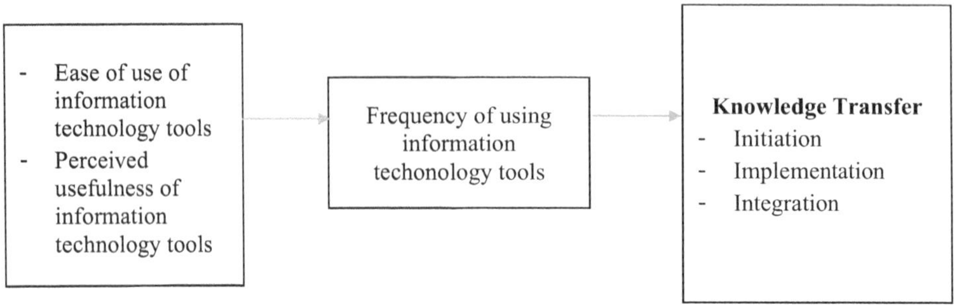

Fig. 13.1 Conceptual model

Given above discussion on the relationship between information technology tools and knowledge transfer, the following conceptual model is developed (Fig. 13.1).

13.3 Data Collection and Description of Sample

The sample for this study was 218 individuals from 36 IT companies located in Hanoi and Hochiminh City. The target respondents of the survey are technical staff, heads and deputy heads of functional departments and senior managers. Table 13.1 provide a description of the sample in the study.

13.4 Main Results

IT Tools in Surveyed Companies Almost all surveyed companies have communication-support IT tools such as email, intranet, Internet, website, e-library, and electronic bulletin board. Nearly one fifth of surveyed companies have decision-aiding IT tools such as decision-support systems and expert systems (Table 13.2).

Frequency of Using IT Tools Table 13.3 provides the frequency of using different IT tools reported by the respondents to the survey.

The results suggest that email and Internet were most frequently used by respondents (74.3 % and 75.2 % used it everyday, respectively). Intranet was the next most frequently used. Decision support systems were rarely used by respondents, because they were installed in only a few companies. Decision support systems were mainly used by managers and senior managers.

Perceived Support Level of IT Tools Table 13.4 describes the support level of each IT tool perceived by the respondents. The results suggest that among the communication-aiding IT tools, Internet and email were the two IT tools that provide most support to knowledge

Table 13.1 Description of the sample

	Frequency	Percentage
Gender		
Male	188	86.2
Female	30	13.8
Work seniority		
Less than 6 months	26	11.9
6 months to 2 years	68	31.2
2 years – 5 years	96	44.0
More than 5 years	28	12.8
Work positions		
Technical staff	128	58.7
Middle managers	88	40.4
Senior managers	2	0.9
Business Area		
Software production	32	88.9
Hardware production and IT services	4	11.1
Year of Operation		
< = 7 years	18	50.0
>7 years	18	50.0
Company Size (Number of full-time employees)		
< = 50	5	13.9
51–99	12	33.3
100–249	6	16.7
>=250	13	36.1

Table13.2 IT tools in surveyed companies

IT Tools	Frequency	Percentage
Current information technology system used		
Computer-based	2	5.6
Mix of computer and paper based	34	94.4
Availability of information technology tools		
Email	36	100
Intranet	36	100
Electronic bulletin board	27	75
Internet	36	100
Company website	36	100
Video-conference	8	22.2
E-library	29	80.6
Decision support system	6	16.7
Expert system	18	50

Table 13.3 Frequency of using IT tools (n=218)

IT tools	Frequency of use					
	Never	Occasionally	Often	Regularly	Everyday	N/A
E-library	17.4	13.3	23.9	20.2	5.5	19.7
Intranet	6.0	8.7	15.6	28.9	40.8	–
Email	–	0.5	4.6	20.6	74.3	–
Company website	8.3	10.6	30.3	32.6	18.3	–
Video-conferencing	3.7	9.2	8.7	–	–	78.4
Internet	–	0.5	6.4	17.9	75.2	–
Internal electronic bulletin board	22.0	12.8	14.7	13.8	26.6	10.1
Decision support system	11.0	2.3	2.8	5.0	1.4	77.5
Expert system	21.1	12.8	8.7	5.0	1.4	50.9

Scale: 1=never, 2=occasionally (less than once a month), 3=often (between once a month and once a week), 4=regularly (several times a week), 5=all the time (everyday)

Table 13.4 Perceived support level of IT tools for knowledge sharing

Scale Items	Mean	SD
Level of email support	4.49	0.33
Level of intranet support	3.84	0.66
Level of electronic bulletin board support	3.11	0.96
Level of Internet support	4.51	0.33
Level of company's website support	3.13	0.51
Level of video conference support	2.38	0.59
Level of e-library support	3.03	0.63
Level of decision support system support	2.24	0.37
Level of expert system support	1.99	0.81

Note: Scale values range from 1 (little) to 5 (very much)

sharing (Mean=4.51, SD=0.33 and Mean=4.49, SD=0.33), while decision support systems, expert systems and video-conferencing provide much less support to knowledge sharing (Mean=2.24, SD=0.37 and Mean=1.99, SD=0.81). The reason for this is that people use decision-aiding IT tools less frequently, and only small numbers of people in the surveyed companies are able to use such tools due to their complexity. The more frequently people use IT tools for knowledge transfer, the higher the support level of those IT tools for knowledge transfer is perceived.

Perceived Usefulness of IT Tools Most of respondents agree that IT tools are very useful (Mean=4.37, SD=0.59). As shown in the Table 13.5, "increasing speed of information exchange", "convenience" and "overcoming location and time constraints" were useful traits of IT tools that were mostly recognized by respondents.

Perceived Ease of Use of IT Tools Table 13.6 shows that most of the respondents somewhat agree that it is easy to use IT tools for exchanging knowledge (Mean=3.94, SD=0.65).

Table 13.5 Perceived usefulness of IT tools (n=218)

Scale Items	Mean	SD
Increase storage capacity	4.34	0.66
Increase transmission capacity	4.39	0.63
Increase speed of exchanging information	4.48	0.54
Increase accessibility	4.22	0.72
Process of exchanging information is more convenience	4.45	0.61
Overcome location and time constraints in communication	4.45	0.58
Overall, IT tools are very useful for exchanging information	4.37	0.59

Note: Scale values range from 1 (strongly disagree) to 5 (strongly agree)

Table 13.6 Perceived ease of use of IT tools (n=218)

Scale Items	Mean	SD
There is a clear guideline of using IT tools	3.86	0.79
Interaction with the available IT tools does not require a lot of mental effort	3.85	0.85
It is easy to manage the use of available IT tools	3.75	0.78
Overall, the use of the available IT tools is easy	3.94	0.65

Note: Scale values range from 1 (strongly disagree) to 5 (strongly agree)

Only 20 % of respondents agree that using IT tools required little mental effort and use of available tools went smoothly. Nearly 60 % of respondents somewhat agree with those statements. Only 5 % of respondents disagree on the ease of using IT tools. The rest neither agreed nor disagreed with the perceived ease of using IT tools.

Knowledge Transfer Most of the respondents agreed that people in their companies know how to access the knowledge sources in order to get the knowledge they need (Mean=3.9, SD=0.7). The volume of knowledge being transferred increases because of the frequent interaction among individuals and between individuals and knowledge repositories of the company (Mean=4.0, SD=0.6). Especially, the professional knowledge and knowledge of technology have been significantly exchanged. With the volume of knowledge obtained through frequent interaction, people tend to apply it in their daily works. As a result, their behaviors at work and task performances have been improved. Specifically, their problem solving abilities and task performance results are significantly improved. The results suggested that the knowledge transfer process has been facilitated within the companies (Table 13.7).

Table 13.7 Mean results of knowledge transfer process (n=218)

Scale Items	Mean	SD
Initiation Stage		
People know knowledge sources	3.9	0.8
People are able to access the knowledge sources	4.0	0.7
People are able to get knowledge	3.8	0.9
Overall, people know and are able to get knowledge if needed	**3.9**	0.7
Implementation Stage		
Increase in transferred volume of professional knowledge	4.1	0.7
Increase in transferred volume of management knowledge	3.8	0.8
Increase in transferred volume of knowledge of external environment	3.6	0.8
Increase in transferred volume of knowledge of culture	3.9	0.7
Increase in transferred volume of knowledge of market	3.8	0.8
Increase in transferred volume of knowledge of technology	4.2	0.6
Overall, the volume of knowledge is increased	**4.0**	0.6
Integration Stage		
People usually do a trial experimentation	3.6	0.7
The transferred knowledge resulting in improved performance	3.9	0.6
The transferred knowledge resulting in new way of doing	3.7	0.7
The transferred knowledge resulting in new project or product ideas	3.7	0.7
The transferred knowledge resulting in wider thinking	3.9	0.6
The transferred knowledge resulting in increased ability to solve problems	4.1	0.6
Overall, people satisfy with quantity and quality of knowledge	**3.9**	0.6

Note: Scale values range from 1 (strongly disagree) to 5 (strongly agree)

Information Technology and Knowledge Transfer The statistical results suggest that there was a significant relationship between perceived ease of use and perceived usefulness of IT tools with the frequency of using IT tools for knowledge transfer (Adj. $R^2=0.149$, $p<0.001$). Thus, hypotheses H1a and H1b were supported.

The model examining the predictability of the frequency of using IT tools was significant (Adj. $R^2=0.051$, $F=12.66$, $p<0.001$). The frequency of using IT tools contributes to 5.1 % of the variance in knowledge transfer. This effect remains weak. The statistical result in Table 13.8 indicates support for the hypothesis H2. The ease of using of IT tools positively facilitates all three stages of knowledge transfer ($\beta=0.477$; 0.279 and 0.12 respectively, $p<0.001$). The impact of the frequency of use IT tools on integration stage remains the biggest ($\beta=0.211$, $p<0.01$). The higher the frequency of using IT tools, the higher the possibility that knowledge will be integrated into daily work and individuals' performance in the company. This finding suggests that information technology has a potential for facilitating knowledge transfer. However, the IT tools by themselves are not sufficient. There needs to be a mechanism and an enabling environment to encourage people to use the tools for exchanging knowledge.

Table 13.8 Multiple regression results for knowledge transfer

Variables	Frequency of using IT tools	Overall knowledge transfer	Overall knowledge transfer	Knowledge transfer stages		
				Initiation	*Implementation*	*Integration*
	Beta	Beta	Beta	Beta	Beta	Beta
Ease of using IT tools	.25***		.367***	.477***	.279***	.12+
Perceived usefulness of IT tools	.226***		.071	.034	.047	.104
Frequency of using IT tools		.235***	.089	.002	.033	.211**
Adjusted R^2	**.149**	**.051**	**.182**	**.231**	**.086**	**.098**
F Statistic	**20.025*** **	**12.661*** **	**17.106*** **	**22.746*** **	**7.8*** **	**8.89*** **

Note: $+p<0.1$, $*p<0.05$, $**p<0.01$, $***p<0.001$

13.5 Discussions and Conclusions

This study proposed and tested a model linking information technology with knowledge transfer in the setting of Vietnam's IT companies. It was found that the frequency of using IT tools positively associated with knowledge transfer process within IT companies in Vietnam.

The results of the study confirm the important role of information technology tools and the ease of using of IT tools and frequency of using IT tools in fostering knowledge transfer. However, the effect of IT on knowledge transfer remains weak. This finding is in line with the findings of Casimir et al. (2012), Phang and Foong (2010), Kim and Lee (2006), Gold et al. (2001), Money and Turner (2005) that employee usage of IT applications and user friendly IT systems significantly affect employee knowledge sharing capabilities.

The implications of these results for practitioners are clear. Firms hoping to enhance knowledge transfer should pay attention to their information technology support for knowledge sharing. The importance of providing information technology tools such as e-mail, internet, intranet, e-library, expert system, video conference, opportunities for meetings, and increasing awareness of where the tools are and how to utilize them is perhaps the most useful discovery for managers. Since information technology tools were shown to have such a strong, significant relationship to knowledge transfer, it is recommended that managers focus their efforts in this direction. The companies need to implement not proper information technology tools but also ensure that these technologies are compatible, match the needs and expectations of employees, and that employees are proper trained and provided with technical support. Additionally, building a culture of using IT to share and utilize knowledge should be developed and strengthen in IT companies.

In spite of its contributions, the results of this paper should not be interpreted without taking into account the limitations of the empirical study. First, the sample size of the study is just 218 individuals in 36 IT companies in Vietnam, so the results could not be generalized and applied in other settings. Second, perceptual scale used to measure each construct, so it can be subject to common variance method. Third, this research just focuses on the effect of information technology on knowledge transfer. Future research should address these issues and incorporate other organizational variables such as culture, leadership… in order to have more comprehensive model.

References

Alavi M, Leidner DE (2001) Review: knowledge management and knowledge management systems: conceptual foundations and research issues. MIS Q 25(1):107–136

Alavi M, Leidner DE (2002) Knowledge management systems: issues, challenges and benefits. In: Barnes S (ed) Knowledge management systems: theory and practice. Thomson Learning, London

Anwar S, Prasad KD (2011) Factors influencing knowledge sharing behavior: developing a theoretical framework. Summer Internship Soc 2(2):7–11

Argote L, Ingram P (2000) Knowledge transfer: a basic for competitive advantage in firms. Organ Behav Hum Decis Process 82(1):150–169

Argote L, Ingram P, Levine JM, Moreland RL (2000) Knowledge transfer in organizations: learning from the experience of others. Organ Behav Hum Decis Process 82(1):1–8

Barnes S (Hrsg) (2002) Knowledge management systems – theory and practice. Thomson Learning, London

Casimir G, Ng YNK, Cheng CLP (2012) Using IT to share knowledge and the TRA. J Knowl Manag 16(3):461–479

Davenport HT, Prusak L (1998) Working knowledge: how organizations manage what they know. Harvard Business School Press, Boston

Davenport HT, De Long DW, Beers MC (1998) Successful knowledge management projects. Sloan Manage Rev 39(2):43–58

Disterer G (2003) "Fostering knowledge sharing: why and how", IADIS International Conference e-Society, Lisbon, Portugal

Dyer JH, Nobeoka K (2000) Creating and managing a high performance knowledge-sharing network: the Toyota case. Strateg Manag J 21:345–367

Flanagin AJ (2002) The elusive benefits of the technological support of knowledge management. Manag Commun Q 16(2):242–248

Gold AH, Malhotra A, Segars AH (2001) Knowledge management: an organizational capabilities perspective. J Manag Inf Syst 18(1):185–214

Gottschalk P (2000) Predictors of IT support for knowledge management in the professions: an empirical study of law firms in Norway. J Inf Technol 15:69–78

Grant RM (1996) Towards a knowledge-based theory of the firm. Strateg Manag J 17:109–122

Greiner ME, Böhmann T, Krcmar H (2007) A strategy for knowledge management. J Knowl Manag 11(6):3–15

Hendriks PHJ (2001) Many rivers to cross: from ICT to knowledge management systems. J Inform Technol 16:57–72

Hislop D (2002) Mission impossible? communicating and sharing knowledge via information technology. J Inf Technol 17:165–177

Huber GP (1990) A theory of the effects of advanced information technologies on organizational design, intelligence, and decision making. Acad Manage Rev 15(1):47–71
Kankanhalli A, Tan BCY, Wei KK (2005) Contributing knowledge to electronic knowledge repositories: an empirical investigation. MIS Q 29(1):113–143
Karlsen JT, Gottschalk P (2004) Factors affecting knowledge transfer in IT projects. Eng Manag J 16(1):3–10
Kendall KE (1997) The significance of information systems research on emerging technologies: seven information technologies that promise to improve managerial effectiveness. Decis Sci 28(4):775–792
Kim S, Lee H (2006) The impact of organizational context and information technology on employee information sharing capabilities. Public Adm Rev 66:370–385
Kim SK, Trimi S (2007) IT for KM in the management consulting industry. J Knowl Manag 11(3):145–155
Levin DZ, Cross R (2004) The strength of weak ties you can trust: the mediating role of trust in effective knowledge transfer. Manag Sci 50(11):1477–1490
Martensson M (2000) A critical review of knowledge management as a management tool. J Knowl Manag 4(3):204–216
Marwick AD (2001) Knowledge management technology. IBM Syst J 40(4):814–830
Money W, Turner A (2005) Assessing knowledge management system user acceptance with the technology acceptance model. Int J Knowl Manag, edited by Jennex M, Idea Group Publishing
Nonaka I, Takeuchi H (1995) The knowledge-creating company. Oxford University Press, New York
Nonaka I, Konno N (1998) The concept of "Ba": building a foundation of knowledge creation. Calif Manage Rev 40(3):40–54
Nonaka I, Toyama R, Nagata A (2000) A firm as a knowledge-creating entity: a new perspective on the theory of the firm. Ind Corp Chang 9(1):1–20
Phang Michelle MS, Foong Soon-Yau (2010) Information communication technologies (ICTs) and knowledge sharing: the case of professional accountants in Malaysia. World J Sci Technol Sustain Dev 7(1):21–35
Qureshi AMA, Evans N (2014) Deterrents to knowledge-sharing in the pharmaceutical industry: a case study. J Knowl Manag 19(2):296–314
Ras E, Avram G, Waterson P, Weibelzahl S (2005) Using web logs for knowledge sharing and learning in information spaces. J Univers Comput Sci 11(3):394–409
Rhodes J, Hung R, Lok P, Lien BYH, Wu CM (2008) Factors influencing organizational knowledge transfer: implication for corporate performance. J Knowl Manag 12(3):84–100
Robert J (2000) From know-how to show-how? questioning the role of information and communication technologies in knowledge transfer. Tech Anal Strat Manag 12(4):429–443
Shaw D, Edwards JS (2005) Building user commitment to implementing a knowledge management strategy. Information & Management, 42(7):977–988
Song M, Zhang F, Van Der Bij H, Wegeman M (2001) Information technology, knowledge processes and innovation success. Working paper
Staples DS, Jarvenpaa SL (2000) Using electronic media for information sharing activities: a replication and extension. In: Proceedings of the 21st international conference on IS, Brisbane, pp 117–133
Steward TA (1999) Intellectual capital: the New wealth of organizations. Doubleday Dell Publishing Group, Inc., New York
Szulanski G (1996) Exploring internal stickiness: impediments to the transfer of best practice within the firm. Strateg Manag J 17:27–44

Taylor WA (2004) Computer-mediated knowledge sharing and individual user differences: an exploratory study. Eur J Inf Syst 13:52–64
Tsui E (2005) The role of IT in KM: where are we now and where are we heading? J Knowl Manag 9(1):3–6
Zhou AZ, Fink D (2003) Knowledge management and intellectual capital: an empirical examination of current practice in Australia. Knowl Manag Res Pract 1(2):86–94

Epilog by the PhD Co-advisor

As a token of appreciation for Andreas Meier's professional work I have chosen to discuss a few issues in the development of data science. The latter is an area of great impact on IT, the field of Information Technology, where innovation is the order of the day. We consider three examples.

1) Algorithms and data structures

The traditional introduction to computer science focuses on efficient algorithms that perform useful operations on simple data types, such as alphabetizing a list of words, sorting numbers according to size, and many others. Students learn about data structures such as heaps that perform operations with acrobatic grace and speed. This approach is a proven way to introduce programming and the task of finding the most efficient algorithms. The data itself plays a passive role in this approach.

2) Big Data, statistics and Prediction Science

The past decade has seen a growing change in the role of data in the IT world. „Big Data" is a catch-all name that stands for the observation that an increasing number of new applications require amounts of data much larger than traditional storage technology could handle. The amount of data required is not fixed, but growing, and has the property „the more data, the better the result" – we hope.

As an example, consider weather forecasting. It is based on data provided by a global network of observation stations that broadcasts local weather data worldwide. Evidently, the denser the network the more data is collected, and the more accurate the prediction is likely to be – if we know the laws that govern the transitions from a current state to future states. The nature of such state transitions varies widely: from mathematical equations in physics in the case of weather prediction to the gut feeling about voters' preferences based

E. Portmann (Hrsg.), *Wirtschaftsinformatik in Theorie und Praxis*,
DOI 10.1007/978-3-658-17613-6

on sample polls. In this regard, even a new Prediction Science is emerging as described in the renowned magazine *Science*. It published a special issue on 3 February 2017 entitled *Prediction – What can we know in advance about human activities?*

3) Data structure models the application

In all scientific applications the data that describes a particular state of the system being modeled is constrained by the laws of the underlying science. If these laws are reflected in the design of the data structure, the latter behaves like a physical model that guarantees, among other things, that constraints are respected and inconsistent configurations do not occur. In his dissertation Andreas Meier has analyzed the requirements and created a map system for managing real estate parcels that may merge, split, or be subject to other geometric transformations. Geometric data may be represented in different ways depending on the setting of parameters. I congratulate Andreas for having created an instructive teaching tool.

Reflections

For the past half century IT has expanded relentlessly and penetrated into practically all areas of technology, science, from household tools to medical research. There is no indication that this expansion of technology and applications is nearing an end. Studying computer science or a related IT topic is still a promising start for a career in technology.

Among the problems that IT will have to face in the foreseeable future, the most challenging one is likely to be security. The fact that the vast majority of data networks in the world are connected is both a strength as well as a weakness of the IT infrastructure – newspapers report daily about attacks that endanger society at large. No easy solution is in sight.

Among the tractable problems facing us is the design of data structures for allocating big data sets to support efficient access and processing. This is important for several reasons, such as keeping copies of the „same“ data „identical“ even when it is stored in „the cloud“, in different locations around the world.

A degree in computer science is an excellent start for building a career.

Jürg Nievergelt
Professor Emeritus, ETH Zurich

Liste der Gratulanten

Im folgenden Abschnitt lassen wir Gratulanten zu Wort kommen, welche hier Andreas Meier ihre Glückwünsche zum sechsundsechzigsten Geburtstag übermitteln. Zur besseren Übersicht ist diese Liste der Gratulanten alphabetisch geordnet.

Congratulations on your 66th birthday and on your very successful career as an engineer, researcher, and mentor! It's always a pleasure to interact with you–and also with your fantastic students–at the University of Fribourg. Wishing you all the best in your future endeavors.

Prof. Dr. Philippe Cudré-Mauroux, eXascale Infolab, Département d'informatique, Universität Fribourg, Schweiz.

„'L'enthousiasme et l'optimisme d'Andreas ont toujours été très communicatifs. Ce n'est donc pas étonnant que de nombreux étudiant-e-s et collègues l'ont suivi dans ses projets de recherche ou de publication. Je souhaite qu'Andreas ne se départisse pas de ses qualités et qu'elles puissent encore inspirer et motiver plusieurs chercheurs."

Prof. Dr. Laurent Donzé, Applied Statistics and Modelling (ASAM), Département d'informatique, Universität Fribourg, Schweiz.

Lieber Herr Meier, um es mit den Worten von Eugen Roth zu sagen:

Wir haben, für zwei Weltsekunden,
Mühselig Schrift und Druck erfunden:
Fünftausend Jahr sahn wir verstreichen
Seit jenem ersten Bilderzeichen;
Fünfhundert seit die Schrift, der Zwerg,
Zum Riesen ward durch Gutenberg;
Und fünfzig, seit die ersten Wellen
Allmacht des Drucks in Frage stellen.
Gleichwohl – wir müssen dabei bleiben:
Am wichtigsten sind die, die schreiben.

E. Portmann (Hrsg.), *Wirtschaftsinformatik in Theorie und Praxis*,
DOI 10.1007/978-3-658-17613-6

(aus Eugen Roth, Der Schrift und Druckkunst Ehr und Macht, Linotype 1959, S. 75 und 73) In diesem Sinne gratulieren wir Ihnen ganz herzlich zum Ehrentag und wünschen Ihnen weiterhin so viel Schaffenskraft, Humor und Gesundheit. Wir freuen uns auf viele weitere gemeinsame Buchprojekte und Ausgaben der HMD – Praxis der Wirtschaftsinformatik.

Hermann Engesser,
Dr. Sabine Kathke,
Sybille Thelen, Springer Vieweg Heidelberg, Wiesbaden.

Lieber Andreas, ich mag mich noch genau an den Tag erinnern, wo du mir angeboten hast bei dir zu doktorieren. Wir gingen zusammen essen und machten danach bei einem Glas Grüntee Duzis. In den darauffolgenden 10 Jahren, sollte es nicht bei diesem einen Glas Grüntee bleiben. An diesem Tag habe ich einen neuen Lebensweg eingeschlagen, den ich noch ein paar Monate davor nicht für möglich gehalten hatte. Der Weg führte mich von Fuzzy Logic und Data Warehousing in die Telekommunikationsbranche zu Big Data und hin bis zum Gründen von eigenen Unternehmungen. Während dieser ganzen Zeit, warst du ein Mentor, ein Doktorvater, ein Forschungskollege, aber am Allermeisten warst und bist du ein guter Freund. Es gab in dieser Zeit viele gute und prägende Momente mit dir, an die ich mich oft zurückerinnere. Einer dieser Momente war beispielsweise die erste Klausur in einem kleinen Chalet. Wir waren alle zusammengepfercht in dem kleinen Holzhaus, projizierten unsere Präsentationen auf ein weisses Leinentuch, kochten mit einem Holzfeuerherd und wir alle waren nervös unsere ersten Forschungsresultate dir zu präsentieren. Du hast uns allen Mut zu gesprochen und uns darin bestärkt, dass wir auf dem richtigen Weg sind. Ich habe noch heute ein Foto zu Hause hängen, das mich an diese Zeit erinnert. Dein Umgang mit deinen Doktoranden war stets sehr kollegial und von grossem zwischenmenschlichem Vertrauen geprägt. Selten habe ich eine Person gesehen, die dieses Vertrauen so lebt wie du. Und diese ist auch eine der grössten Lehren, die ich aus meiner Zeit als Doktorand bei dir mit auf den Weg genommen habe: Vertrauen, Mut und Neugier auf Neues sind die wichtigen Zutaten, um immer einen Schritt über seine eigenen Grenzen gehen zu können. Ich danke dir von ganzem Herzen, dass du mir die Chance gegeben hast, dies mit dir erleben zu dürfen.

Dr. Daniel Fasel, Scigility AG, Zürich, Schweiz.

Lieber Andreas, wir, das HMD-Herausgebergremium, gratulieren Dir sehr herzlich zu Deinem sechsundsechzigsten Geburtstag, danken Dir für Dein großes Engagement in unserem Kreis und wünschen Dir Zufriedenheit, Glück, Gesundheit, immer ausreichend Zeit für alles, was Du gerne tust und dass Dir auch künftig die spannenden (Forschungs-)Themen nie ausgehen werden.

Hans-Peter Fröschle, i.t-consult Organisations- und Technologieberatung, Stuttgart,
Prof. Dr. Knut Hildebrand, Hochschule Weihenstephan-Triesdorf, Freising,
Dr. Josephine Hofmann, Fraunhofer-Institut für Arbeitswirtschaft und Organisation, Stuttgart,
Prof. Dr. Matthias Knoll, Hochschule Darmstadt, Darmstadt,
Dipl.-Kfm. Stefan Meinhardt, SAP Deutschland, Walldorf,
Dr. Stefan Reinheimer, BIK, Nürnberg,
Prof. Dr. Susanne Robra-Bissantz, Technische Universität Braunschweig, Braunschweig,
Prof. Dr. Susanne Strahringer, Technische Universität Dresden, Dresden.

Lieber Andreas, ganz herzlichen Glückwunsch zum Geburtstag! Wir haben uns ja erst letztes Jahr kennengelernt. Eigentlich schade, dass wir uns nicht viel früher begegnet sind – bei so vielen gemeinsamen Interessen! Aber vielleicht können wir ja noch einiges zusammen aushecken...

Prof. Dr. Hansjörg Fromm, Karlsruhe Institute of Technology (KIT), Karlsruhe.

Lieber Andreas, aus der Ferne und in alter Verbundenheit wünsche ich Dir von Herzen alles Liebe und Gute zu Deinem 66. Geburtstag. Ich denke gerne an unsere gemeinsame Zeit in Fribourg zurück, ich habe viel von Dir lernen dürfen. Sei in Zukunft mit Gesundheit, Zufriedenheit, Glück sowie einem hohen Zielerreichungsgrad gesegnet. Herzlich, Bernd.

Prof. Dr. Bernd Helmig. Universität Mannheim.

Dear Andreas, I am so grateful to be able to participate in wishing you all the best to your birthday. Andreas, from the fuzzy set point of view, you belong to the fuzzy set young with slightly lower degree than 1, because age is not only a number derived from the birth certificate, but depends also on feelings, energy, love and enthusiasm, you have plenty of all.

Prof. Dr. Miroslav Hudec, University of Economics in Bratislava, Bratislava.

Lieber Andreas, es war mir ein grosses Vergnügen, mit dir zusammenzuarbeiten. So sollte die interdisziplinäre Forschung sein: interessant, bereichernd und ertragreich. Ich wünsche Dir auch für die kommenden Jahre viel Erfolg und alles Gute!

Prof. Dr. Andreas Ladner, Professor am IDHEAP der Universität Lausanne.

Dear Andreas, I had the pleasure to get to know you through a PhD student of yours that contacted me, Joël Vogt and where we joined forces as co-advisors. The way a PhD student talks about his PhD advisor can learn you a great deal about that person. I sincerely hope my PhD students express as much appreciation for me, as Joël did about you. I've got to know you as someone who cares deeply about his students, and guides them beyond the context of their research. I am honored to join your team in wishing you a happy birthday! I think the best present is one you have realized yourself: a great team that cares about you, whether they are previous or current PhD students, and prepares this Festschrift for you. It is my absolute pleasure to contribute this short piece of text and transfer my best wishes to you this way. My very best wishes, Kris.

Prof. Dr. Kris Luyten, Hasselt University, Belgium.

Lieber Andreas, ziemlich bald nachdem ich als Assistent vor etwa 30 Jahren in die Schweiz gekommen bin, haben wir uns an einer Veranstaltung der Datenbankgruppe der SI ein erstes Mal getroffen und seither bei verschiedenen Gelegenheiten immer wieder. Vom Lebensalter sind wir ziemlich genau zehn Jahre auseinander, weshalb ich von Anfang an zu Dir als geschätzten Altkollegen aufgeschaut habe. An Dir habe ich immer Deine vielfältige Persönlichkeit und Deinen unkonventionellen Werdegang bewundert – und die Fähigkeit, scheinbar mit leichter Hand eine beachtliche Zahl von gut lesbaren Lehrbüchern zu schreiben. Zu Deinem sechsundsechzigsten Geburtstag gratuliere ich Dir sehr herzlich und wünsche Dir, dass Deine intellektuelle und körperliche Spannkraft noch über viele Jahre erhalten bleibe und Du Deinen beruflichen wie privaten Lebensweg weiter aktiv zu Deiner Zufriedenheit gestalten kannst.

Prof. Dr. Thomas Myrach, Universität Bern, Institut für Wirtschaftsinformatik.

Dear Andreas, with deep heartfelt honor and happiness, I salute you in saying „Happy 66th Birthday" while presenting you my best wishes. As I join you in this exciting celebration, I also relive with much gratitude the beautiful memory of having been a part of your team together with the numerous opportunities to learn from your scientific knowledge, professionalism, human values and so many other valuable life skills lessons. On this most fitting and momentous occasion, I would like to reiterate my deep gratitude, appreciation and admiration for your valuable services to the young generation of Vietnamese university students and teaching staffs in Hanoi and Ho Chi Minh City. With remarkable passion, commitment and dedication you have shared with them not only your scientific knowledge but also your enthusiasm, generosity, open mind and the extra mile of immersion in the culture of their country. You have left indelible footprints that will remain forever in our hearts and minds. They have brightened our lives and, today, they shine upon your 66th birthday.

Dr. Dac Hoa Nguyen, Dr. rer. pol., University of Fribourg, Suisse.

Lieber Andreas, vor 28 Jahren hast du den Schweizerischen Bankverein im Forschungsprogramm „Information Management 2000" des Instituts für Wirtschaftsinformatik an der Universität St. Gallen vertreten. Mit grossem Engagement hast du dich innovativen Ansätzen im Software Engineering und im Datenmanagement gewidmet und unsere universitären Forschungsarbeiten mit vielen wertvollen Fragen konstruktiv herausgefordert. Du hast die IT-Herausforderungen aus der Praxis an die Universität mitgenommen und damit in Forschung und Lehre viel beachtete Impulse setzen können. Deine Verbindung von Wirtschaft und Wissenschaft hast du im Herausgeberrat der HMD zur Geltung bringen können. Es hat immer wieder Freude gemacht, mit dir zusammenzuarbeiten. Ich wünsche dir weiterhin viel Freude und Schaffenskraft und freue mich auf das nächste gemeinsame Thema.

Prof. emer. Dr. Dr. h. c. Hubert Österle, Universität St. Gallen, Schweiz.

Dear Andreas, I wish you all the best for your birthday! For a long time you have been well known to me as an outstanding researcher and as someone who is very active and has contributed immensely to the community. I am glad to have finally met you personally just recently. With my best wishes for all your future projects and endeavours.

Prof. Dr. Ulrich Reimer, University of Applied Sciences St. Gallen, Switzerland.

Lieber Andreas, sehr gerne schliesse ich mich den Gratulantinnen und Gratulanten an und wünsche Dir alles Gute zu Deinem 66. Geburtstag – wobei ich zugeben muss, dass ich Mühe hatte, zu glauben, dass Du tatsächlich schon 66 wirst. Die Zusammenarbeit mit Dir und Deiner Forschungsgruppe im eHealth-Bereich habe ich in sehr guter Erinnerung. Unsere gemeinsamen Projekte waren für mich eine grosse Ehre und Freude zugleich, die Zusammenarbeit sehr inspirierend und menschlich beeindruckend. Ich wünsche Dir, dass Du in den nächsten Jahren etwas mehr Zeit im Kreise Deiner Familie geniessen kannst, Du aber gleichzeitig auch die Gelegenheit hast, Dich weiterhin in der Forschung und der Lehre zu verwirklichen.

Prof. Dr. Heiko Schuldt, Universität Basel, Schweiz.

Dear Andreas, it is my big pleasure that I may participate on this fabulous way of wishing you all the best to your birthday. Don't think that your birthday is just a reminder of another passed year; it is the celebration that marks the birth of the person that is so inspiring for all of us. Your splendid career – scientific as well educational – cannot be understood better than by silently and appreciate looking at your successful and truly generous former and current PhD students carrying your scientific and personal messages.

Prof. Dr. Martin Štěpnička, University of Ostrava, Ostrava, Czech Republic.

Lieber Andreas, zu Deinem sechsundsechzigsten Geburtstag gratuliere ich Dir ganz herzlich! Vielen Dank für Dein Einbringen von immer neuen Ideen und Sichtweisen sowohl in Bezug auf die Lehre wie auch auf die Forschung und Deine Offenheit für alles Neue, die unsere Zusammentreffen immer äusserst interessant gestaltet hat. Ich wünsche Dir die Courage, neue Dinge anzupacken, Glück und gutes Gelingen für all Deine Unterfangen.

Prof. Dr. Kilian Stoffel, Université de Neuchâtel, Neuchâtel.

Prof. Dr. Andreas Meier als Leiter der Forschungsgruppe Informationssysteme und das iimt (international institute of management in technology) können auf eine langjährige, erfolgreiche Zusammenarbeit zurückblicken. Durch seine aktive Gestaltung des Moduls Data Warehouse & Data Mining im iimt Executive Programm (EMBA Programm) hat er seinen Fussabdruck hinterlassen. Er hat seine Route 66 gefunden – Gratulation! Herzlichen Dank und weiterhin viel Enthusiasmus bei den noch anstehenden Aktivitäten. Mit 66 Jahren, da fängt das Leben ja bekanntlich erst an …

Prof. Dr. Stephanie Teufel, Chair of ICT Management & Director iimt, Universität Fribourg, Schweiz.

I met Professor Andreas Meier in the occasion of delivering in Fribourg a talk invited by him, and, immediately, a sense of friendship strike up between us. I was deeply impressed hearing all his pupils expressing a sincere affect for him, and a deep admiration for his sweet leadership. I departed from Fribourg sharing their view.

Prof. Dr. Dr. h. c. Enric Trillas, University of Oviedo, Spain.

Dear Prof. Meier, my cordial congratulations to your 66th birthday anniversary. Compliments to your scientific achievements and all the best for the future. With kind regards from Vienna, Sincerely yours, Reinhard Viertl.

Prof. Dr. Reinhard Viertl, TU Wien, Austria.

Liste der Dissertationen

Im folgenden Abschnitt werden die im akademischen Stammbaum dargestellten Habilitations- und Dissertationsprojekte der Schülerinnen und Schüler von Andreas Meier chronologisch gelistet; angefangen mit der stammältesten Doktorarbeit.

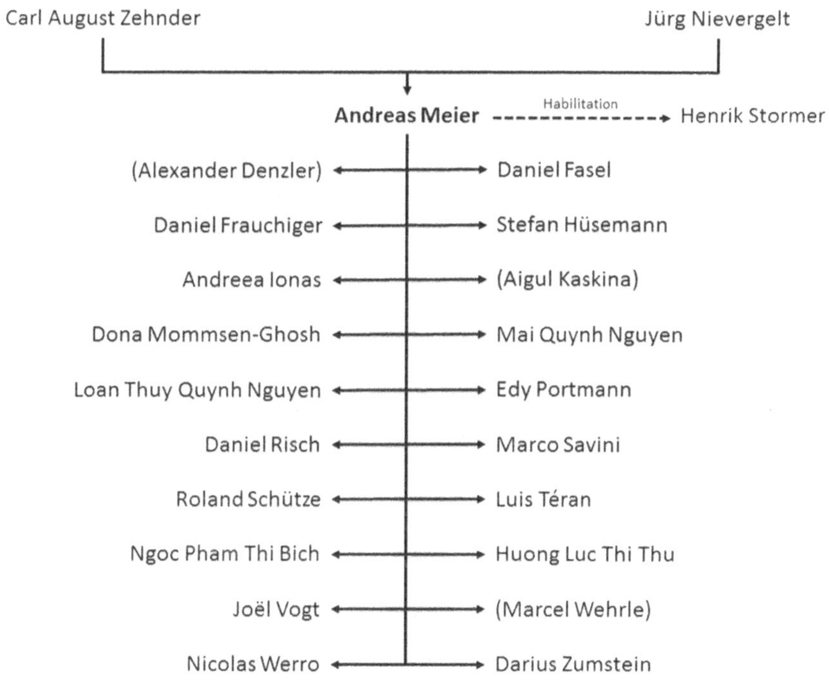

Abb. 1 Akademischer Stammbaum von Andreas Meier

E. Portmann (Hrsg.), *Wirtschaftsinformatik in Theorie und Praxis*,
DOI 10.1007/978-3-658-17613-6

Die chronologische Abfolge der Verteidigung der jeweiligen Habilitations- und Dissertationsprojekte der Schülerinnen und Schüler von Andreas Meier sind im Folgenden dargestellt.

Verteidigt im Oktober 2002

Stefan Hüsemann

Referenten: Andreas Meier und Bernd Helmig
Web-basierte Informationsaustauschplattform im Bereich humanitärer Projekte – Probleme und Lösungsvorschläge

Eine Vielzahl von international tätigen humanitären Organisationen versucht, die Lebensbedingungen der Armen und Benachteiligten dieser Welt zu verbessern. Das Management solcher Entwicklungsprojekte ist eine Herausforderung, da eine Vielzahl von Stakeholdern berücksichtigt werden sollte und die Hilfsleistungen verschiedener Organisationen koordiniert werden müssen. Computergestützte Informationssysteme können helfen, den in humanitären Organisationen geschwächten kybernetischen Regelkreis zu schliessen, indem sie das „organisational learning" fördern und den Informationsaustausch zur besseren Koordination sicherstellen. Stefan Hüsemann untersucht Informationssysteme für humanitäre Projekte und betrachtet dabei sowohl betriebswirtschaftliche als auch informations- und kommunikationstechnische Aspekte. Er analysiert Architekturen für schwach gekoppelte, verteilte Informationssysteme und beschreibt Standards für den Austausch elektronischer Informationen. Eine Marktstudie erforscht den Stand web-basierter Informationssysteme für humanitäre Organisationen. Der Autor stellt sein Konzept einer webbasierten Informationsaustauschplattform für qualitative und quantitative Projektinformationen vor. Die Extensible Markup Language (XML) und darauf aufbauende Standards bilden die Grundlage des als Prototyp realisierten „Development Information Exchange System". Das Konzept trägt zur Schliessung des kybernetischen Regelkreises bei und berücksichtigt die Besonderheiten im humanitären Bereich sowie theoretische Erkenntnisse aus dem Informations- und Wissensmanagement.

Thèse de doctorat, Université de Fribourg, Faculté des sciences économiques et sociales: http://www.springer.com/de/book/9783824421640.

Verteidigt am 30. Mai 2006

Mai Quynh Nguyen

Referenten: Andreas Meier, Jacques Pasquier und Laurent Donzé
Planning in Software Project Management – Research of Software Companies in Vietnam

The software industry has become a key industry in many developing countries because of the application of information technology in business, manufacturing and many other sectors. Software development produces higher value addition compared to other industries with more skilled human resources. Software project management is an interesting issue of both researchers and managers. Software projects have a notorious reputation of poor performance in terms of schedule, cost and quality assurance. There has been limited research on software project management, especially in a context of developing countries. Consequently, this study will concentrate on the role of planning for project success. The conceptual framework in this study was developed to examine the critical role of planning in software projects. This framework includes three important elements: planning factors, planning performance and project outcomes. Planning factors are defined as human, management and technical factors that involved in project planning. Planning was assessed by the performance of four tasks, including defining requirements and specifications, estimating cost and time, scheduling and risk analysis. Project outcomes were evaluated by five criteria: overall success, qualitative benefits (such as improving project team ability, enhancing the company image financial benefits), financial benefits, time and costs. In the framework, planning performance is influenced by human, technical and management factors. Planning performance also related to project outcomes. This framework also proposed to analyze the influence of project characteristics on the relationships between the planning factors and planning performance. Both quantitative and qualitative analyses were used to examine the relationships identified in the conceptual framework. 80 software projects in 65 software companies in Vietnam were analyzed. This data was collected mainly by survey. One case of the leading software company was chosen for in – depth analysis through interviews. The research finding indicated that there were not many significant differences between software projects based on size, type and ownership. Smaller projects had better scheduling, less budget excess, and better intangible benefits like improving project team capability, enhancing the company image etc. than bigger projects. Considering the ownership differences between software projects, the significant differences mainly related to human factors. The project manager effort, team member ability and customer involvement of software projects in foreign companies were better than that in local companies. There were minor differences between software projects by type, such as commercial, made to order, and outsourcing. These findings indicated the important role of human factors in planning. The role of the explanatory variable of planning to project success also confirmed. There were significant relationships between planning performing and all five project outcomes. The qualitative analysis of the project as shown the case study of the Financing and Promoting Technology Corporation (FPT Corp.) provided more explanations for these quantitative findings.

Thèse de doctorat: Université de Fribourg, Faculté des sciences économiques et sociales: http://doc.rero.ch/record/6056.

Verteidigt am 30. Mai 2006

Loan Thuy Quynh Nguyen

Referenten: Andreas Meier und Marino Widmer
Improving Performance through Linking IT and TQM in Vietnamese Organizations

Total quality management (TQM) and information technology (IT) have significantly impacted on most organizations. The objective of this study is to develop a conceptual framework for studying the critical dimensions of TQM and the support of IT application to TQM that can improve the organizational performance. The study then makes managerial recommendations for linking IT and TQM in business strategies aiming at enhancing Vietnamese organizations' performance. The study surveyed 146 Vietnamese organizations in Ho Chi Minh City (HCMC) and the suburban provinces of HCMC. The findings indicate that most dimensions of TQM are significantly correlated to the organizational performance. The critical dimensions of TQM are leadership, customer focus, employee involvement, information management, process management, continuous improvement, and supplier relationship. The findings also present that the support of IT application to the critical dimensions of TQM are significantly correlated to the organizational performance. This implies that pursuing TQM is a good way to improve the organizational performance. In addition, IT can be one of the effective means to improve TQM aiming at getting better performance. Thus, the organizations should use of IT as strategic tool for improving TQM. Moreover, the findings evaluate the practices of Vietnamese organizations about the seven dimensions of TQM and the support of IT application to their TQM. In general, the evaluation results are at an above average level. This means that Vietnamese organizations need to improve their activities relating quality management and to better integrate TQM and IT application.

Thèse de doctorat: Université de Fribourg, Faculté des sciences économiques et sociales: http://doc.rero.ch/record/6055.

Verteidigt am 22. März 2007

Huong Luc Thi Thu

Referenten: Andreas Meier und Maurizio Vanetti
Web Branding – At Vietnamese Manufacturing Enterprises

The research stream on Website quality has evolved in recent years. Although several research issues have been addressed, there remain gaps in literature about the facilitators of Website as a brand. Therefore, the general purpose of this study is to identify, describe and analyze factors that have had an impact on customer awareness and loyalty to a Website. Based on the literature review, a theoretical model and hypotheses have been developed. The research has incorporated the concepts of AIPDB (which stands for the five strategic functions of a Website: Attract, Inform, Position, Deliver and Building relationships) into the model and proposed to be tested the potential effects on the formation of Web awareness and loyalty. Data was collected from 477 Internet users through a survey in Vietnam. It was first used to assess and refine the measurement scales through factor analysis. Then it was used to validate the model through the multiple regression equation. Based on the statistics derived, test of hypotheses were undertaken and the results were discussed. A single case study was also investigated to illustrate the Web branding practice at the local pharmaceutical company, the Traphaco. The key findings of this research show that the Website as a brand serves as an invitation and gives the audience a reason to visit the Website. The information quality, site appearance, download speed and personalization are the critical success factors that significantly impact loyalty to a Website. However, Vietnamese manufacturers in general and the Traphaco in particular implement few marketing activities both online and offline to attract visitors to their sites and encourage them to come back. This research has bridged gaps in existing theory in several ways. First, it focuses on the marketing communication function of Web branding, an important issue which has not yet been thoroughly researched. Secondly, it provides an integrative conceptual model for examining the determinants of customer awareness and loyalty towards the Websites of manufacturers. It helps explain and predict the determinants for the acquisition of Web awareness and loyalty. The research also contributes the new measurement scales as well as suggesting effective ways to build Web branding potential. This research is the first endeavor to comprehensively examine and test the determinants of Web branding in the Vietnamese e-business context. Findings of this research add to the growing evidence suggesting that Web marketing communication and Web design interface are the prominent keys to achieve the high Web performance as a brand. This research provides a Web branding framework to further research customer awareness and loyalty to a Website effectively.

Thèse de doctorat: Université de Fribourg, Faculté des sciences économiques et sociales: http://doc.rero.ch/record/8129.

Verteidigt am 7. Dezember 2007

Daniel Risch

Referenten: Andreas Meier und Petra Schubert
Nutzung von Kundenprofilen im Electronic Commerce – Grundlagen und Erkenntnisse zur Verwendung von Kundenprofildaten am Beispiel des B2C E-Commerce in der Schweiz

Nicht nur im E-Commerce wird die Ausrichtung auf die Bedürfnisse der Kunden als ein wichtiger Aspekt für den betriebswirtschaftlichen Erfolg eines Unternehmens angesehen. Gegenüber traditionellen Absatzkanälen bietet das Internet zahlreiche Möglichkeiten, Kunden direkt und individuell anzusprechen und so einen Mehrwert für Kunden und Unternehmen zu schaffen. Die Arbeit gibt einen fundierten Einblick in die Potenziale und die praktische Relevanz der Nutzung von Kundenprofilen im Electronic Commerce. Zahlreiche Studien kommen zum Schluss, dass Kundendaten oft nicht oder unzureichend verwendet werden. Andererseits wird in der CRM-Literatur die zentrale Stellung der Kundeninformationen betont. Von dieser offensichtlichen Diskrepanz ausgehend, wird in dieser Arbeit das breite Feld der Verwendung von Kundenprofilen im E-Commerce aufgerollt. Dazu wird eine Definition des Kundenprofilbegriffs hergeleitet und darauf aufbauend eine Klassifikation der verschiedenen Kundenprofiltypen entwickelt. Im Mittelpunkt der Arbeit wird der Frage nachgegangen, wie Kundenprofile im E-Commerce erfasst, ausgewertet und genutzt werden. Dazu werden entlang des Customer Profile Cycles verschiedene Ansätze, Methoden und Verwendungszwecke beleuchtet. In einer zweigeteilten qualitativen und quantitativen Studie wird untersucht, inwiefern Kundenprofile heute im E-Commerce verwendet werden und wo sich Schwierigkeiten und Erfolgsfaktoren identifizieren lassen. Dazu wurden zahlreiche Interviews geführt, Fallstudien erstellt und rund 250 im Schweizer E-Commerce aktive Unternehmen befragt. Die Ergebnisse der Arbeit werden in praxisorientierte Handlungsempfehlungen verdichtet, die bei Projekten zur Verwendung von Kundenprofilen – sei es nun für die Personalisierung, die Mass Customization oder Empfehlungssysteme – als Wegweiser dienen.

Thèse de doctorat: Université de Fribourg, Faculté des sciences économiques et sociales.

Verteidigt am 31. Januar 2008

Dona D. Mommsen-Ghosh

Referenten: Andreas Meier und Myra Spiliopoulou
AdWiser – IT-enabled design, Delivery and Pricing of Investment Advice as a Knowledge Product

Investment advice has been mainly a service free of charge so far. Financial institutions offering investment-related services considered investment advice not as an separate advisory product, but as a sales activity for their financial instruments and brokerage services. Instead of charging explicit advisory fees, commissions and other fees cross-subsidized investment advisory services. However, changes in the competitive landscape and increasingly demanding customers unveiled the disadvantages of inadequate pricing models. If the remuneration of the investment advisors is not linked to the added value of their advisory services, it will soon be impossible to justify their services and realize the necessary revenue in the market. However, customers are only willing to pay explicit advisory fees if the service represents an objective guidance for their investment decisions, taking into account their personal situation. Therefore, investment advice has to be transformed from a sales activity for financial instruments into solution-oriented consulting. As a consequence, investment advisory services need a comprehensive, self-contained product management. This study proposes the AdWiser methodology for IT-enabled design, delivery, and pricing of investment advice as a knowledge product. Its main contribution is to fuse the three perspectives of asset management, services marketing, and knowledge management into a comprehensive methodology. AdWiser service modules are a model to specify investment advisory services as a knowledge product. This model is the starting point of a complete management cycle, which covers product design, service delivery, as well as valuation and pricing of investment advice. For each line of action in the management cycle, the AdWiser methodology suggests an information system as enabler. Each system has a dual role: It supports the tasks of its application domain, and at the same time fulfills a knowledge management function. **Product design:** *The model of AdWiser service modules fits into the domain vocabularies of investment advisors and marketers. AdWiser service modules represent the actual service, being methods, information, and interactions. They standardize investment advice on methods, not on contents. Thereby, the model can be used to create a catalog of advisory products. In addition, the differentiated view on advice gives marketers a connection point for their product strategy. The AdWiser service module repository is a system to support a collaborative product design, as well as the knowledge identification and elicitation that is done during the business process analysis.* **Service delivery:** *AdWiser service modules can be used in an advisory support system that is designed to provide decision support for the investor and not as a sales system. AdWiser service modules promote a structured investment process. The system supports the management of knowledge assets and their use during service delivery. The AdWiser advisory support system further documents the interaction between advisor and investor in advisory tickets, which makes the collaborative decision* *process traceable. Advisory tickets produce demand statistics as a quantitative input for marketing methods.* **Valuation & pricing:** *The AdWiser methodology suggests a tiered valuation framework for AdWiser service modules so that marketers can value them in a scoring model. This framework provides the skeleton for the valuation and pricing of AdWiser service modules. Pricing is extremely complex and context-dependent. The challenge is to develop a solution strategy how to operationalize the pricing theory and the current practice on pricing investment advice, so that the theories and methods can be applied to AdWiser service modules and integrated into the tiered valuation framework. As part of the solution strategy, the AdWiser methodology suggests a taxonomy to systemize pricing theory, which can serve both as an analytical tool and a modeling aid. This taxonomy has been used to study seven cases on current practice, illustrating how the context impacts the pricing of investment advice. The cases exemplify different specialization, business models, target customer segments, as well as company sizes and cost structures. The analysis identified partial solutions in the current practice that could be adapted and integrated when pricing investment advice with AdWiser service modules. In addition, the AdWiser methodology contributes an analysis of investment advice as a knowledge product. Hence, marketers can integrate these partial solutions and the pricing theory when they create their custom model in the tiered valuation framework. Thereby, the AdWiser methodology focuses on valuebased pricing, since the literature on investment advice and on knowledge products suggests value-based pricing as a desirable approach. To close the management cycle, the insights of the valuation can lead to a feedback in order to improve the specification of the AdWiser service modules.* **Proof of concept:** *The AdWiser methodology evolved from a case study at a major bank in Switzerland. The model of AdWiser service modules and an advisory support system were developed during that case study. It demonstrated that the AdWiser methodology is applicable in the daily business of investment advisors. The research into a comprehensive methodology contributed the concepts, methods, and models for product design, valuation and pricing of investment advice based on AdWiser service modules. The AdWiser methodology's support for these product-management tasks is based on a combination of theory on services marketing and knowledge management with cases described in the literature, information from company websites, and interviews with practitioners. Two proof-of-concept prototypes illustrate the AdWiser service module repository for product design and additional elements of the AdWiser advisory support system.*

Thèse de doctorat, Université de Fribourg, Faculté des sciences économiques et sociales.

Verteidigt am 27. Mai 2008

Andreea Ionas

Referenten: Andreas Meier und Stephanie Teufel
Modellierung, Entwicklung und Nutzung eines Data Warehouse für medizinische Communication Centers

Das heutige Gesundheitssystem wird von den vielen Akteuren, den komplexen Beziehungen, den anspruchsvollen Patienten sowie dem veränderten Gesundheitsbewusstsein geprägt. Medizinische Communication Centers können als zentraler Kontaktpunkt zwischen Gesundheitssystem und Bevölkerung dienen. Durch die verschiedenen angebotenen medizinischen Dienstleistungen und die permanente Erreichbarkeit werden medizinische Communication Centers zu wichtigen Institutionen für eine bevölkerungsorientierte Versorgung. Für die ganzheitliche Betreuung der Patienten/Versicherten müssen die Daten der Patienten/Versicherten an einer zentralen Stelle gespeichert werden. Data Warehouse-Systeme ermöglichen die integrierte Speicherung der Daten und deren Auswertung. Bei einem Kontakt mit dem medizinischen Communication Center sind die Patienten-/Versichertendaten aus den früheren Kontakten bekannt und die Patienten/Versicherten können passend angesprochen und beraten werden. Die vorliegende Arbeit beschreibt den Einsatz von Data Warehouse-Systemen für medizinische Communication Centers. Dabei wird der gesamte Prozess der Data Warehouse-Entwicklung – Erhebung der Anforderungen an das Data Warehouse, Modellierung und Implementierung des Data Warehouse, Applikationen zur Auswertung der Data Warehouse-Daten – betrachtet. Das entwickelte Data Warehouse unterstützt die Kommunikation mit den Patienten/Versicherten sowie die Qualität und Effizienz der angebotenen Dienstleistungen und Prozesse im medizinischen Communication Center. Mittels des entwickelten Data Warehouse-Modells und der Auswertungsapplikationen können Daten bezüglich Beschwerden und bezogener Dienstleistungen, schweizweit und zeitbezogen, einfach und in Abhängigkeit von unterschiedlichen Analysekriterien visualisiert werden. Weiterhin können verschiedene mitarbeiterbezogene Kennzahlen berechnet und das Reporting für die Vertragspartner zur Verfügung gestellt werden. Data Warehouse-Systeme sind im Gesundheitsbereich, im Vergleich zu anderen Bereichen, weniger stark verbreitet. Das in der Arbeit beschriebene Data Warehouse zeigt das Potenzial und die Vorteile des Einsatzes solcher Systeme in medizinischen Communication Centers und somit auch im Gesundheitswesen.

Thèse de doctorat, Université de Fribourg, Faculté des sciences économiques et sociales: http://doc.rero.ch/record/10617.

Verteidigt am 27. Mai 2008

Nicolas Werro

Referenten: Andreas Meier und Jacques Pasquier
Fuzzy classification of online customers

This book introduces a fuzzy classification approach, which combines relational databases with fuzzy logic for more effective and powerful customer relationship management (CRM). It shows the benefits of a fuzzy classification in contrast to the traditional sharp evaluation of customers for the acquisition, retention and recovery of customers in online shops. The book starts with a presentation of the basic concepts, fuzzy set theory and the combination of relational databases and fuzzy classification. In its second part, it focuses on the customer perspective, detailing the central concepts of CRM, its theoretical constructs and aspects of analytical, operational and collaborative CRM. It juxtaposes fuzzy and sharp customer classes and shows the implications for customer positioning, mass customization, personalization, customer assessment and controlling. Finally, the book presents the application and implementation of the concepts in online shops. A detailed case study presents the application and a separate chapter introduces the fuzzy Classification Query Language (fCQL) toolkit for implementing these concepts. In its appendix the book lists the fuzzy set operators and the query language's grammar.

Thèse de doctorat, Université de Fribourg, Faculté des sciences économiques et sociales: http://doc.rero.ch/record/10553.

Beschluss des Professorenrats vom 27. Mai 2008

Henrik Stormer

Personalisierung in Online Shop Systemen – Produktkonfiguration, Empfehlung und Adaption.
Venia Legendi für das Lehrgebiet Wirtschaftsinformatik: Université de Fribourg.

Verteidigt am 18. September 2008

Ngoc Pham Thi Bich

Referenten: Andreas Meier, Marino Widmer und Laurent Donzé
Intra-organizational Knowledge Transfer Process in Vietnam's Information Technology Companies

Intra-organizational knowledge transfer has attracted much attention of researchers and practitioners in recent years since knowledge transfer has been considered as a critical determinant of an organization's capacity to confer sustainable competitive advantage. Despite extensive research on knowledge transfer issues, the effect of knowledge transfer on organizational performance still has not been fully examined or attracted adequate empirical testing. Therefore, the objective of this study is to investigate organizational factors influencing intra-organizational knowledge transfer, and examine the relationship between knowledge transfer process, its antecedents and organizational performance. Drawing on several theoretical streams, an integrated theoretical model of intra organizational knowledge transfer together with 13 hypotheses were developed and tested in the context of IT companies in Vietnam. To achieve the objectives, a triangulation of quantitative and qualitative studies was applied. A quantitative survey was employed to test hypotheses in the conceptual model derived from relevant literature. Data were collected from a survey of 218 managers and technical staff working in 36 IT companies located in Hanoi and HoChiMinh City. Multiple regression techniques were used to analyze the data. A case study research was conducted with the aim of illustrating the intra organizational knowledge transfer process within a company operating in a transition economy like Vietnam. Data for case study were mainly collected by interviewing managers and technical staff during a one-month field study in the FPT Software Solutions Company. The main findings showed that intra-organizational knowledge transfer is most affected by organizational culture, incentive system and organizational structure. Adaptability and solidarity are two culture values enabling the transfer process. A transparent and flexible incentive system motivates individuals to exchange and apply knowledge in their daily work. High level of centralization creates difficulties for social interaction and reduces autonomy and active involvement of employees, which are essential for successful knowledge transfer. High formalization facilitates the knowledge transfer process by providing a clear direction for employees and enhancing communication flow through an extensive monitoring and reporting requirement. The frequency of using IT tools did not significantly influence the intra organizational knowledge transfer process after other independent variables were added in the regression model. This suggests either that IT tools may not directly itself is not enough to ensure successful knowledge transfer. Therefore, to facilitate knowledge transfer process, it is important to foster knowledge-sharing attitude through providing greater opportunities for deeper involvement of users in the system. Although the knowledge transfer process was found not to mediate the relationship between its antecedents and organizational performance, the process itself moderately predicts organizational performance. This suggests that intra organizational knowledge transfer process should be considered as one of the factors contributing to company performance. The research has filled gaps in existing literature in several ways. Firstly, it extends our understanding of the important facilitators of intra-organizational knowledge transfer process. Secondly, it attempts to integrate both soft and hard organizational factors to create a comprehensive model of intra-organizational knowledge transfer. Thirdly, it clarifies the role of the intra-organizational knowledge transfer process in improving the company's performance in a transition economy. Overall, the results of the study contribute to the advancement of research in the area of intra-organizational knowledge transfer and provide practical implications for managers of IT companies in Vietnam by shedding light on determinant factors of knowledge transfer process and examining the link between knowledge transfer process and firm performance.

Thèse de doctorat: Université de Fribourg, Faculté des sciences économiques et sociales: https://doc.rero.ch/record/10671.

Verteidigt am 29. September 2010

Daniel Frauchiger

Referenten: Andreas Meier und Stephanie Teufel
Ein auf Petri-Netzen basierendes Geschäftsprozessmodell und dessen Anwendung im E-Commerce

Der Gedanke der prozessorientierten Sicht reicht viele Jahrzehnte zurück, hat sich aber erst in jüngerer Zeit unter dem Gesichtspunkt von Kunden- und Resultatausrichtung, Qualitätssicherung, Supply Chain Management, Effizienzsteigerung und damit Wettbewerbsfähigkeit durchgesetzt. Der Wechsel von einer Aufbau- hin zu einer Prozessorganisation erfolgt initial im Entwurf und in der Umsetzung des neuen Prozessmodells. Anschliessend ist es Aufgabe der Führung, diese Prozesse laufend zu überwachen und zu steuern. Dabei stellt sich zum einen die Frage nach dem geeigneten Modell und zum anderen die nach der geeigneten Modellsprache. Die vorliegende Arbeit unterzieht zwei in der Praxis häufig anzutreffende Prozessmodelle sowie die mathematisch begründeten, formalen Petri-Netze einer Beurteilung aus Sicht der Wirtschaftsinformatik. Danach folgt ein Vorschlag, welcher auf den Petri-Netzen beruht, aber im Gegensatz zu diesen besser an die Bedürfnisse der Geschäftsprozessmodellierung angepasst ist, was in der anschliessenden Beurteilung gezeigt wird. Die meisten Geschäftsprozesse erfahren heutzutage eine informationstechnische Unterstützung, deren Realisierung nicht zuletzt aufgrund unterschiedlicher Modelle auf Seiten des Betriebes und auf Seiten der Informatik mit hohem Aufwand verbunden ist. Am Beispiel eines in einem Webshop ablaufenden Bestellprozesses wird gezeigt, wie mit dem vorgestellten Modellansatz sowohl die fachliche Sicht wie die technische Sicht im selben Modell abgebildet und so Potenzial für kürzere Entwicklungswege geschaffen werden kann.

Thèse de doctorat, Université de Fribourg, Faculté des sciences économiques et sociales: http://doc.rero.ch/record/20778.

Verteidigt am 20. Dezember 2010

Marco Savini

Referenten: Andreas Meier und Heiko Schuldt
Ein Framework für den Einsatz mobiler Dienste im Gesundheitswesen

Das Gesundheitswesen ist gekennzeichnet durch eine Vielzahl von Akteure mit partikularen Bedürfnissen. Die Informationsflüsse zwischen ihnen basieren heutzutage häufig auf mündlicher und papierbasierter Kommunikation. Gerade zwischen Patienten und deren behandelnden Ärzten kommen elektronische Medien selten zum Einsatz. Die Probleme dieser Kommunikation sind offensichtlich: Die Fehlerrate ist höher, die Übermittlungsgeschwindigkeit durch physische Einflüsse limitiert und die Weiterverarbeitung, zum Beispiel eine grafische Darstellung, eingeschränkt. In dieser Arbeit wird ein Gerüst vorgestellt, welches die Entwicklung mobiler medizinischer Anwendungsfälle unterstützt. Diese Ausrichtung begünstigt einerseits die zunehmende Mobilität von Patienten, welche die Erfassung physiologischer Parameter nicht mehr von einer geografischen Ortschaft abhängig machen wollen. Andererseits wird auf die bedeutend höhere Penetration mobiler Geräte in der Bevölkerung, besonders in den älteren Segmenten, Rücksicht genommen. Bei den Informationsempfängern wird die Einbindung mehrerer Partner unterstützt; so sollen die physiologischen Parameter eines Einzelnen verschiedenen Parteien zur Verfügung gestellt werden. Das Gerüst unterstützt explizit die Personalisierung der erfragten Informationen, um den Informationsempfängern die für einen gegebenen Patienten notwendigen Entscheidungsgrundlagen anzubieten. Nach einer Einführung in die Grundlagen von eHealth und der Vorstellung einer Taxonomie für mobile Gesundheitsanwendungen werden die Bedingungen des Handlungsrahmens mit vier Umfragen bestimmt. Diese Ergebnisse werden anschliessend in eine Grobarchitektur überführt. Der Berücksichtigung von Kontext, also des Einbezugs der aktuellen Situation des Nutzers, wird in einem separaten Kapitel dedizierte Beachtung geschenkt. Diese Erkenntnisse resultieren schlussendlich in einer feinen Ausarbeitung der Architektur. Diese kann als Basis für eine Referenzimplementierung genutzt werden. Sämtliche Kapitel werden mit praxisnahen Beispielen illustriert, welche die abstrakten Vorgänge auf eine vereinfachte reale Situation abbilden. Das Ergebnis der Arbeit ist die Vorstellung eines Frameworks, welches auf die dedizierten Bedürfnisse des Informationsflusses zwischen an einer (häufig chronischen) Krankheit leidenden Patienten und deren behandelnden medizinischen Fachpersonen Rücksicht nimmt.

Thèse de doctorat: Université de Fribourg, Faculté des sciences économiques et sociales: http://doc.rero.ch/record/27155.

Verteidigt am 6. Februar 2012

Edy Portmann

Referenten: Andreas Meier, Philippe Cudré-Mauroux und Witold Pedrycz
The FORA framework: a fuzzy grassroots ontology for online reputation management

Online reputation management deals with monitoring and influencing the online record of a person, an organization or a product. The Social Web offers increasingly simple ways to publish and disseminate personal or opinionated information, which can rapidly have a disastrous influence on the online reputation of some of the entities. This dissertation can be split into three parts: In the first part, possible fuzzy clustering applications for the Social Semantic Web are investigated. The second part explores promising Social Semantic Web elements for organizational applications, while in the third part the former two parts are brought together and a fuzzy online reputation analysis framework is introduced and evaluated. The entire PhD thesis is based on literature reviews as well as on argumentative-deductive analyses. The possible applications of Social Semantic Web elements within organizations have been researched using a scenario and an additional case study together with two ancillary case studies – based on qualitative interviews. For the conception and implementation of the online reputation analysis application, a conceptual framework was developed. Employing test installations and prototyping, the essential parts of the framework have been implemented. By following a design sciences research approach, this PhD has created two artifacts: a framework and a prototype as proof of concept. Both artifacts hinge on two core elements: a (cluster analysis-based) translation of tags used in the Social Web to a computer-understandable fuzzy grassroots ontology for the Semantic Web, and a (Topic Maps-based) knowledge representation system, which facilitates a natural interaction with the fuzzy grassroots ontology. This is beneficial to the identification of unknown but essential Web data that could not be realized through conventional online reputation analysis. The inherent structure of natural language supports humans not only in communication but also in the perception of the world. Fuzziness is a promising tool for transforming those human perceptions into computer artifacts. Through fuzzy grassroots ontologies, the Social Semantic Web becomes more naturally and thus can streamline online reputation management.

Thèse de doctorat: Université de Fribourg, Faculté des sciences, no. 1742: http://doc.rero.ch/record/28568.

Verteidigt am 11. Mai 2012

Michael Kaufmann

Referenten: Andreas Meier, Laurent Donzé und Kilian Stoffel
Inductive fuzzy classification in marketing analytics

„Inductive fuzzy classification" (IFC) is the process of assigning individuals to fuzzy sets for which membership functions are based on inductive inferences. In this thesis, different methods for membership function induction and multivariate aggregation are analyzed. For univariate membership function induction, the current thesis proposes the normalized comparisons (ratios and differences) of likelihoods. For example, a normalized likelihood ratio can represent a membership degree to an inductive fuzzy class. If the domain of the membership function is numeric, continuous membership functions can be derived using piecewise affine interpolation. If a target attribute is continuous, it can be mapped into the „Zadehan" domain of numeric truth-values between 0 and 1, and membership degrees can be computed by a normalized ratio of likelihoods of fuzzy events. A methodology for multivariate IFC for prediction has been developed a part of this thesis: First, data is prepared into a matrix format. Second, the relevant attributes are selected. Third, for each relevant attribute, a membership function to the target class is induced. Fourth, transforming the attributes into membership degrees in the inductive fuzzy target class fuzzifies these attributes. Fifth, for every data record, the membership degrees of the single attribute values are aggregated into a membership degree in the target class. Finally, the prediction accuracy of the inductive membership degrees in comparison to the target variable is evaluated. The proposed membership function induction method can be applied to analytics for selection, visualization, and prediction. First, transformation of attributes into inductive membership degrees in fuzzy target classes provides a way to test the strength of target associations of categorical and numerical variables using the same measure. Thus, relevant attributes with a high target correlation can be selected. Second, the resulting membership functions can be visualized as a graph. This provides an intuitive depiction of target associations for different values of relevant attributes and allows human decision makers to recognize interesting parts of attribute domains regarding the target. Third, transformation of attribute values into membership degrees in inductive fuzzy classes can improve prediction of statistical models because nonlinear associations can be represented in membership functions. In marketing analytics, these methods

can be applied in several domains. Customer analytics on existing data using attribute selection and visualization of inductive membership functions provide insights into different customer classes. Product analytics can be improved by characteristics with inductive membership functions. Transforming customer attributes into inductive membership degrees, which are based on predictive models, can optimize target selection for individual marketing and enhance the response rate of campaigns. This can be embedded in integrated analytics for individual marketing. A case study is presented, in which IFC was applied in online marketing of a Swiss financial service provider. Fuzzy classification was compared to crisp classification and to random selection. The case study showed that, for individual marketing, a scoring approach can lead to better response rates than a segmentation approach because of compensation of threshold effects. A prototype was implemented that supports all steps of the prediction methodology. It is based on a script interpreter that translates inductive fuzzy classification language (IFCL) statements into corresponding SQL commands and executes them on a database server. This software supports all steps of the proposed methodology, including data preparation, membership function induction, attribute selection, multivariate aggregation, data classification and prediction, and evaluation of predictive models. The software IFCL was applied in an experiment in order to evaluate the properties of the proposed methods for membership function induction. These algorithms were applied to 60 sets of real data, of which 30 had a binary target variable and 30 had a gradual target variable, and they were compared to existing methods. Different parameters were tested in order to induce an optimal configuration of IFC. Experiments showed a significant improvement in average predictive performance of logistic regression for binary targets and regression trees for gradual targets when, prior to model computation, the attributes were inductively fuzzified using normalized likelihood ratios or normalized likelihood differences respectively.

Thèse de doctorat: Université de Fribourg, Faculté des sciences, no. 1751: http://doc.rero.ch/record/29754.

Verteidigt am 30. Mai 2012

Daniel Fasel

Referenten: Andreas Meier und Ulrich Ultes-Nitsche
Concept and implementation of a fuzzy data warehouse

The numeric values retrieved from a data warehouse may be difficult for business users to interpret, and may even be interpreted incorrectly. Therefore, in order to better understand numeric values, business users may require an interpretation in meaningful, non-numeric terms. However, if the transition between non-numeric terms is crisp, true values cannot be measured and a smooth transition between classes may no longer be possible. This book addresses this problem by presenting a fuzzy classification-based approach for a data warehouse. Moreover, it introduces a modeling approach for fuzzy data warehouses that makes it possible to integrate fuzzy linguistic variables in a meta-table structure. The essence of this structure is that fuzzy concepts can be integrated into the dimensions and facts of an existing classical data warehouse without affecting its core. This allows a simultaneous analysis, both fuzzy and crisp. A case study of a movie rental company underlines and exemplifies the proposed approach.

Thèse de doctorat: Université de Fribourg, Faculté des sciences économiques et sociales: http://doc.rero.ch/record/29746.

Verteidigt am 30. Mai 2012

Darius Zumstein

Referenten: Andreas Meier und Thomas Myrach
Web Analytics: explorative Analyse zu Einsatz, Nutzen und Problemen

Im Internetzeitalter ist der Webauftritt eines Unternehmens ein unverzichtbares Instrument der Information, Kommunikation und Transaktion geworden. Mit der stark steigenden Nutzung und der Abwicklung des Geschäfts über das Internet wird die Analyse und das Controlling der Website-Nutzung und des elektronischen Geschäfts – das Web Analytics – für Website-Betreiber eine wichtige Aufgabe. Dank client- und serverseitigen Datensammlungsmethoden kann jeder einzelne Klick der Besucher aufgezeichnet und mittels Web-Analytics-Software ausgewertet werden. Dies dient neben der Analyse der Website-Nutzung und des Besucherverhaltens der Steuerung und der Optimierung der webbezogenen Wertschöpfungskette. Als sozioökonomisches Informationssystem dient Web Analytics Unternehmen zur Wirksamkeitsmessung und Optimierung von Online-Marketing-Massnahmen (zum Beispiel Werbekampagnen, Suchmaschinenoptimierung und -marketing) sowie bei der konti-

nuierlichen Verbesserung der Website hinsichtlich Inhalt, Navigation und Benutzerfreundlichkeit. Diese und weitere Nutzenvorteile konnten dank einer empirischen Untersuchung unter 740 Web-Analytics-Fachleuten gezeigt werden. So hilft Web Analytics bei 10 von 11 Befragten, geschäfts- und websitebezogene Ziele anhand von KPIs (Key Performance Indicators) zu messen und zu erreichen. Dabei sind Kundengewinnung und -bindung, die Informationsbereitstellung und die Transaktionsabwicklung über die Website zentrale Ziele. Die Strukturgleichungsmodellierung zeigte auf, dass transaktionsorientierte Kennzahlen wie die Konversionsrate (der Anteil an Besuchern, die zu Käufern konvertierten), am wichtigsten sind, genauso wie die Analyse der Traffic-Quellen. Im Umgang mit Web Analytics erfahrene und affine Unternehmen sind marketing- beziehungsweise kundenorientierter, sie schöpfen die Nutzenpotenziale eher aus und haben weniger Anwenderprobleme. Wie die Untersuchung zeigte, steckt Web Analytics nicht aus technischer, sondern aus der Anwendungssicht in Theorie und Praxis noch in den Kinderschuhen. Die Webanalyse wird in vielen Unternehmen nur als Nebenjob betrieben und oft mangelt es an Erfahrung sowie an Ressourcen wie Zeit, Budget und Know-how. Web Analytics wird organisatorisch meist dem (Online-)Marketing zugeordnet, ist jedoch eine fachübergreifende Aufgabe. Die interdisziplinäre Zusammenarbeit ist hierbei eine Herausforderung und der Datenschutz ist im Web Analytics ein kritisches Problem.

Thèse de doctorat: Université de Fribourg, Faculté des sciences économiques et sociales: http://doc.rero.ch/record/29747.

Verteidigt am 14. Mai 2013

Joël Vogt

Referenten: Andreas Meier, Kris Luyten und Marino Widmer

Requirements elicitation and system specification of assistive systems for people with mild dementia

There is an increased focus on early detection and diagnosis of Alzheimer's Disease (AD). A recent study commissioned by Alzheimer's Disease International found that early diagnosis and intervention was beneficial to People with Dementia (PwDs). The motivation for our research is to facilitate the development of Assistive Technologies (ATs) for people at the early stage of dementia. Designers who collaborate with PwDs face a number of challenges in their effort to understand the requirements and needs of their users. Designers must develop systems that are tailored to individual users' context to reduce cognitive load, without putting users under pressure, who often provide only vague and sometimes conflicting information. The problem we explored is how to let PwDs intuitively define their implicit requirements and needs explicitly. Time in particular is an important aspect of dementia, applications must be consistent and predictable. The goal of this dissertation is to explore ways for PwDs to implicitly convey explicit system behavior requirements.

Thèse de doctorat: Université de Fribourg, Faculté des sciences économiques et sociales: http://doc.rero.ch/record/32983.

Verteidigt am 28. Januar 2014

Luis Teran

Referenten: Andreas Meier, Philippe Cudré-Mauroux und Andreas Ladner
SmartParticipation – a fuzzy-based recommender system for political community-building

As the use of the Internet proliferates, so does the amount of information available. With the introduction of Web 2.0, which includes users as content generators, finding relevant information is even more complex. To tackle this problem of information overload, a number of different techniques have been introduced, including search engines, Semantic Web, and recommender systems, among others. Social networks and communities have become an important environment for exchanging information about products, services, music, and movies, among other things. In an information and knowledge society, such technologies could also improve democratic processes, increase citizens' interest in political issues, enhance participation, and renew civic engagement. However, the difficulty of finding other citizens or parties that share common goals is still a barrier to overcome. In this work, a fuzzy-based recommender system architecture for stimulating political participation and collaboration is proposed. The SmartParticipation project uses the database of smartvote, a well-known voting advice applications (VAAs) for local, cantonal, and national elections in Switzerland. The recommendation engine works with a modified fuzzy c-means algorithm (FCM) and the Sammon mapping technique, which is used for visualizing recommendations. Additionally, an evaluation framework for eParticipation is presented, which allows one to analyze different projects and their development towards the enhancement of citizens' participation and empowerment. Initial results demonstrate the potential for building political communities and the stimulation of civic participation.

Thèse de doctorat: Université de Fribourg, Faculté des sciences, no. 1822: http://doc.rero.ch/record/209654.

Verteidigt am 3. November 2016

Roland Schütze

Referenten: Andreas Meier, Stephanie Teufel und Hansjörg Fromm
Improving Service Level Engineering by an Intuitionistic Fuzzy Concept

Combining well-grounded academic research with practice oriented requirements and business scenarios are a useful and common practice within IT Information Systems. This PhD thesis comprises the elaboration of theoretical foundations of IT Service Management reliability engineering and impact assessment practices expanded by fuzzy mathematical models and methods. IT landscapes are inherently integrated and the fulfilment of any higher-level objective requires proper enforcements on multiple resources at several levels. Bridging from IT-centric service levels, written in IT technical terms, to business-oriented service achievement is a hot topic in today's service research. Due to the financial impact of Service Level Agreements (SLAs), there is also high interest in integrated management tools that monitor the performance of multi-tier applications and that can also autonomously warn of arising SLA violations. The proposed methodology will help to relate metrics for business applications into measurable parameters for technical services that can be reported against a SLA and monitored under Service Level Management. Fuzzy dependency couplings are constructed in a practical and feasible manner in order to satisfy aspects of the distributed nature of SLAs in a multi-tier-architectural environment. The concept starts from the idea of naturally approaching impact relationships by separately envisaging positive and negative aspects with the notion of bi-polarity and consideration of the uncertainty. The ability to directly relate IT operations to business services, means transformation of availability and performance data into knowledge about the real-time status of vital business functions that allows pro-actively tracking measures of backend components to gather the front-end SLA quality status. Further we address the 'Business-and IT Alignment' challenge for services to select the cost-optimal Service Level Objective (SLO) resulting in an optimization problem by considering fuzzy couplings of each service component to risks of negative impacts on its business. The proposed concept applies methods of Service Level Engineering by a stepwise structured and gradual optimization approach that minimizes total impacts and cost, i.e. the derivation of business-relevant performance metrics and associated cost-efficient services performance targets. Conducting a two-sided dependence analysis from business to technical layers (and vice versa) by means of intuitionistic fuzzy-mathematical operations unveils business insights into how service accounts as a whole can improve quality and allows understanding and communicating the true impact of incidents on the business.

Thèse de doctorat: Université de Fribourg, Faculté des sciences économiques et sociales.

Ein letztes Wort

⬂⇧⬋➡⇩

⇧⬋⬂▼⇩⇧▷

E. Portmann (Hrsg.), *Wirtschaftsinformatik in Theorie und Praxis*,
DOI 10.1007/978-3-658-17613-6

Stichwortverzeichnis

A
Architektur, 59, 112
Artefakt, 3, 5, 13–14, 75, 77

B
Beacons, 134
Blockchain technologies, 120, 123, 126
Business Analytics, 89
Business Impact, 42, 44
  Analysis (BIA), 38
Business Model, 56, 120, 122

C
Cloud, 51–52, 57, 63, 67, 69, 89
Collaboration, 178, 183
Custom SaaS, 51

D
Design, 5, 75, 110
  Science, 15, 37, 75, 108, 154
    Research, 5, 108, 110, 120, 142
Design-Wissen, 6
Development Information Exchange Platform (DIES), 50
Digital
  Analytics, 86
    Holokratie, 98
    Interdisziplinarität, 90
  Business, 90, 96
  Society, 142
Dissertationsproposal, 27
  zweistufiges, 28

E
e-dec, 51
Empfehlungssysteme, 137
Erkenntnistheorie, 78

F
Forschungsmethoden, 14, 108, 112
Fuzzy Logic, 2, 22, 37, 39, 41

I
Informationssystem, 3, 5, 49
  Analyse, 76
Information Technology, 154, 180
Integration, 49, 66, 132, 167
Interdisziplinarität, 88, 90
Internet of Things, 120
Intuitionistic Fuzzy Sets, 40–41
IOT. *Siehe* Internet of Things

K
Knowledge Transfer, 180, 187

M
Machine Learning, 40, 53
Modellierung, synthetische, 75
M-Payment, 136
Mustererkennung, 53. *Siehe auch* Machine Learning

O
Offline-Handel, 131, 134, 136
Online-Shop, 90, 132

E. Portmann (Hrsg.), *Wirtschaftsinformatik in Theorie und Praxis*,
DOI 10.1007/978-3-658-17613-6

P
Postal Services, 120–121
Privacy, 142
  settings, 156
Promotionsarbeit, 13
  gestaltungsorientierte, 17, 19
  Positionierung, 23
  praxisorientierte, 19, 27

R
Rigor vs. Relevance, 5, 13, 17

S
Schnittstellenproblem, interdisziplinäres, 87
Service Level, 38
  Agreements (SLAs), 89
Service Quality, 43
  Engineering, 39
  Management, 38
Smart City, 120
Start-up, 15, 30, 56, 88

V
VAA Design, 163
Vernetzung
  in der Gemeinschaft der Wissenschaftler, 31
  in Praxis und Wissenschaft, 29

W
Wirtschaftsinformatik, 19, 108
  Erkenntnisgewinn, 13
  gestaltungsorientierte, 3, 5–6, 14, 75
  Praxis, 87

Z
Zusammenarbeit, interdisziplinäre, 99

Printed by Printforce, the Netherlands